中国科举史话

林 白　朱梅苏◎著

江西人民出版社

图书在版编目(CIP)数据

中国科举史话 / 林白,朱梅苏著.—南昌:
江西人民出版社,2000.9(2013.6重印)
ISBN 978-7-210-02331-9

Ⅰ.①中… Ⅱ.①林… ②朱… Ⅲ.①科举制度—历史
—中国 Ⅳ.①D691.3

中国版本图书馆 CIP 数据核字(2000)第 47394 号

中国科举史话

作者:林 白 朱梅苏
责任编辑:陈世象
出版:**江西人民出版社**
发行:各地新华书店
地址:江西省南昌市三经路 47 号附 1 号
编辑部电话:0791-86898330
发行部电话:0791-86898893
邮编:330006
网址:www.jxpph.com
E-mail:swswpublic@sina.com web@jxpph.com
2013 年 6 月第 7 版 2013 年 6 月第 1 次印刷
开本:787× 1092 毫米 1/16
印张:17
字数:200 千字
ISBN 978-7-210-02331-9
定价:28.00 元
承印厂:南昌市红星印刷有限公司

赣人版图书凡属印刷、装订错误,请随时向承印厂调换

中国科举史话

序

褚赣生

这部《中国科举史话》书稿摆在案头已有好些时日,但我却迟迟无法落笔,看来我将辜负作者厚望,难以兑现在卷首赘几言之诺了。这是什么原因呢?并不是我对这题材一无所知,无话可说,而是我无从措手,真有点"一部二十四史,不知从何说起"的味道。然而,前几天突然发生一件事,却一下子促发了我的灵感,我庆幸自己总算是找到了一个由头了。

那天,我带了一本书回家,是浙江作家杜文和先生的新著《聊斋先生》(东方出版中心2000年2月版)。我那正在读初中的女儿一时兴起,便夺过去乱翻一气,可她读着读着就卡壳了,说她读不懂。我便问怎么回事,她指着该书的"内容提要"说:这聊斋先生蒲松龄"早年考秀才一举夺魁"是什么意思?他以后"考举人屡试不第"又是什么含义?我笑她无知。可这也难怪,因为这种科举制度毕竟离现在比较遥远了,即使从清末废科举、兴学校算起,距今也将近百年。而且,这科举制度内容也实在太丰富,并不是什么人都能完全弄清楚的,君不见某"文化大散文"著名作家不是也不辨秀才、举人及乡试、会试之别,甚至在其大作中闹出了唐诗人杜牧曾依仗别人推荐而成为"第五名状元"的笑话吗?由此我不禁掩卷闭目,想了很多很多。

随着科学的昌明,现在的文化传播手段及载体越来越发达,这自然大大促进了文化事业的发展。由于各种各样的原因,现在的许多艺术家、作家都不大愿意碰现代题材,而热衷于在古典题材上大显身手,那大量充斥荧屏、银幕、坊间的古装电视剧、电影及历史小说、散文就是明证。这当然也可以说成是一件好事,因为广大百姓既能通过这些传媒观赏、阅读到许多历史上的人物、事件、现象,还能在获得娱乐的同时,增加一些历史知识,对优秀传统文化的弘扬也不无意义。但令人遗憾的是其中佳作实在不多,多数作品戏说成分太浓,而且不乏粗制滥造之作,时见常识性错误或"硬伤"。如以科举制度为例,那就屡见状元、会元不分,进士、同进士出身混淆,春闱、秋闱乱用,令人不胜欷歔。每逢遇到这种尴尬现象,我就不由会产生这样一个想法:这些艺术家、作家为什么不去读一读有关科举制度的专门论著呢?否则,怎么可能会出如此贻笑大方的洋相呢? 因为在事实上,远的不说,仅近几十年以来,就相继出版了商衍鎏、傅璇琮、许树安等先生的关于科举制度的若干论著。我想,惟一能作出解释的,就是这些论著一般都很专业,学术性较强,对一般非专业性的读者来说,似乎太深奥、繁琐了一点,读起来比较费事费力。由此我又想,如果能有人写出一本既深入浅出,又融知识性、趣味性于一体的介绍科举制度的读物,那就好了,是一定会受到广大读者的欢迎的。

令人欣慰的是,眼前这本由林白、朱梅苏伉俪合著的《中国科举史话》正是我心目中企盼的那样一种读物。与以往有关专著相比,本书有两大特色值得一提:其一是通俗而扼要。本书所涉内容可以说包括了科举史发展的方方面面,但它避免了繁琐的学术考证,而是娓娓道来,如道家常般向读者述说着一些主要科举知识。如书中以"左右两榜取士"为题,就非常通俗扼要地讲清了元代科举考试中的种族歧视,而"洋进士杂录"一节则一下子就说清了中国科举对周边国家的影响。其二是有趣而耐读。书中介绍有关科举知识不是正儿八经地流于呆板,而是通过一个个生动有趣的故事情节来徐徐展开,可读性很强。如"及第落榜两相宜"一节，就是以一个个小故事来反映士人考后的各种心态，而"科举明星状元郎"一章则更是以一个个有趣的故事向人们展示了状元的众生相。总而言之，本人展读再三，不禁为此书击节叫好，认为作者做了一件十分有意义的事，不仅有效地向广大读者传播了古代科举知识，而且还大有裨益于他们进一步认识传统优秀文化，真是善莫大焉。

的确，科举制度是中国古代一项重要的融政治、教育、文化于一体的选官制度。一千多年来，它不仅在历史上产生了重大作用，而且还深深地影响着后世。别的不说，仅汉语词汇、成语、俗语中，就留有许多古代科举文化的痕迹，如"赶考""张榜""高考状元""连中三元""雁塔题名""独占鳌头""十年寒窗无人问，一举成名天下知""书中自有黄金屋"等。至于它对后人文化心理、意识的深远影响，那就更为人所知了。

此外，更值得一提的是中国古代科举对国外的重要影响。在历史上，不仅朝鲜、越南等国家直接搬用了中国的科举制度，而且，近代英国、法国、美国等国家施行的文官制度，也脱胎于中国的科举制度，以至于不少西方学者将它与指南针、造纸术、火药、活字印刷并列，称之为中国古代的"第五大发明"。中国民主革命的先驱者孙中山先生，当年曾十分仰慕英国的文官制度，并设想按它的方式改造中国的官吏制度。谁知孙中山经过一番系统而深入的研究，他终于明白英国文官制度居然移植于中国古代的科举制度，由此他心灵受到极大震撼，对中国传统文化又做了重新的审视。同样的结论也被西方学者所证实。据邓嗣禹先生《中国考试制度》一书所引，S·威廉斯就明确指出："古代中国政府中文武官吏所由产生的这种著名的考试制度，在任何一个大国中都可算一种无可比拟的制度。这种制度被东亚邻邦所仿效，并可能由阿拉伯人的介绍，于十二、十三世纪传到西西里王国，然后传入西方，就被西方社会借鉴采用，形成西方的文官考选制。"

看了《史话》关于这些方面的叙述,相信广大读者都会为我国古代曾有如此独特而灿烂的科举制度而自豪。可能会有读者发问:"如此好的一项制度,为何后来又将它废除了呢?"关于这个问题,本书也同样作了简明而扼要的解说,那就是八股文的祸害。也就是说,科举制度发展到了明清,越来越走进了死胡同。一方面科举考试的内容死板、教条,拘泥经义而做八股文,对社会没有一点实用价值;另一方面科举考试徒具其表,许多富豪巨贾子弟可以用钱财买官,是为"捐纳",根本不需考试。如此这般一来,科举制度也就逐渐走到尽头了。

总而言之,作为一个中国人,特别是有志于学好文化为国效力的中国人,那都应该对中国古代的科举制度有所了解,取其精华,弃其糟粕,以更好地服务于现在,着眼于未来。在国家大力提倡由应试教育转向素质教育的今天,认识到这点,更具有现实警醒作用。完全可以肯定,这本《中国科举史话》将有助于大家加深这一认识。

尤其值得一说的是,本书两位作者并不是研究中国科举制度的专门学者。他们夫妇俩一直从事新闻和教育工作,做过记者、编辑、主编及总编、教授,也一直著述不辍,出版了《大众新闻学》《瓯海涛声集》《履痕匆匆》等多种论著,达数百万字之多,但那基本都与科举制度无关。然而,他们却又始终对这一影响中国历史一千多年的独特而又重要的制度大感兴趣。多年来,他们在业余时间搜读了大量有关中国古代科举的论著、文献、诗文、轶事、传说等,并精心制作了数千张资料卡片,每有心得,辄一一备录。古人说"十年磨一剑",又云"十年磨一戏"。他们与之相较,可说是有过之而无不及。而且,更难能可贵的是,他们倾注本书写作中的是一种真诚而恳切的道义精神与社会责任感。正如他们在本书"结束语"中所说的,既反对历史虚无主义,将科举制度的历史作用一笔抹杀;同时也对目前的不正常的文凭热、

"千军万马过独木桥"的应考风气提出质疑，认为这极不利于提高全民族的整体文化素质，会对社会发展产生极为恶劣的负面影响。正是出于这两方面的考虑，他们夫妇虽然离退休了，仍"心在天山，身老沧州"，孜孜不倦地笔耕不辍，并终于向广大读者奉献了这么一本满含深意的介绍中国古代科举制度的专著。了解到这点，我们每一个读到这本书的人，能不为作者的这种精神而深受感动吗？

是为序。

庚辰年早春二月草于沪西梯航斋

（序文作者褚赣生，江西南昌人，先后毕业于江西师范大学与复旦大学，获历史学学士和硕士学位，有《奴婢史》《莽莽昆仑——中国山文化》《中国古代十大圣人》等多种著作问世。现为东方出版中心资深编辑。）

结束语　对科举制度的历史认识/196

附　录/203

中国科举史话

导言　从"世卿世禄"到"九品中正"制

什么叫科举?科举就是我国封建时代的教育考试选官制度。这是他国所无中国独创的历史产物。

科举考试发轫于隋朝。隋文帝废除历代由世家贵族选士的旧办法,改为考选秀才。隋炀帝大业二年(606),始建进士科,此后经唐宋元明清,迄光绪三十一年(1905)废科举兴学校,历时1300年,科举成为中国封建社会培养和选拔人才的主要渠道。科举对于中国社会的历史意义,并不仅仅在于人才选拔考试本身,它对国家政治建构、学术思想、社会意识、人们的价值观念,无不发生影响。可以说,不了解科举,就不能透彻了解中国隋唐以来的历史发展;不了解科举,就不能深入认知中国的传统文化。

科举制度的产生,绝不是偶然的。这是社会发展不断演变的结果,是历史车轮滚滚前进的必然轨迹。如果真有时间隧道的话,我们不妨借助历史望远镜,回首遥望一下4000多年前的茫

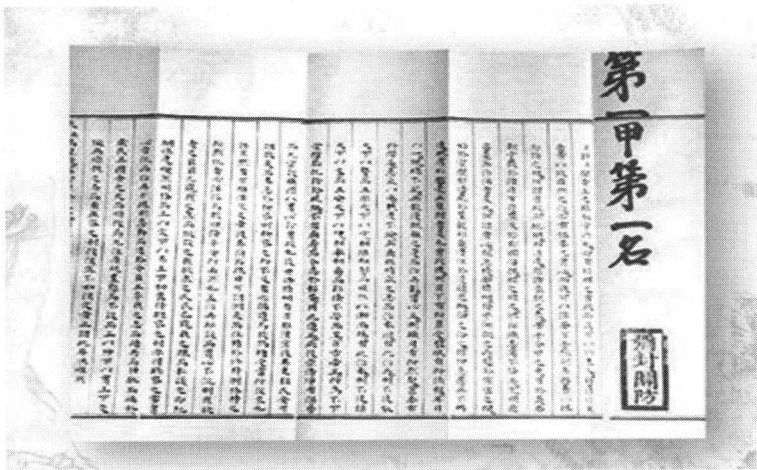

>> 中国现存唯一的状元卷收藏在青州博物馆

茫神州大地吧!那时,原始公社刚解体,由于铜器的使用,生产力有较大的提高,从而导致生产关系的变革,从此进入私有制社会。我们伟大的治水英雄大禹,把王位传给儿子启,这就是"家天下"的开始。我国第一个奴隶制王朝呱呱出世了。

马克思主义告诉我们:国家是一个历史范畴,是阶级统治的工具。历史上不论哪个统治阶级,总把培养和选拔人才,也就是任用各种各样的管理和专业人员,即通常所说的"官吏",作为头等大事来办。只有掌握了大量人才,才能够组建从中央到地方的各级政府以及军队、警察、法庭、监狱等等,有效地运转国家机器,来维护自己的阶级利益和统治地位。人,总是第一位的。是否人才辈出,是否后继有人,这是国家兴衰存亡的命脉所系。

在夏商周奴隶制时代,奴隶主阶级是按照"亲贵合一"原则来选官用人的。例如周武王姬发在"牧野之战"推翻商纣王后的第五天,就举行开国大典,并宣布分封诸侯。

分封诸侯是关系国家命运的根本大计,必须把天子认为亲信可靠的人封出去,才能长治久安。据说从武王到成王,先后封了八百多国,其中较大者有71国。把一批皇亲国戚,不论智愚贤与不肖,只论血统亲与疏,按照公侯伯子男五个等级,统统赐予爵位。然后有的留在京城中央政府里当官,有的派到各诸侯国去掌权。如东方的齐国,有山海鱼盐之利,地广人众,就分封给开国元勋姜子牙。这位善于钓鱼的姜太公又是武王的舅舅,此番果然钓到好一条大鱼。鲁国的伯禽,是周公的儿子。周公名旦,文王之子武王之弟。武王死时,遗命周公辅佐其子成王,号称摄政。这位摄政王叔叔当然要封一块好地方给自己的儿子。卫国封给康叔,燕国封给召公。召公也是开国功臣,但血统稍微远些,就封到边远地方,让他去防守边疆。这里还有一个小插曲。据说成王在后宫里跟弟弟叔虞玩"过家家",剪了一片桐叶给弟弟,笑说:"封你为唐君。"桐与唐谐音,唐地在山西,就是后来的晋国,和周朝国都镐京一带唇齿相依，是一块战略要地。想不到这句玩笑话被周公听到了，就很严肃地说，"天子无戏言"，结果真的把叔虞封为晋国国君。从这个小故事可以看出，天子是把天下看成自己衣袋里的物品，可以任意取用。这件事到了一千九百年后的唐朝，大文学家柳宗元还愤愤然写了《桐叶封弟辨》，加以批判。

总之，周天子就像分糖一样把九州四海分给了自己的皇亲国戚。相传周文王有百子，百子又生孙，像葡萄串一样，还怕分不光天下？就这样——分封，各就各位，周天子坐镇京城，遥控指挥，好似铸成铁桶江山。再说大大小小的诸侯们，在自己的封国内，也照此办理，按血缘亲疏原则，将土地分封给下属的卿大夫们，作为他们的"食邑"或"封地"。卿大夫之下又有所谓"士"，也同样分到相应的土地。这样，就在全国范围内织成一张严严密密结结实实的网。从中央政府官员到各诸侯国官员，都和周天子有一定的血缘关系，都是自己一家亲。周天子恩赐给大家官爵，大家衷心服从周天子。各国诸侯要定期觐见天子，进贡钱财宝物，并提供军队，保卫王室。不过有一条，这些大大小小的诸侯和卿大夫都是"世袭"的，父子相传，世代接替，好像铁板钉铁钉，即使周天子也不能任意变更的。这就叫"世卿世禄"制。

在"世卿世禄"这张大网的底层，就是平民和奴隶了。广大的奴隶只是"会说话的工具"，没有人身的自由和权利，在奴隶主的皮鞭下，终年劳动，过着牛马不如的生活。这"奴隶"也是"父子相传，世代罔替"的。奴隶生了子女就叫"家生奴隶"。一个奴隶即使聪明超人、才能出众，也不可能得到提拔重用。虽然，商王武丁曾起用泥水工傅说，秦缪公也用五张羊皮赎买百里奚为相，但那只是个别事例，苍茫尘海，吉光片羽而已。

由于依靠血缘关系织成这张大网，使西周前期180多年间形成相对稳定的政治局面，经济也空前繁荣，是中国奴隶制的鼎盛时期。

但是，这种建立在奴隶血汗和白骨基础上的繁荣，必然孕育着深刻的危机。到了东周时期，奴隶制就趋向衰落了。新兴的地主阶级开始登上历史舞台，这就进入了封建社会，由于铁器取代了铜器，生产力飞速提高，必然冲破旧的生产关系。周王室风雨飘摇，日暮途穷了。各诸侯国之间互相征战并吞，先是春秋五霸，继而战国七雄，拼命扩大地盘，增强自己的势力。为此，各国国君纷纷变法，废除"世卿世禄"制，采用"养士"和"客卿"的用人制度，也就是说抓住了"用人权"。国君和贵族公子常常把一批有学问有才干的人供养在自己身旁，叫做"养士"。国君随时可以从这些士中选取适当的人才，派任官职。战国时齐国在稷下造了宽大的公馆，招集文人学士，给他们很好的待遇，让他们讲学论道；燕昭王还修筑了黄金台，礼聘天下贤士；齐国孟尝君、赵国平原君、魏国信陵君、楚国春申君四人门下，各有食客几千人。这些食客也就是所谓的士。从养士中选用官吏的实例是很多的，著名的有商鞅应秦孝公的招募，到秦国担任了相的官职；苏秦、张仪游说诸侯，终于都做了大官；燕太子丹优待荆轲，尊其为上卿等等。另外，各国也从有军功的人中选用官吏，例如商鞅在秦国执政时，奖励军功，按功劳的大小赏给官爵。那时候，虽然有选官的办法，可是就制度来说，还是很不完备的。

经过战国和秦（前221—前206），到了汉朝（前206—220），封建的选官制度才逐渐确立起来。

汉朝的选官制度有"察举"和"征辟"两种。

所谓"察举"，是由地方政府（侯国和州郡）的长官，在他们各自管辖的地区内随时考察，选拔封建统治者所需要的人才，推荐给中央政府。这些人经过考核，就可以做官。汉朝实行的察举制度，有各种名目，有的叫孝廉（能尽孝道，做事正直），有的叫茂材异等（才学出众），有的叫贤良方正（品性贤良，行为端正），有的叫孝悌力田（孝父母，爱兄弟，勤恳种田）等等。考核的办法，主要是试用。试用得好,就逐步升官;试用得不好,就放回乡里。有时也采用文字考试的方法来考核人才,不过不是经常的规定,组织规模也不是很大。察举在汉武帝时广泛实行,目的是扩大封建统治的基础。

所谓"征辟",是汉朝高级官吏任用属员的一种制度。中央政府中的高官和地方政府中的州郡长官,都可以自行征聘属员,然后再向朝廷推荐。皇帝自然也可以征聘人才。东汉(25—220)时期,中央的高级官吏往往不从较低级的官员中升调,却直接征聘当时有名望的人担任。不过,从汉朝的实际情况来看,征聘只是封建政府装装尊贤重士的样子,不是经常实行的事。经常实行的还是察举。

由于"察举"和"征辟"制的推行,为两汉从中央到地方选拔了大量人才,不仅促进了汉朝的强盛,而且对以后的中国政治也有相当影响。但察举缺乏严格的评审标准,察举权又掌握在地方官员手中,久而久之,就产生"选举不实,邪佞未去,权门请托,残吏放手"(《后汉书·明帝纪》)等种种弊端。故当时有民谣云:"举秀才,不知书;察孝廉,父别居。寒素清白浊如泥,高第良将怯如鸡。"这则民谣记载在《抱朴子·审举篇》中,是一首高质量的政治讽刺诗。

东汉末年,社会政治日益腐败,察举制和征辟制遭到严重破坏。到了三国时期,魏王曹丕采纳吏部尚书陈群的建议,决定实行"九品中正制"。

所谓九品中正制度,就是推选各郡有名望的人,出任"中正"官,州设大中正,郡设小中正。由这些中央派充的中正官把主管地区内的各类人才,评定为上上、上中、上下,中上、中中、中下、下上、下中、下下九个等级,叫做九品。然后按品级,推荐他们到政府去做官。名列高品的,可以做大官;下品的只能做小官。由于只按门第的高低来划分品级和官阶的上下,所以这种制度又叫做"门阀制度"。

　　九品中正制度,虽然是从察举制度发展而来,但同它又有区别。按照这个制度的规定,推荐人才的权力不属于地方政府,而由中央政府设在地方上的中正官负责。这样,既可通过访问洞悉地方察举中存在的弊端,又保证了中央对选用官员的质量。与此同时,它根据品德评定等第,然后确定官品,并有严格的授官程序。从基本法律原则上说,九品中正制在初行阶段,自有其积极意义。但是,任何制度总有正负两面,这是事物的矛盾性所决定的。在晋朝中后期,政治极端腐败,世家豪族的政治势力迅速膨胀,担任中正官的几乎全是士族。他们品评人物的标准,单凭门第出身,什么品德和才能全不顾了,结果就出现了"上品无寒门,下品无世族""纨绔居高位,贤俊沉下僚"的局面。

>> 国子监

九品中正的选官制度,成了士族操纵政权、发展权势的一种工具。这对最高统治者来说,不利于加强中央集权;对中小地主阶层来说,也成了往上爬的挡路石,很不利于国家政治的稳定,阻碍了社会正气的发扬。如何找到一种好的选士用人制度呢?那只有通过公开考试、公平竞争和公正录取的选士办法,至少在理论认识上是这样,目的是为了识别选拔真正有用的人才。以皇帝为总代表的封建统治阶级也需要真正有用的人才,应该说这样才符合统治者的自身利益。

　　这种"史无前例"的用人选士制度叫什么呢?那就叫"科举"。科举就是分科考选的意思。从"夏商周秦汉"到"三国晋南北",不断探索实践,寻寻觅觅,走走停停,真正是"路漫漫其修远兮",历时近3000年,"山重水复疑无路,柳暗花明又一村。"现在是一片曙光在前,一个在当时世界上独创的崭新事物就要脱颖而出了。"众里寻她千百度,蓦然回首,那人却在灯火阑珊处。"科举考试制度应运而生,立即光芒四射,让人们眼花缭乱,血脉贲张,手舞足蹈,奔走相告,兴奋惊叹不已。

　　历史的责任落在隋唐统治者的肩上。这个科举制度的催生婆是隋文帝杨坚,而保姆则是唐太宗李世民。

第一章　隋朝:科举制度之滥觞

一、一个伟大的创造——隋朝初开"进士科"

隋(581—618),从隋文帝杨坚开国,到隋炀帝杨广亡国,一治一乱,只有38年。它和秦朝相似,都是短暂的王朝;它和秦朝一样,在中国历史上也是个重要的处于关键时期的王朝。

隋朝结束了魏晋南北朝以来的分裂混乱局面,重新统一了中国。隋文帝是个治国能手,他一登上帝位,就努力发展生产,安定社会,国家很快就出现一派繁荣景象,史称"开皇之治"。

隋文帝在位时,财政官员呈报:"府藏皆满,粮食布帛无处容纳,已堆积在走廊和房下了。"文帝诏令再造新库。后来,又有奏呈说:"新库落成,亦堆积无余。"据说足可供朝廷支用五六十年。文帝只好下令说:"告知郡县,寓富于民,不藏于府,免除今岁租赋,赏赐百姓。"这样的富裕景象,在历史上是不多见的。可惜隋文帝虽善于治国,却不善于治家,终于酿成宫廷悲剧。

隋文帝在国家体制和典章制度改革方面,也很有创见。他为了加强中央集权,巩固王朝统治,首先是整顿官制,创立了中央三省(尚书省、内史省、门下省)六部(吏、礼、兵、刑、户、工),由六部尚书分管全国各种政务。从此以后,历唐宋元明清,基本上沿袭这种制度。他的另一个具有历史意义的伟大创举,就是改革取士用人制度。

魏晋以来,为世族特权阶层把持的九品中正制延续了300多年,妨碍了中下层士人的进身之路,引起他们的强烈反对。这一制度不仅对人才造成压抑,而且对国家机构也造成腐蚀。隋文帝深知其弊。为了抑制和打击豪强大族的势力,扩大自己的统治基础，他明令废除九品中正制，而代之以科举制。开皇七年（587），文帝令诸州"岁贡三人"，应考秀才。开皇十八年（598），命"京官五品以上、总管、刺史，以志行修谨、清平干济二科举人"。文帝的这一创举，到炀帝时得到进一步发展。据《通典》卷一四《选举典》记载："炀帝始建进士科"；《唐会要》卷七六《制科举》也说："炀帝嗣兴，又变前法，置进士等科。"进士科的创置，标志着科举制度的确立。虽然当时这一新的制度还不完备，但它却改变了过去门阀大族把持选举的弊端，将选举官吏之权集中到封建中央的吏部，为一般士人进入仕途打开方便之门。特别是进士一科，对后世的影响尤为深远。

隋炀帝是历史上著名的暴君。他不仅杀死 3 个同胞兄弟，又趁文帝有病时，将其残酷杀害。(详见本书附录一"关于隋文帝之死")。

"地下若逢陈后主，岂宜重问后庭花"。这是唐诗人李商隐讽刺隋炀帝的诗句，把他比作陈后主那样的荒淫无道。但是这个昏君修通大运河和开进士科考试，倒是做了两件好事。尽管修运河造成横征暴敛，引起民怨沸腾，这也是隋炀帝最后走向灭亡的原因之一，但大运河毕竟造福后代，有利于发展经济，和秦始皇修长城一样，都是世界历史的奇迹。唐末诗人皮日休对运河倒有很高评

>> 隋文帝亲临考场图

价:"尽道隋亡为此河,至今千里赖通波。若无水殿龙舟事,共禹论功不较多。"

　　隋文帝父子开创的"科举制",还处在初始阶段,考试没有定期,考选办法也很不完备,考试题目和内容都有随意性,但开科取士这个政治措施,把读书、应考和做官三件事紧密联系起来了,科举成为封建知识分子取得高官厚禄的门路和阶梯。这种制度,自然受到封建知识分子的热烈拥护。不仅如此,由于把选拔官吏的权力从地方士族手里集中到中央政府,削弱了豪门贵族,加强了中央政府的权力,扩大了政权的阶级基础,有利于维持国家的统一,对于加强封建统治确实起了很大的作用。因此,隋朝创立了科举制度以后,各朝就一直沿用不废了。

二、初试啼声已不凡——隋朝考选秀才进士略述

整个隋朝，大约只考四五次，开头考取的叫秀才（这和明清时代的秀才，是不同的概念），后来考取的才叫进士，总共只有秀才进士 12 人。人数虽少，却都是高质量的。"初试啼声已不凡"，说明这个科举制的"婴儿"是很有生命力的。

开皇十八年(598)，宰相杨素为主考官。他出了 5 道题，要求仿照司马相如《上林赋》、王褒《圣主得贤臣赋》、班固《燕然山铭》、张载《剑阁铭》等前代名家作品，写出 5 篇文章，要自出新意，不能照搬照抄。

考生们拿到题目后，一个个伏案构思，考场里鸦雀无声。杨素想这 5 道题没有一天时间是难以完成的，就说："限下午申时前交卷，我不准备留你们吃晚饭的。"说罢，就吩咐手下人巡视考场，自己退到别室休息去了。

>> 盖有弥封印章的试卷

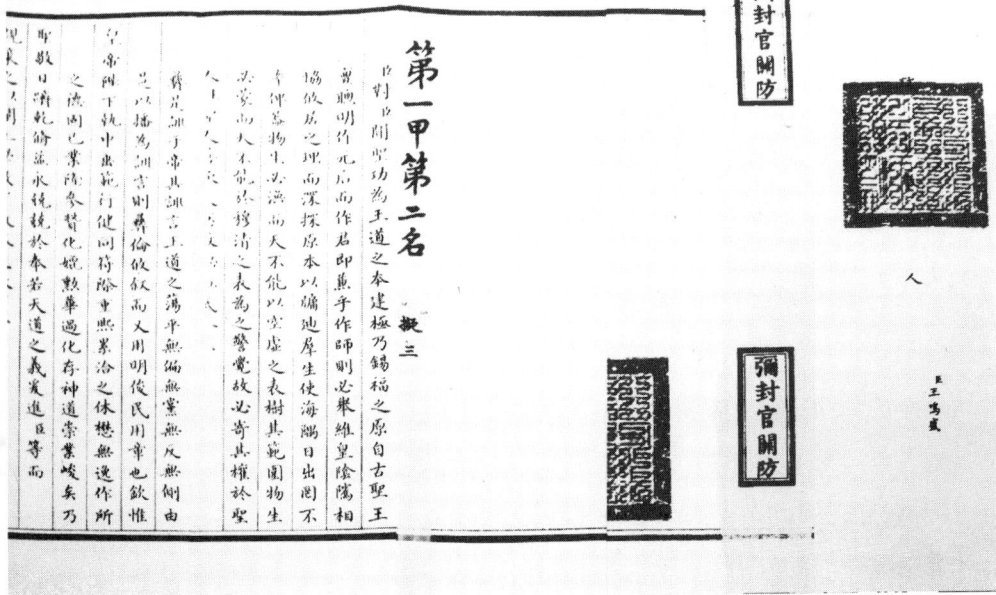

杨素正在闭目养神时，想不到有一个叫杜正玄的考生就把卷子交来了，其他考生还正忙着打草稿呢！杨素很不高兴地说："你这少年太不懂事，不好好作文，这样快交卷做什么?时间还早着呢！"

　　杨素是隋朝开国功臣，又是一位颇有学问的文章家。他显然没有把面前这个乳臭未干的毛头小伙子放在眼里。可当他把卷子接过来，读了第一篇，就感到有点惊讶了，待读完五篇，不禁拍案赞叹道："写得好，写得好！下笔成文，一气呵就，实在是一位真秀才啊！"当即录取，并推荐为晋王府参军。据说这次考试就只录取这一名。

　　晋王就是隋文帝次子杨广，后来夺取皇位便是隋炀帝。杨广也颇有文才，有一次他叫杜正玄写一篇《白鹦鹉赋》。杜正玄略加思索，提笔在手，当场一挥而就。群臣传观，见通篇构思严密，言之有物，文采斐然，莫不叹服。杜正玄说，这算不了什么，我的弟弟们更是作文快手。

　　杜正玄，邺郡人，有兄弟四人。其幼弟杜正藏作文尤其神速，曾令好几个人并执纸笔，各题一文，正藏交替口授俱成，皆有文理，如同宿构。这好像今天棋坛大师同时同几个人赛棋一样。

　　有人问正藏："你作文又快又好，是天才吗？"他说："哪里是天才，我靠的是苦读。书读多了，又烂熟于心，每逢作文时，好句子就像石缝里的泉水汩汩流出来了。"

　　他还把自己的写作经验和体会，写成一部书。该书甫一面世，青年们争相拜读。海外高丽、百济等国人更奉之为至宝，称为《杜家新书》。

　　除杜正玄、正藏外，其余十人是：

　　刘焯——秀才，为隋朝著名大学问家，著作等身。

　　王贞——秀才，博学之士，家贫，因病告老还乡。

　　杜正伦——秀才，仕唐为中书令(相当于丞相)。

许敬宗——秀才,仕唐为右丞相。敬宗虽有文才,而性轻浮,偏私骄矜。因阴附武后,排挤忠良,取得相位,每为人所不直。其父许善心,仕隋为通议大夫,宇文化及叛逆,善心不屈而死。善心母范氏,博学有高节,抚棺哭曰:"能死国难,我有儿矣!"遂绝食而卒,年九十二。

孙伏伽——秀才,后应唐进士试,中状元。

房玄龄——进士,后为李世民谋士,唐初名相。

侯君集——进士,唐初名将,屡立战功。后恃功而骄,私取珍宝妇女,又与废太子事牵连,被诛。

杨纂——进士,仕唐为户部尚书。

韦云起——明经科出身,仕唐为遂州都督。

孔颖达——明经科出身,大学问家,仕唐为国子监祭酒,相当于全国最高学府的校长。

>> 金榜题名状

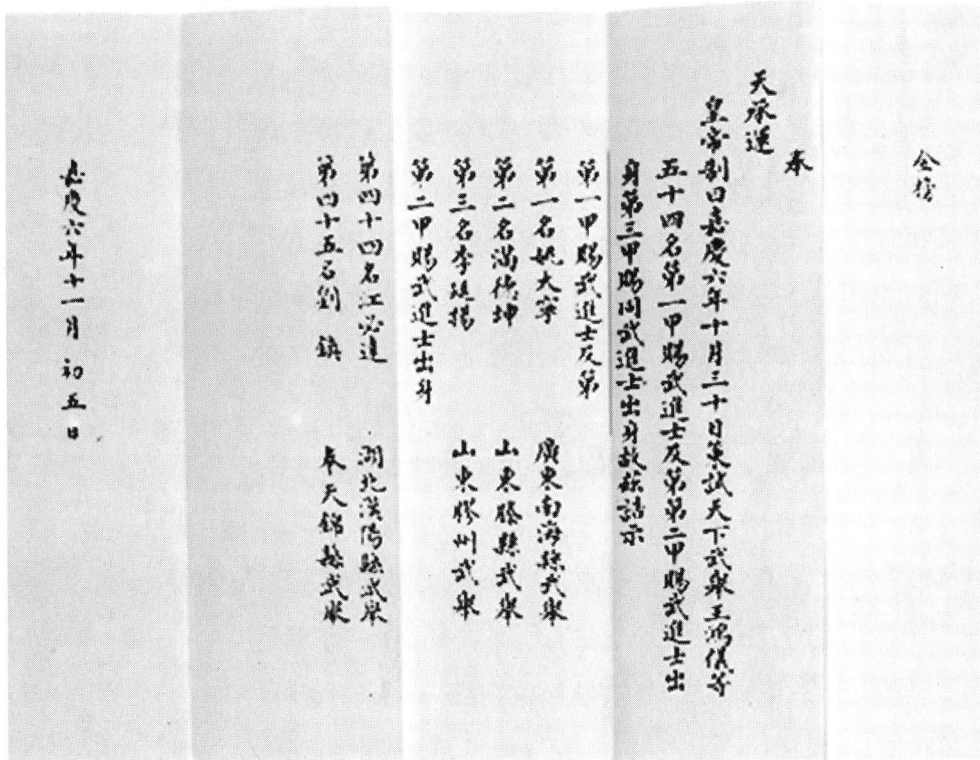

中国科举史话

第二章 唐朝:科举制度之发展

一、"天下英雄尽入吾彀中矣"——唐朝科举考试概况

隋末炀帝失政,隋朝大厦将倾,广大贫苦农民被迫揭竿起义。当时还只有 18 岁的贵族公子李世民,富有远见卓识,乘机劝父李渊起兵。经过南征北战,李氏父子终于建立了唐朝(618—907)。唐,历 20 帝,290 年天下,共进行科考 264 次。

唐和汉朝一样,是中国历史上强盛的王朝,是威名赫赫的古代东方大帝国。唐朝可谓中国封建社会的黄金时代,看今天世界各地有许多"唐人街",可见唐风遗韵之一斑了。

唐太宗雄才大略,励精图治,唐朝很快就兴盛起来。史称唐初盛世为"贞观之治"。贞观三年,户部呈报,隋末大批流散百姓都先后返回家园,安居务农了,仅从塞外归来及新招降者就达 120 万人。要知道那时全国才有 300 万户、1000 多万人口呢!唐太宗有很多政绩,常为人们称道。例如虚怀纳谏,理民以法;废除酷刑和肉刑,过年过节时,甚至允许犯人回家团聚,而犯人却一一归来,并不失信;又将大批宫女遣送回家婚嫁等等。故诗人们颂之为"死囚四百来归狱,怨女三千放出宫"。这对封建帝王来说,确实是难能可贵的。

唐太宗为网罗人才,颇为重视科举,在隋朝科举的基础上,制定出许多新的办法,促进科举制向前发展;以后到唐高宗、武周及玄宗各朝又不断有所增补。这样,科举制才大行于世。

唐朝科举考试的科目很多。其中有所谓"常贡之科",那就是秀才、明经、进士、明法(法律科)、明字(文字科)、明算(算学科)等科。此外,还有道举(玄学科)、童子(童子科,十岁以下能通一

经)、一史(考《史记》)、三史(考《史记》和前、后《汉书》)、开元礼(通习开元时代的礼仪)、三礼(通习《礼记》《仪礼》《周礼》)、三传(考《左传》《公羊传》《谷梁传》)等特设的科目。各科考试的内容各有不同。譬如,明经要考帖经,就是从经书中提出一句,命考生把上下文默写出来;要考墨义,就是把经文连注疏全写出来。进士要考时务策。

这里可以看出,科举制是统治思想的工具,无论进士科或明经科都要考"帖经",这就要求士子熟读四书五经,把知识分子思想禁锢在纲常名教之内。隋唐以后的封建统治者,就是依靠科举来灌输封建忠君思想,这是封建时代的"思想领先"。

但唐朝设立"算术科",说明唐朝科举除经书外还注重实用,不像后来各朝专攻经书,越来越脱离实际,到了明清时又钻进"八股文"的死胡同,反成害人之物,祸国殃民了。事物总是在一定的条件下走向反面,辩证法往往如此不可抗拒。

唐朝参加科举的考生,有三种来源。一种是各地学馆的学生,叫"生徒",每年经学馆考试合格后,可以直接送尚书省参加考试。再一种是不在学馆的考生,自己向所在州县报考,叫"乡贡"。考中以后,再去尚书省参加考试,叫"省试"。还有一种是由皇帝特别下诏招集某些知名之士举行考试的科目,叫做"制科"。制科考试的日期和项目,都临时决定,考取后可以得到较高的官职,是专门网罗所谓非常人才的一种手段,但是制科出身在当时并不被看做是正途。例如,当时有张瑰兄弟八人,七人从进士出身,一人从制科出身,他们在聚会时,不要制科出身的那一位同坐在一起,叫他做"杂色"。

唐朝科举考试的科目虽多,但最受重视的是明经、进士两科。唐朝许多宰相多半是进士出身,所以进士科更受到特别重视。进士科也最难考,一百人中不过取一两名,所以,人们把考取进士比作"登龙门"。当时流行这样一句谚语:"三十老明经,五十少进士。"意思是说，进士远比明经难考，30岁考中明经已经算老了，50岁考中进士却还算是年轻的哩!

唐朝科举制度的实行，确实从中小地主阶层及其他寒门庶族中选拔了一些政治人才，扩大了专制主义中央集权的统治基础。据《文献通考》记载:唐朝共录取进士6427名，明经科及第1580名。显然，由于历史资料的散失，这个统计数字是并不完备的，特别是明经科人数过少。一般说来，明经录取名额往往多于进士科，所以，唐代进士总数当在万人左右。这种升官发家的诱饵，吸引了当时社会上的大批知识分子。他们幻想着十载寒窗，一举成名，富贵荣华，顷刻来临，因而规规矩矩地"两耳不闻窗外事，一心专读圣贤书"，等候着皇帝的选用。这种科举制度真是笼络封建知识分子，使他们心甘情愿为封建王朝服务的高妙手段。

据史载:唐太宗李世民私幸端门，看到新进士们弹冠相庆，缀行而出，不禁喜道:"天下英雄尽入吾彀中矣。"(五代王定保《唐摭言》)彀，张弓引箭，箭头射得到的范围。李世民的意思就是说这些英雄"全给我射中了"，落入我的圈套里了。换句话说，就是来自四面八方的进士们都为皇帝所牢笼和使用了。这句话清楚地说明科举为封建统治阶级服务的本质。但是，成千上万的士子往往是心甘情愿"入彀"，老死而无悔，好比周瑜打黄盖，一个

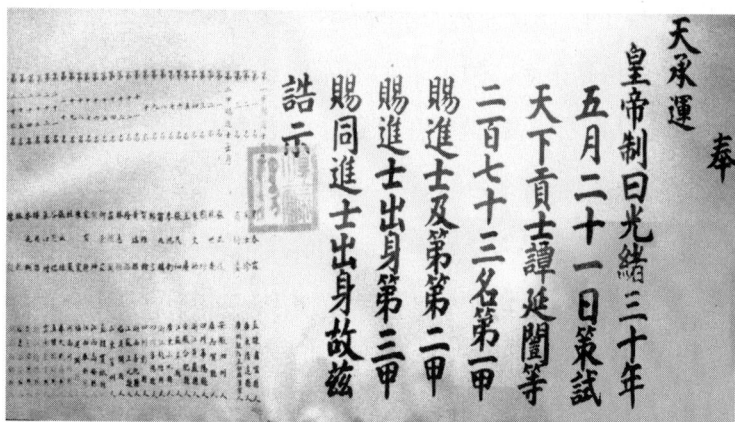

>> 皇榜

愿打,一个愿挨,是两厢情愿的买卖。所以有人作诗云:"太宗皇帝真长策,赚得英雄尽白头。"作这诗的人叫赵嘏,唐武宗会昌年间考取进士,他算是从亲身实践中品尝出科举制的个中味道了。

二、察举遗风——唐朝科举"开后门"透视

隋唐科举制是新生事物,但它毕竟是在两汉魏晋的"察举制"和"九品中正制"的基础上脱胎而出,因此不免带有旧制度的"胎记",我们不妨称之为"察举遗风"吧!

唐朝士子应试前,要将自己的诗文集恭恭敬敬地呈送给达官贵人和社会名流,求得他们的品题和赏识,这叫"行卷",或叫"求知音"。"行卷"一次还不行,只怕"贵人多忘事",所以在临考前夕,还要再呈送一次,这叫"温卷"。

达官贵人和名流们对某个士子的诗文表示赞赏了,就向主考官打招呼,这叫"推荐",也称"公荐",表示出乎公心,是堂堂正正的为国求贤。

主考官收到许许多多推荐信后,就把推荐者排一个队,谁的官位高,谁的名气大,然后对照所推荐的诗文,加以评比衡量,心中就有了一个"底"。

做好这些"摸底"工作后,就可以公开考试了。唐朝的考场比较宽松,考卷也不糊名。考官把考卷收齐后,再请一二个确有威望的学者来评卷,参考推荐书,初步排出录取名

>> 明代状元殿试卷

单,这叫"通卷"。

最后,主考官根据"通卷"名单,反复斟酌审核和订正,就叫"通榜",然后呈报当局批准,发榜公布。

这样,经过行卷、推荐、通榜、发榜几个步骤,原其本意,是想把科举搞得完善些。因为有些士子诗文固然写得好,在社会上有点名气了,可临场发挥不一定好,或许成绩欠佳;而有的士子考分虽高,可实际学问却平平,所以采取"场内考试和场外推荐调查摸底相结合"的办法,既保留"察举制"的某些长处,又发挥"考试制"的优势,应该说还是合理的。我们不能以今天的眼光,把"行卷"和"推荐"等统统说成是"开后门"而加以否定。例如唐朝大诗人白居易(772—846)年轻时谒见名流顾况。顾况开头并没有把这个小伙子看在眼里,还开玩笑说:"在京城里白居,可大不易呵!"但读到"野火烧不尽,春风吹又生"等句子时,立即肃然改容,青眼有加,赞叹道:"能做出这样的好诗,天下任何地方都容易居了。"于是,顾况就到处宣扬白居易的才华。几年之间,白居易誉满长安,名动公卿,很快考取进士。还有当时任国子监祭酒的杨敬之,当读到浙江仙居人项斯的诗文后,就赞叹道:"几度见诗诗尽好,及观标格过于诗。平生不解藏人善,到处逢人说项斯。"由于杨敬之的大力推荐,项斯终于得中高第。也有这样一种情况,如诗人陈子昂(661—702)从四川初到京师,人地生疏,举目无亲,一时很难找到"知音"。他就想了一条妙计,在大街上用高价买了一把古琴,造成轰动效应,然后当众将古琴打碎,说:"我是应试举子,现有诗文百篇,分赠给大家,请大家帮助游说。至于古琴是乐工用的,不值得我们注意。"这个类似"大街卖膏药"的做法,果然很灵,一日之内传遍长安。后来,他24岁就考取进士。

最有趣的是王维开后门的故事。唐代大诗人王维(701—761),字摩诘,太原祁县人。开元年间赴京应试,通过岐王李范的

>> 蟾宫折桂：
学子的光荣与梦想

>> 蟾宫折桂：
刻在铜钱上的梦想

关系巴结上九公主。九公主是唐睿宗的第九个女儿，与唐玄宗为同母兄妹。九公主爱听琵琶，而王维又精于音律，岐王就设计让王维换上豪华服装，随舞伎乐队上来，为公主侑酒。王维风华正茂，皮肤白皙，身材颀长，姿态翩翩，一曲琵琶，使公主如醉如痴，大得欢心，欲厚赐之。王维答称，不图金珠宝物，但愿蟾宫折桂。王维有了公主的鼎力支持，果然得中状元。论起王维的才学，"诗中有画，画中有诗"，中状元是当之无愧的。

但如不开后门，那就难说了。请看"诗仙"李白、"诗圣"杜甫，不是连进士也考不取吗？

到了唐朝中后期，随着吏治的逐渐腐败，科场"开后门"歪风才越刮越严重。这里举杜牧（803—852）考进士为例。中唐著名诗人杜牧于文宗太和二年应试。太常博士吴武陵专门找到主考官崔侍郎说："我向你推荐一篇奇文《阿房宫赋》，是杜牧作的，此人才华出众，可以当状元。"崔侍郎将文章看了，也非常赞赏，但却表示状元已经内定了。那么，第二名呢？第二名也有了。那么，第三名呢？第三名也不行。太常博士就生气地说："你如不将杜牧取在五名之内，你就不是我的朋友。"主考官无奈，只好答应了。杜牧果然中了第五名。

这位主考官叫崔郾，是礼部侍郎，虽然开后门，总算良心未泯，还不失为君子。至于懿宗时期有位主考官叫裴坦，那就腐败

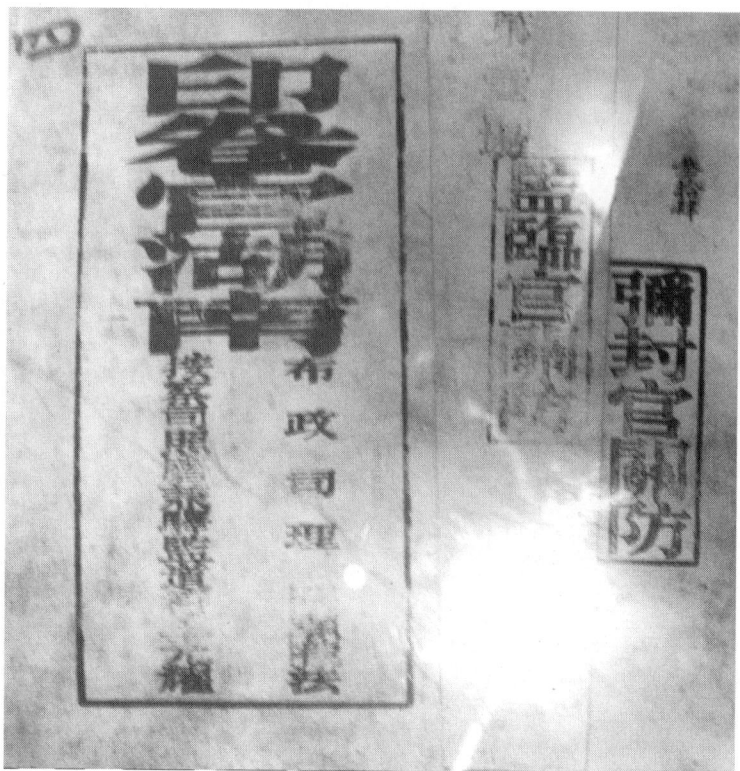

>> 官印封盖的
科考试卷

透顶了。他的儿子裴勋、裴质背后操纵举事,根据送礼多少,拟定录取名单。有一位叫卢延让的考生,写了"饿猫临鼠穴,馋犬舐鱼砧""栗暴烧毡破,猫跳触鼎翻"之类歪诗,居然也被录取了。有一位和尚与裴坦是故交,看到这种情形,也非常不满。恰巧,和尚的同乡举子翁彦枢来访,和尚就问:"你希望考第几名?"翁彦枢说:"第八名足矣。"和尚说:"好!"就直入裴府,对裴家两兄弟说:"朝廷任命令尊大人知贡举,这是国家大事。现在全由你俩私下摆布,录取的都是豪门公子,寒微书生还有上进门路吗?"二人听了大惊,请求和尚包涵,愿以金帛相酬。和尚说:"贫僧老矣,要金帛何用?我的同乡翁彦枢,出身贫寒,确是饱学之士,应给他第八名才好。"翁彦枢果然如愿得中。

　　如果说和尚开后门,还有点"仗义执言"的味道,那么,奸相杨国忠以权谋私,就是仗势欺人了。杨国忠的儿子杨暄应考,文章狗屁不通。主考官将情况向杨国忠反映。杨国忠勃然大怒道："我的儿子即使不中进士,何愁没有官做?只是你这个主考,要好好考虑自己头上的乌纱帽了。"主考官无奈,只好将这个杨"衙内"录取了。杨暄中进士后,立马被提升为户部侍郎(相当于中央副部长),还嫌升得太慢呢!

考场腐败如此,难怪"文起八代之衰"的大文学家韩愈(768—824)也碰了一鼻子灰。韩愈历经艰辛,虽然考取进士,但在吏部"选试"时,却阴沟里翻船了。原来唐朝科举规定,考取进士只是取得做官的资格,并不马上授给官职。要取得官职,还要经吏部(相当于中央人事部)的考核,叫做"选试"。只有"选试"合格,才呈请皇帝授予官职。选试的内容有四项:一是身,就是体貌丰伟,仪表要好;二是言,就是言词口齿要清楚;三是书,就是字要写得端正美观;四是判,就是有审案判牍疑议的能力。如果选试优秀,就可在中央机关担任较高职务;如果选试不合格,只好到地方节度使那里当幕僚,先实习一段时间,不算正式官职,以后再慢慢争取得到朝廷的正式委任。

>> 蟾宫折桂石雕

按理说，以上四条总难不倒韩愈吧？因为前两条伸缩性很大，例如相貌奇丑的卢杞还当宰相，裴度身材矮小，也成为一代名臣。韩愈的身材和言谈并无不足之处。至于后两条，更是韩愈的特长，简直游刃有余，如烹小鲜，何足道哉！可事情真怪，韩愈偏偏选试三次都通不过，以至流落长安十年，"饥不得食，寒不得衣，濒于死而益困"，这种境遇，令人心酸，原因就在于韩愈不善于开后门，没有得力的人撑腰。

韩愈是唐代古文运动的倡导者，他和柳宗元(773—819)志同道合，世称"韩柳"，被列为"唐宋八大家"之首。还有六位大文豪是宋朝人。韩愈晚年当国子监博士和祭酒，是一位好老师。他的《师说》千古传诵，其中"师者，所以传道授业解惑也"，"弟子不必不如师，师不必贤于弟子"等名句，更被后世奉为真言。

三、历史的遗憾——"诗仙"和"诗圣"为何与科举无缘？

唐朝科举制度日臻完备，每年举行一次，基本上没有中断。有唐一代进士6617名，其中状元有姓氏可考者150多名。唐朝注重以诗赋取士，可"诗仙"李白和"诗圣"杜甫偏偏榜上无名，这怪不怪？李杜与科举无缘，这究竟是李杜的不幸，还是唐代科举的不幸呢？这不能不说是历史的遗憾了。

李白(701—762)，字太白，号青莲居士。生于西域碎叶，幼年随父迁居绵州昌隆(今四川江油)。他少年刻苦学习，才思敏捷，出口成章，日试万言，倚马可待。所以，有人说李白自恃才高，豪放不羁，他不屑赴考；如果去考的话，一定百发百中。请看，李白说："我本楚狂人，凤歌笑孔丘。"连孔老夫子也不放在眼里，"安能摧眉折腰事权贵，使我不得开心颜！"他视富贵如浮云，"钟鼓馔玉何足贵，但愿长醉不愿醒"，怎么肯在区区考试官面前低声下气？这说得有道理。但是，人的思想都有其矛盾的一面。李白毕竟不是神，也不是仙，而是人。这些蔑视权贵的诗篇，大都是政治失意以后写的。当他热衷于求取功名时，又是另一种心态了。

其实，李白一心想通过科举，脱颖而出。

李白25岁时，"仗剑去国，辞亲远游"。东下三峡，轻舟如箭，猿声啼送，到达荆州，然后辗转北上长安，往返于长安、嵩洛之间。他也像其他读书士子一样，到处"行卷"求知音，叩谒权贵者之门，请那些达官名人推荐，总想获取功名，以实现其经国济世的抱负。当时唐朝每年都举行一次进士考试，四方士子云集长安，多达两三千人。李白自负才华，睥睨群伦，他当然也会跨入考场，一展其才。（我们现在没有确凿证明李白参加科考的历史资料，但也没有确凿证明李白未参加科考的历史资料，所以只能进行分析推理。）他离家时就曾高吟："仰天大笑出门去，我辈岂是蓬蒿人"，简直视取功名如拾芥。如今万里迢迢来到长安，难道还怕考试？何况考的又是他最拿手的诗赋，他难道没有胆量和这些芸芸考生一决雌雄，竞比高低吗？他也知道，只有通过科考，自己的"满腹诗书"才能"货与帝王家"，这几乎是当时读书人进身的惟一捷径。可能是由于没有得力者举荐，结果事与愿违，落榜而返了。

据史料记载，他先是《上裴长史书》，并多次登门拜谒，却碰了一鼻子灰；接着，他又向身任荆州大都督府长史兼襄州刺史又兼山南东道采访处置使的韩朝宗干请自荐，并写了著名的《与韩荆州书》。这篇文章非常生动，词句华美，气势不凡，显示出大家风范。可李白在文章中却把韩朝宗吹捧到天上，"君侯制作侔神明，德行动天地，笔参造化，学究天人"，等等；而提到自己时，又

>> 鱼跃龙门：
自古此梦几人圆？

有"君侯何惜阶前盈尺之地，不使白扬眉吐气，直上青云耶？"显得有点可怜巴巴。为了请人推荐，求取功名，马屁拍到这般地步，难怪清代学者李扶九认为，此文至少是"失言"。韩朝宗这个人在历史上并无大建树，虽然在《唐书》里也有他的传记，但比起李白来，好像跳蚤面对大象。可这粒"跳蚤"根本不理睬李白，他是有眼不识泰山，想不到面前这个"无名小卒"，日后竟是中国乃至世界诗坛上公认的大明星。李白虽然碰了韩朝宗的钉子，但这封信却流传下来了，成为千古传诵的一篇"绝妙好辞"，而韩朝宗却因缘李白的文章而名垂千秋了。历史就喜欢和人开玩笑。

总之，李白第一次长安之行并无收获。

到了公元 742 年，李白再次到了长安。正在朝中当秘书监的大诗人贺知章看到李白的诗文，非常佩服，叹为"谪仙"，意思是从天上流落到凡间的仙人。贺知章就向玄宗皇帝推荐。此外，李白又找到一条门路，因为李白喜欢求仙学道，击剑任侠，与女道士持盈法师认识。持盈法师即玉真公主，是唐玄宗的妹妹。这位公主在皇上哥哥面前极力赞扬李白才能。于是，玄宗召见李白，让他供奉翰林，参加起草文件等工作。

李白为人耿直，好酒放纵，往往看不起庸俗之辈，所以不免得罪人。即使对玄宗皇帝也不像别的臣子那样卑躬屈膝，俯首听命。正如杜甫在《饮中八仙歌》所说的，"李白斗酒诗百篇，长安市上酒家眠，天子呼来不上船，自称臣是酒中仙"。

有一次，他为皇帝草诏，竟借着酒醉命令太监高力士为自己脱靴，高力士因此怀恨在心。后来，李白奉命赋《清平调》三章，赞美杨贵妃。其中有二句是"借问汉宫谁得似，可怜飞燕倚新妆"。高力士就乘机进谗言，说这是拿汉宫瘦美人赵飞燕讽喻胖贵妃，杨贵妃就向玄宗吹枕边风阻抑李白，李白因而始终得不到重用。

李白二进长安，都不得志，只好请还山林，再次仗剑远游。

李白来到洛阳，凑巧与青年诗人杜甫邂逅。当时李白 44 岁，杜甫 33 岁。

杜甫(712—770),字子美,诗中尝自称少陵野老,原籍襄阳,迁居巩县,故相杜审言之孙。原来杜甫在此之前也赴长安应试过。唐朝科举以应制诗为主要科目,而杜甫的诗才如江河山岳,自不待说。杜甫 7 岁起刻苦学诗,自谓"语不惊人死不休"。他有家学渊源,"诗是吾家事",加上天资聪颖,才华横溢,不论经史典籍,还是辞赋文章,均熟谙于心,他人无从相比。杜甫信心满怀,临场挥洒,意态从容,自问胜券在握,必中无疑。

考试,毕竟有太多的随机性。加上唐代科举又有名人推荐这条门槛,青年诗人终于名落孙山了。

杜甫科场失利后,就与李白结伴,漫游中原和齐鲁一带,携手探胜,把酒论诗,或怀古于城堡,或射猎于大泽;访名山以抒怀,登高台而长啸。李杜两人的真挚友谊,成为中国文学史上的一段佳话。

这两位诗友畅游了一段时间后,终于恋恋不舍地分别了。李白南下吴越,后坎坷半生,客死于安徽当涂。杜甫则再一次西去长安,希望实现自己"致君尧舜上,再使风俗淳"的政治理想。但是,尘海茫茫,难觅知音,献诗干谒,请托推荐,仍是竹篮打水一场空。他有一首诗,就是描写这个时期的凄苦情景:"朝叩富儿门,暮随肥马尘。残杯与冷炙,到处潜悲辛。"

天宝六年(747),唐玄宗忽然想到要"搜求天下逸才",也好让一些确有才学而屡试不第的士子再有一次机会,就增开"制科",派宰相李林甫为主考官。杜甫得知这个消息,

>> 杜甫像

025

第二章 唐朝:科举制度之发展

中国科举史话

满怀希望,养精蓄锐,准备再去拼搏一番。

想不到李林甫这个人是个"口蜜腹剑"的小人。他的丑闻甚多,文墨不通,竟把贺人生子的"弄璋"错写成"弄獐",人们讥之为"弄獐宰相"。现在要这个"弄獐宰相"来主持考试,广招人才,无异于缘木求鱼。因为他压根儿讨厌有才学的贤人,而只希望找些臭味相投的佞人,结党营私,操纵朝政。他表面上顺从皇帝旨意,俨然当起"求贤若渴"的主考官,而肚子里早就打好了小算盘。

杜甫喜滋滋地又一次进入了考场,把满腹才华倾注于尺幅试卷上。

考试完毕,杜甫就天天盼望发榜,千百考生也眼巴巴地盼望发榜。

金榜终于公布了,却是千古罕见的一纸空榜:"本次科考,经认真评选,竟无一人合格。"考生们傻眼了:怎么,竟无一人合格?

唐玄宗也觉得奇怪,为什么没有一人合格呢?李林甫上表贺道:"陛下德高三王,功盖五帝,天下凡有才学的人,早已收揽录用了。目前剩下来的都是些枯木朽株,不中用的,所以一个都不能录取。这叫做野无遗贤,是治国的最高境界,连尧舜禹汤文武也达不到啊!陛下治国有方,功业如天,可喜可贺。"

此时,唐玄宗宠爱杨贵妃,已无心理政了,听了李林甫这番甜言蜜语,也乐得醉醺醺地说:"哈哈,野无遗贤,好好,你办事我放心,看来我可以高枕无忧、高居无为了。"

就是这"野无遗贤"的德政,把一位"诗圣"给"遗"掉了。杜甫黯然离开长安,返回老家时,"入门闻号啕,幼子饿已卒"。唉!

杜甫后来流落到四川,又东下长江三峡,辗转荆州。杜甫的晚境同李白一样凄凉,最后竟客死在岳阳附近的一条破船上。

李白的诗流传下来约有一千首,杜甫有一千四百多首。诗坛上的两颗明星虽早已陨落,但"李杜文章在,光焰万丈长"。这光焰至今仍映照着中国和世界诗坛。

四、科举和党争——唐朝后期牛李之争的实质

在唐朝,由于实行科举考试的选官制度,中小地主出身的寒门庶族知识分子大量地走进了官场,好多人做了大官,还当了宰相。这样,就打击和排斥了豪门贵族世世代代做大官、掌大权的特权地位。他们自然不会心甘情愿放弃特权地位,于是双方争斗的事件就发生了。在唐朝后期,科举出身的新官僚集团和世族出身的旧官僚集团之间,发生了一系列尖锐的争权夺利的派系斗争。其中要算"牛李党争"时间最长,影响最大。从唐宪宗(806—820)历经穆宗、敬宗、文宗、武宗到宣宗(847—859),前后延续半个世纪之久,是唐朝后期的重大历史事件。

所谓"牛李党争",一派以牛僧孺李宗闵为首,一派以李德裕为首。牛派人物多数是通过科举出身的新官僚,李派人物则多数是身出门阀世家。

科举出身的官僚,认为自己"十年寒窗""金榜题名",自然恃才傲物,志得意骄,看不起没有"进士资格"的人。他们往往利用"同年"(即同榜考中的人,相当于同学)、"座师"(即主考官,也称座主)的关系,结成朋党,排挤那些没有科举学历的官僚。

那些出身门阀世家的官僚,虽然没有取得科举学历,但又以他们世代相传的高贵门第相标榜,看不起这些进士们的"草野"出身和"浮华"作风。例如李德裕是贵族出身,家学渊源极深,认为进士虽善于吟诗作赋,却不一定能经邦济世,所以,总是打击排挤科举派。牛李两派都分别勾结权贵、宦官和军阀,争权夺势,互为进退。他们斗争的起因是:宪宗元和三年(808),当时李德裕的父亲李吉甫为相,而牛僧孺、李宗闵还是青年举子,参加进士考试。考官杨於陵、韦贯之赏识这二人的才学,拔为上第。可是由于二人在文章中批判时政,惹怒宰相李吉甫,"恶其直言,哭诉于

上"，宪宗皇帝偏袒宰相，遂将考试官处分降级，对新进士牛僧孺、李宗闵长期"不调"。这就开始结下了怨仇。

后来到了穆宗长庆二年(821)，牛党骨干李宗闵和钱徽、杨汝士主持科举考试。李党成员翰林学士李绅和西川节度使段文昌请考官"开后门"，要求照顾亲属。想不到放榜以后，这些"亲属"全部名落孙山。于是，段文昌等人就向穆宗上诉，控告考试官舞弊，选士不公。穆宗征求李德裕意见，李德裕力主复试。复试结果，淘汰了十几名，约占录取总数的一半。穆宗就将考官李宗闵、钱徽等降级处分。"自是德裕、宗闵各分朋党，更相倾轧，垂四十年"(司马光语)。

文宗登位，李宗闵、牛僧孺为宰相，就把李德裕逐出朝廷，派到四川去当节度副使。不久，因为牛僧孺反对接纳吐蕃降将悉坦谋，招致朝廷上下的非议，李德裕又重新得势，回朝当上兵部尚书，把牛僧孺排挤到淮南。接着，李德裕又升为宰相，就乘机将李宗闵罢官，赶出朝廷。

文宗末年，牛派宰相李珏因为主张立皇太子成美，受到罢官的处分。李德裕依附宦官仇士良，再次当了宰相，牛僧孺、李宗闵就又遭到排斥。牛僧孺在武宗时被贬为循州(今广东惠阳东)长史，后还朝病死。李宗闵被贬为郴州(今湖南郴县)司马，死在任上。整个武宗一代，都由李派当权。宣宗即位，牛派又得势，李派全部遭到排斥，李德裕本人被贬死在崖州(今海南岛)。

牛李两党之争前后经历了六个皇帝。应该指出，斗争的双方都是站在封建统治阶级的立场上，为了巩固皇权，维护封建统治阶级的根本利益，这个大方向是一致的。其区别在于：牛党代表中下层地主阶级所谓寒门庶族的利益，他们大多是通过科举进身的；而李党则代表豪门贵族的利益，大多是靠父祖恩荫入仕的。但由于长期斗争的结果，这个阵线也变得错综复杂了，我中有你，你中有我，牛党中也有世家大族，李党中也有寒微之士。因

>> 进士题名碑

为科举制固然受到寒门庶族的欢迎和支持，但豪门贵族也并不完全反对。并不是说凡出生于豪门贵族的子弟，都是不学无术的酒囊饭袋；相反，富豪子弟由于家庭教育条件好，并不乏才华横溢、资质秀美的佼佼者。这些人往往不愿托庇祖荫，而宁愿在考场上一显身手，博取功名。这里不妨举一个例子：唐宪宗元和年间，工部尚书归登，字仲之；其子归融，字章之，历官山南西道节度使及兵部尚书。这父子俩应该算是豪门贵族了。可是，这家的第三代和第四代却很有出息，归融之子仁绍、仁泽先后中状元，还有三个儿子仁晦、仁翰、仁宪也考取进士。更奇的是仁泽之子归黯又中状元。科举制同样为豪门贵族带来了希望。总之，由于科举制度符合当时大多数人的利益，更有利于扩大封建统治基础，比起门阀世族垄断政权，阻塞人才，显然是更符合加强封建统治的要求。因此，牛李两派斗争的结果，由科举出身的官僚集团终于占了上风。科举制不仅没有废除，反而继续发展。

中国科举史话

五、飞入寻常百姓家——唐朝科举制的成效

> 朱雀桥边野草花,乌衣巷口夕阳斜;
>
> 旧时王谢堂前燕,飞入寻常百姓家。

这是唐朝诗人刘禹锡的一首绝句,题为《乌衣巷》。刘禹锡(772—842),唐德宗贞元年间进士,与柳宗元同榜。乌衣巷,在今南京秦淮河南,其旁有浮桥,名朱雀桥,东晋时建。王谢,即东晋时王导、谢安诸豪门贵族,皆居于乌衣巷一带。当刘禹锡到此访古探幽时,早已物是人非,旧日的豪门贵族,皆已零落,飞来飞去的春燕虽在堂前筑巢,但屋里的主人却是寻常百姓了。

诗人敏锐的眼光,抓住了这个富有历史意义的镜头。

科举制也就像这飞来飞去的春燕。

整个唐朝考选出来6617名进士,其中就有很大一部分出身寒门庶族。现在,他们纷纷走进过去连做梦也想不到的"神圣殿堂"——各级政府机构,而且发号施令,掌握着时代风云。据统计,唐代共有369名宰相,百分之八十是进士出身。至于中央政府机关和各级政府官员中,进士出身的人数就更多了。这样,就极大地冲击了豪门贵族的特权。这个事实,就是《乌衣巷》一诗的最好注脚。

唐朝实行科举制,在政治上思想上都收到了很好的成效。

首先,以皇帝为核心的朝廷,掌握了考试录取权和使用权,从而

>> 雁塔题名:唐代士
　 中式后的雅举

巩固了中央集权制，有利于社会稳定，发展生产，繁荣经济。

同时，科举制又是统治思想的手段。以四书五经、忠君爱国为主要的考试内容，这样就控制了知识分子的思想，从封建统治者的角度看，就是"入彀"。

还有，科举制也促进了盛唐文化的繁荣。唐朝可谓诗的国度，上至王公大臣，下至贩夫走卒、樵子渔翁以及牧童桑姑，都会随口吟几句。据统计，有诗篇传世的诗人至少有2200多人，流传至今的唐诗至少有48000多首。这不能不说是科举制的一份功绩。宋人严羽在《沧浪诗话》中就说："唐诗何胜于我朝？唐以诗取士，故多专门之学，我朝之诗所以不如也。"文章也一样，韩愈和柳宗元既是诗人又是大文章家，也是经过科举的磨炼，才成为文坛领袖的。还有，科试对书法的要求很高，书法不好，是考不取进士的。所以，唐代书法艺术在科举的推动下，也得到很大的发展。被人誉为"颜筋柳骨"的大书法家颜真卿（709—785）和柳公权（778—865），都是金榜题名后，一举天下知的。

唐代的文苑，百花争艳，群星灿烂，都和科举制有很大的关系。

六、及第落榜两相宜——唐人考后心态录

从前有所谓人生四乐："久旱逢甘雨，他乡遇故知；洞房花烛夜，金榜题名时。"金榜，就是用洒金黄纸书写的进士名单。一个读书人能在金榜上题名，当然是梦寐以求的天大喜事，而朝廷也把进士放榜当作国家大喜庆来办。唐朝新科进士要到杏园举行宴会，叫做"探花宴"。宴会以后，还要到慈恩寺大雁塔下集体题名留念，以显示新科进士的荣耀。

新进士们尽情陶醉于美酒名花的狂欢之中，可以说无日不在欢宴，其中最盛大华美的要数曲江宴了。

曲江在长安城东南角,碧波千顷,绿树环合,鸟语花香,是游览胜地。江岸各种楼阁亭台、宫殿园林栉比鳞次。尤其是春日,踏青赏花,士女如云,"三月三日天气新,长安水边多丽人"(《丽人行》);"穿花蛱蝶深深见,点水蜻蜓款款飞"(《曲江》),杜甫曾用他那饱蘸才情的诗笔,描画过这风光旖旎的京师第一胜景。曲江宴设于曲江岸边的杏园,亦称杏园宴。正当杏花怒放之时,红杏遂被称为"及第花"。新进士们还要选出两名最年轻者当"两街探花使",或叫"探花郎",骑马遍游长安的大街、名园,采摘各种早春鲜花。后世科举称进士第三名为"探花",即源于此。

这时,长安城内成千上万市民也像过节似的，在街头看热闹，简直把新进士们看做神仙一样；而年轻的姑娘们则把新进士作为自己心中的"白马王子"，其痴迷爱慕的程度，决不亚于今天的"追星族"小姐对"体育王子"和电影明星那样。

在这种热烈狂欢的情景中，新进士们的心态如何呢？有一首题为《登第后》的诗，可以作为典型代表。

昔日龌龊不足夸，
今朝放荡思无涯。
春风得意马蹄疾，
一日看遍长安花。

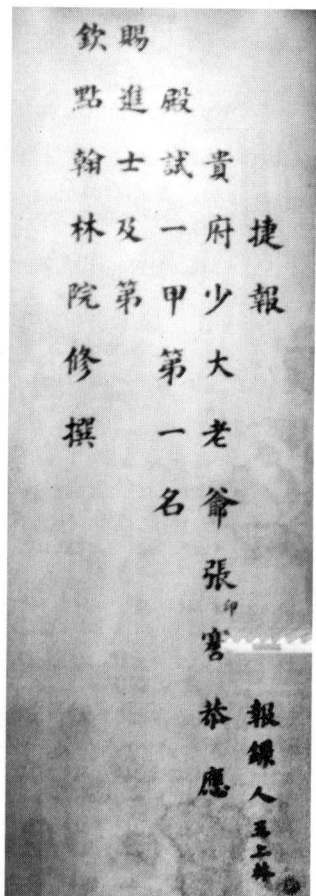

钦赐
殿试一甲第一名
贵府少大老爷张謇恭应
点进士及第
翰林院修撰
捷报
报录人王□□

>> 举子梦寐以求的科考捷报

此诗作者是中唐诗人孟郊（751—814），字东野，浙江武康人。他出身贫寒，多次赴京应试，都落榜而归。从浙江武康到长安，有几千里之遥，可以想见，他经历了多大的艰难困苦。现在居然考中了，诗人兴高采烈地说：过去的穷愁潦倒不值得一谈了，今日多么欢畅，前途无量；在春风中我洋洋得意地骑着快马，一天内和同榜的进士们游遍了长安著名的花园。

孟郊的诗，形象、生动地描绘出了新进士们的心态。

但也有少数新进士头脑比较冷静，心情比较恬淡，例如唐昭宗龙纪年间进士韩偓（844—923）的登第诗是这样写的：

轻寒着背雨凄凄，九陌无尘未有泥。

还是平日旧滋味，漫垂鞭袖过街西。

一个是"春风得意马蹄疾"，一个是"漫垂鞭袖过街西"，形成鲜明的对照。应该说，这种"不以物喜，不以己悲"的潇洒淡泊风度是很可贵的。

韩偓后来在朝为官，不趋炎附势，敢于拒绝权臣李茂贞非法起草文告的指令，说"腕可断，文告决不可草"。昭宗知其贤，屡欲相之，而韩偓固让不就。这就是他一生淡泊精神的写照。

孟郊后来在官场上并不是"春风得意"，只是任江苏溧阳县尉，八品小官。他是个孝子，就将母亲接到县衙里养老，还写了一首感人至深的诗。他想起过去每次赴长安应试时，母亲替自己缝衣的情景："慈母手中线，游子身上衣。临行密密缝，意恐迟迟归。谁言寸草心，报得三春晖。"这首诗留传千古，家喻户晓。1992 年香港举办的"最受欢迎的唐诗"选举，共选出十首，而列为第一的就是这首《游子吟》。

以上说的是金榜题名后的情况，那么，落榜之后又是怎样一番情景呢?

唐人多有豪侠之气,虽然考场失利,往往磨砺以须,落榜不落志。这里姑举两例:

张祜和崔涯是一对好朋友,两人都是中唐颇有名气的诗人,二人一起赴京应试,又一同落榜。于是置酒痛饮,且歌且哭,各诉平生抱负。张祜说:"此番文战失利,今生功名无望矣。大丈夫处世,当诗酒江湖,仗剑行侠,扶危济困,名扬四海,区区进士何足道哉!"崔涯说:"张兄所言,正合我意。我题诗一首,以明此志。"说罢,挥毫狂书:

> 太行岭上三尺雪,崔涯袖中三尺铁。
>
> 一朝若遇有心人,出门便与妻儿别。

张祜说:"壮哉!我久慕江淮风物,与兄结伴南游何如?"张祜也题诗一首,其中有两句是:"人生只合扬州死,禅智山光好墓田。"

张祜后来果然卜居丹阳。一天晚上,突然闯进一位不速之客,此人身材魁梧勇武,打扮非同寻常,腰悬宝剑,手提麻袋,袋中渗血斑斑。来客慷慨陈词:"久闻张侠士大名,无缘识荆。我平生有一大仇,有一大恩。今夜有幸斩仇人之头,心中痛快,特来一叙。"随即问张祜有酒没有,张祜连忙取酒劝饮,来客连饮三大杯说:"此去三五里有一恩人,早想报答。素知张侠士仗义轻财,请暂借十万钱,我立即前往送与恩人,则平生恩仇都了,拂晓鸡鸣即回,从此永归门下,赴汤蹈火,肝脑涂地,在所不辞。"

一番话说得张祜心花怒放,肝肠发热,于是倾囊相助,不下十万钱,尽予来客。来客击掌称赏道:"快哉,真豪侠之所为也。"就将袋子留下,拱手作别,瞬息即逝。

张祜待到鸡啼,尚不见客归;直到日上三竿,还杳无信息。张祜担心人头之事暴露，吩咐家人到后园悄悄埋掉，但打开麻袋一看，乃是一只猪头。

崔涯，江南人，后流落江湖，不知所终。张祜卒于禅智寺，恰巧与他先前的诗句相合。

还有一个是山东黄巢。黄巢出生于盐商家庭，从小熟读诗书，也会使枪弄棒。他前后三次赴京应试，都落榜了。他慨然叹道："大丈夫何必困死场屋呢！"那天他到骊山赏菊，乘兴写了两首《咏菊》：

题菊花

飒飒西风满院栽，蕊寒香冷蝶难来；

他年我若为青帝，报与桃花一处开。

不第后赋菊

待得秋来九月八，我花开时百花杀。

冲天香阵透长安，满城尽带黄金甲。

黄巢返回山东后，就响应王仙芝起义，后自号"冲天大将军"，于公元880年，率领60万大军攻占长安，真正是"满城尽带黄金甲"了。黄巢起义最后遭到失败，但唐王朝也气数已尽，很快寿终正寝了。黄巢部将朱温，先是叛变降唐，后又杀唐末帝，自称

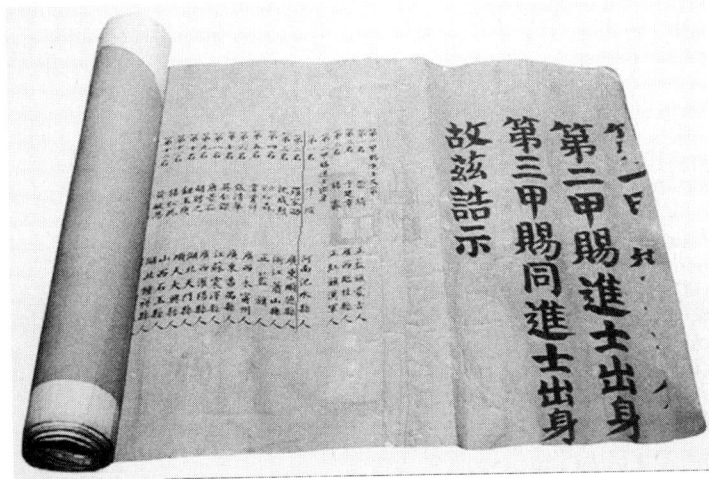

>> 清代进士榜

皇帝,国号梁。从此,中国河山又四分五裂,进入了五代十国时期。

五代十国历时53年,三天两头改朝换代,称王称帝如走马灯一样。在这战乱频仍、哀鸿遍野的苦难时期,科举考试仍然在进行着,这也算是一个历史奇迹吧!据史料记载,建立在中原一带的五个王朝,共开科47次,其余十国大约20来次,合计录取进士1576人。

科举仍然吸引着广大知识分子,可谓薪火相传、弦歌不绝了。然而"虽科举未尝废,而士厄于乱离之际,不得卒业,或有所长而不能以自见,老死闾里,不为少矣"(《文献通考·选举三》)。在这样困苦的境遇下,有些知识分子还是矢志不移。如有一位书生名叫桑维翰,因屡试不第,朋友们劝他另寻出路。桑维翰就铸了一方铁砚,发誓说:"铁砚磨穿乃改业。"终于在后晋天福年间考取进士。后来南宋爱国诗人陆游在《寒夜读书》诗中,就引用这个典故:"韦编屡绝铁砚穿,口诵手抄那计年。"

第三章　两宋：科举制度之完善

一、"天子门生"——两宋科举制度的重大改革

赵匡胤陈桥兵变，黄袍加身，建立了宋朝。前期建都汴京，史称北宋，历 9 帝 167 年；后期都临安（杭州），偏安一隅，史称南宋，历 9 帝 153 年。南北宋共有天下 320 年（960—1279），合计开科 118 次。宋代是历史上考选进士最多的朝代。其中北宋录取进士 51660 人，比尔后的明清二代进士总和还多出 136 人。南宋取士 45640 人。南北宋合计将近 10 万进士。

宋朝鉴于五代时封建割据、军阀混战的历史教训，便把加强中央集权作为头等政治任务。宋太祖除了采取"杯酒释兵权"等重要政治军事措施外，还着手改革科举制度。宋朝的科举改革措施大体如下：

（一）皇帝亲掌仕权和殿试制的确立

殿试，早在武则天时曾经进行过，但没有形成固定的制度，以后就没有再进行。宋太祖开宝六年（973），皇帝亲自升殿考试。接着，更明确宣布："凡是经礼部考试录取的，都要在皇帝御前举行复试。"从此便成为固定形式。为此，宋太祖很得意地对近臣说："向者登科名级多为势家所取，塞孤贫之路。今朕躬亲临试，以可否进退，尽革其弊矣。"（《续资治通鉴》卷第八）以往，科举考试的录取名次由主考官员确定，一旦确定便不再变更。这年，权知贡举知制诰王佑等所奏进士第一名为王式。殿试后，宋太祖亲定王嗣宗为第一，而王式被置于第四。自此，殿试与省试名次，始有升降之别。从殿试制度确立到皇帝亲定科举录取名次，这些都说明科举取士之权已经上移，被牢牢掌握在皇帝手中。进士称为

"天子门生",也自此而始。

皇帝在殿试时可以定出名次,有时对个别考生还可黜落。但在黜落考生这件事上,后来出了一点毛病。因为考生"过五关斩六将",好不容易到殿试了,还被除名,实在讲不过去。有一个举子叫张元,因殿试被黜,愤而投奔西夏,为夏主出谋划策,引兵扰边。此事引起朝廷注意,故从宋仁宗嘉祐二年(1057)起,殿试只排名次,不再除名了。

殿试制的确立,是有很深用意的,它纠正了唐朝科举的积弊。唐朝士子考取进士后,要到考官那里"谢恩",称考官为"恩师""座主",而自称"门生",这样很容易结成朋党,威胁皇权。为此,宋太祖曾发布诏书:

国家悬科取士，为官择人，即擢第于公朝，宁谢恩于私室？将惩薄俗，宜举明文。今后及第举人不得辄拜举官（指主考官）……如违，御史台弹奏……兼不得呼举官为恩门、师门，亦不得自称门生。（《宋会要辑稿·选举三》）

这里说得明明白白，科举为朝廷所开，士子被录取就要感激朝廷，向天子谢恩。皇帝还要对新考中的进士赐宴，叫"闻喜宴"。这个钦赐的宴席总是设在琼林苑，所以也叫"琼林宴"。这种赐宴新进士的制度，后来元、明、清各朝也一直照行，没有停过。从此，作"天子门生"，便成了科场中的最大荣耀。

(二)扩大录取名额和放宽应试条件

宋代不仅广立科目吸收人才，而且对应试者各种条件的限制也大大放宽。凡应试者，无论家庭贫富、郡望高低、年龄大小，甚至于"工商、杂类"出身之人，皆可投牒自进，允其应举；只要文章、诗赋合格，一视同仁，予以优惠照顾。如对于毗邻辽、西夏地带的士人一是放宽名额，规定河北五路到省举人有一定比例保证；二是降低恩科条件，比诸路减少一次考试；三是针对西北一带士人不擅长诗赋策略的情况，规定"东南多取进士，西北多取经学者"（欧阳修《论逐路取人札子》）。对边远地区家境贫寒者，也予以食宿等照顾。开宝二年(969)十月，宋太祖曾下诏曰："国家岁开贡部，敷求俊义，四方之士，无远弗届，而经途遐阻，资用或缺，朕甚愍焉！自今西川、山南、荆湖等道举人，往来给券。"（《续资治通鉴》卷第六）所谓"给券"，即由官府发给进京应举的凭证，一路由驿站供给食宿。对年高而屡经省试或殿试落第者，遇殿试时，许由礼部贡院另立名册奏，参加附试，称"特奏名"，为那些"困顿风尘，潦倒场屋"的士子在科场上另辟一条蹊径。在这种宽松的条件下，各阶层知识分子纷纷走出书斋，争先恐后地投向仕途。

唐朝进士及第,每科不过二三十人,唐高宗永徽五年,只取进士一人。到了宋朝,每科通常取二三百人,多者达五六百人。宋仁宗在位41年,取进士4600多人;徽宗在位25年,取进士多达5550人。

(三)严格考试制度和规则

宋代科举鉴于唐代"开后门"的流弊,制定严格的考试制度和规则,以便公平取士:

第一,设同知贡举官,限制主考官权力。唐代科举主考官一般由礼部侍郎担任,宋代主考官实行临时委派制度,每年一换。起初只设"权知贡举"一职,主考官只有一人。开宝八年(975),以知制诰王佑权知贡举,知制诰扈蒙、左补阙梁周翰、秘书丞雷德骧为权同知贡举。自此,科举主考官由一人而变为主、副若干人。主、副考官之间相互监督,主考官的权力得到限制。这样既可减少作弊,又避免考官与举子之间形成"门生""恩师"关系。

第二,锁院制度。淳化三年(992)春,翰林学士承旨苏易简奉命权知贡举,为避免有人到家中请托,他受诏后由皇宫径赴贡院。此举受到太宗褒扬,自此成为制度,名为"锁院",又称"锁宿"。即考官于受命之日,同时进入贡院,关闭院门,在整个考试期间与外界断绝来往。每日由供给官送进膳食,杂役人员皆发腰牌,以资检查。直至考试结束,定出等第,考官方得出院。在此期间,均为锁院时间。

第三,糊名,亦称"弥封"。即考试时将试卷上考生的姓名、籍贯等密封起来,以防考官徇私。此制始于武则天时代,但没有形成制度。淳化三年三月,太宗在殿试时,根据将作监丞陈靖的建议,"始令糊名考校"(《续资治通鉴》卷第十六)。自此成为定制。以后,糊名考校在殿试、省试及诸州解试中普遍实行,并设官掌糊名封印。

第四,誊录。此为弥补糊名之不足,防止考官通过识别考生

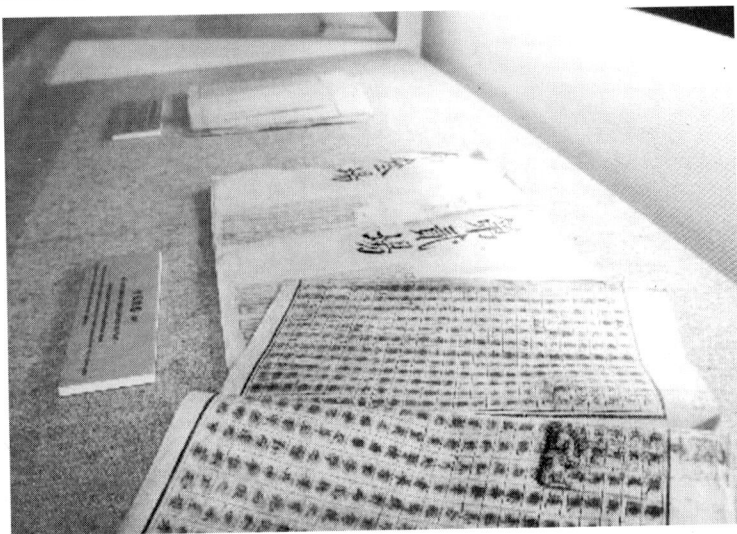

笔迹或试卷上特定的记号而舞弊的一种措施。大中祥符八年（1015），始行誊录法，并设置誊录院掌管誊录。程序是：考生交卷之后，由封弥官封上卷首姓名、籍贯，编上号码，发送誊录院，在宦官监督下，由誊录官指挥数百名书吏将试卷抄录成副本，再将副本送考官评阅。这样，考官评阅试卷时便无法辨认字迹。此法起初只在省试时实行，后推及于殿试和各类解试。

第五，别头试，简称"别试"。此法始行于唐代，指应试者与主考官有亲戚故旧关系的，应试时必须回避，另派考官设场屋考试。当时称考功别头试，但仅限于礼部试，未形成制度。宋于雍熙二年（985）始命省试考官亲戚移试别处。从此，除殿试外，凡各级考官和有关官员的子弟、亲戚、门客等，应贡举时皆移场别试，形成制度。

除上述制度、规则外，宋代科举考试的制度还有许多。其中最重要者，是从治平二年（1065）起，科举考试定为每三年举行一次。这一制度的确立，与上述制度一样，为历代所因承。直到清光绪三十一年（1905）科举考试被废止，其间凡800余年，除特殊情况偶有中断外，从无变更。再就是宋代一改唐时科举及第后须再经吏部考核,合格后方才授官的惯例,实行科举考试一经录取便立即授官的制度。

(四) 注意限制官僚、贵族的特权

宋代统治者在为各阶层知识分子敞开科举考试大门的同时,比较注意限制官僚、士族在科举上的特权。开宝元年(968)三月,权知贡举王佑擢进士合格者10人,大臣陶谷之子陶邴名列第六。宋太祖谓左右曰:"闻谷不能训子,邴安得登第?"遂命中书复试。虽然陶邴经复试合格,但太祖仍认为对大臣子弟应举要严格把关,并因此下诏曰:"造士之选,匪树私恩;世禄之家,宜敦素业。如闻党与,颇容窃吹,文衡公器,岂宜私滥!自今举人,凡关食禄之家,委中书复试。"(《续资治通鉴》卷第五)在此前后,还明令取消了唐代以来盛行的公卿大臣向知贡举官员推荐考生的"公荐"特权,规定违者重治其罪。当时之严,甚至严到对官宦有意抑制的地步。雍熙二年(985),宰相李日方子宗谔、参知政事吕蒙正从弟蒙亨、盐铁使王明子扶、度支使许仲宣子待问等人,举进士试皆入等,宋太宗说:"此并势家,与孤寒竞进,纵以艺升,人亦谓朕为有私也。"当即将他们的录取资格予以罢除(《续资治通鉴》卷第十二)。

此外,如北宋徽宗重和元年(1118),宗室嘉王赵楷殿试第一,徽宗认为宗室子弟"不宜先多士",降为次等,拔王昂为状元。南宋孝宗乾道二年殿试,赵汝愚第一。因他是宗亲,降为第二,让给福建永泰县乡下的寒士萧国梁为状元。

综上所述,由于宋代统治者采取这些比较正确的措施,故应举者范围很广泛,一般平民出身的也能通过科举踏上仕途。据《登科录》统计,南宋理宗宝祐四年(1256)录取进士601名。其中祖、父中有一代为官者130人,祖、父二代为官者23人,三代以上为官者8人,宗室子弟40人。合计官僚家庭出身者仅184人;其余417人,约占69%都是乡户平民出身。于此可见当时应举者

范围的广泛了。

宋代科举制度在达到丰富、完备的同时，由于规模的不断扩大，也造成了取士浮滥，官僚机构和官吏总额不断膨胀，机构臃肿、吏治腐败的严重后果。据说宋真宗时，有人建议裁减冗员，数目竟达19万多人。再就是科举考试重文抑武，武举屡兴屡废流于形式，在人才选拔上造成战略性的失策。

二、文星灿烂——北宋科举人才辈出

北宋时期，通过科举涌现出许许多多杰出人才，可谓文星灿烂，辉映华夏，这是中国科举的黄金时代。

北宋前期出现了一连串闪光的名人，如寇准、吕蒙正、晏殊、司马光、欧阳修、范仲淹、韩琦、富弼、孔道辅等，都是在科场中脱颖而出的。其中欧阳修则在文坛上更具有特殊地位。

欧阳修(1007—1072)，字永叔，号醉翁，晚年又号六一居士。江西吉州永丰人。他4岁丧父，靠母亲郑氏抚养成人。幼时因家境贫寒，连纸笔也买不起，母亲用芦荻画沙盘，教他写字。这就是著名的"欧母画荻"的故事，与"孟母三迁""岳母刺字"等，都是历史上伟大母亲的典范。

>> 欧阳修像

欧阳修读书非常用功，小小年纪就将四书五经及有关名篇约40万字背得滚瓜烂熟，被誉为神童。宋仁宗天圣八年，时年23岁的欧阳修就考中了进士。后来官至参知政事(副宰相)。一生著作宏富，著有《新唐书》《新五代史》《集古录》等书，在史学和文学上都有很高成就。他主张文章应

"明道""致用"，开创了一代新文风，是北宋文坛诗文革新的领袖。

宋仁宗嘉祐二年会试，欧阳修为主考官，策论的题目是《刑赏忠厚之至论》。欧阳修阅卷时，发现有一篇文章特别出色，他的评语是："学问通博，资识明敏，文采烂然，议论蜂出。"准备评为第一名。这篇文章是谁写的呢？因为考卷是密封的，上面没有考生姓名。欧阳修想会不会是自己的学生曾巩写的呢？看文章风格也颇有相似之处。如果把自己学生评为第一，恐怕天下人会议论。还是评为第二吧！榜发后，这个获第二的竟是苏轼，21岁。同他一起考取进士的还有弟弟苏辙，只有19岁。比苏氏兄弟大一二十岁的曾巩，也同科得中。这三位后来都成为宋朝有名的文学家，尤以苏轼的成就最大。

苏轼考中后，去拜见主考老师欧阳修。欧阳修见苏轼仪表不凡，气度大方，才华出众，语言风趣，打从心眼里喜欢。他想起一个问题，对苏轼道："你那篇应试文章条理明畅，议论有力。但中间有一段：当尧之时，皋陶为士。将杀人。皋陶曰杀之三，尧曰宥之三。故天下畏皋陶执法之坚，而乐尧用刑之宽。——请问这'杀三宥三'典故，是何出处？"苏轼答道："这是我想当然啊！"欧阳修大笑。人说苏轼杜撰一个典故，居然也入情入理，其才可知了。

苏轼和苏辙兄弟俩是四川眉山人，这一年由父亲苏洵带他俩赴京应试，想不到兄弟双双获中，真是天大喜事，苏洵的高兴劲儿就没法说了，但他也有另一番感慨。原来苏洵少年时"游荡不学"，到了27岁时，看到别人都中举上进了，才发愤攻读，文章也大有起色，却屡试不中，愤激之余，决心不再应考。这一次他带两个儿子赴京，竟都中了进士，不免怦然心动。他自我解嘲地吟道："莫道科场易，老夫如登天；莫道科场难，小儿如拾芥。"他听说大主考欧阳修很爱才，就把自己的20来篇文章托人送给欧阳修看，请求指教。欧阳修一看，觉得文笔老辣，别有风格，真是有其子必有其父，就向宰相韩琦推荐。韩琦也是个诗人，他咏菊花诗："莫嫌老圃秋容淡，犹有黄花晚节香"，是很出名的。他看了苏洵的文章，也像看到傲霜之花，非常赞赏，就向仁宗皇帝建议，不经过考试，破格任命苏洵为秘书省校书郎。父子三人因此同朝为官。

从此，人们称苏洵（1009—1066）为老苏，苏轼（1037—1101）为大苏，苏辙（1039—1112）为小苏，合称为"三苏"。

欧阳修曾以翰林身份多次主持进士考试，秉公办事，慧眼识人，选拔了许多优秀人才。他选拔和荐引的王安石（1021—1086）、曾巩（1019—1083）以及"三苏"父子等，都是历史上的杰出人物。中国文学史上有名的"唐宋八大家"，除了唐代的韩愈、柳宗元外，宋代的六家，就由欧阳修和他的学生们承包了。

三、却令秀才变学究——诗赋取士与经义取士之争

北宋神宗年间，那个以"改革家"著称的王安石提出要取消诗赋取士，改为单一的以儒家经典取士。

一时朝廷上下议论纷纷，反对最激烈的是大诗人苏轼。

苏轼主张维持传统办法，仍然采取以诗赋为主考选进士。虽然他也承认诗赋对国计民生不一定有多大实际效用，但自隋唐以来已实行了几百年，曾经出现了不计其数的名臣，可见用诗赋取士不会有什么坏处，所以没有必要取消诗赋取士。苏轼还说，以儒家经典取士，既不容易定出一个明确的标准，也不容易要求投考的士子学习精通，甚至也不便于主考官评判考卷的优劣。因此，苏轼的最后结论是：以诗赋取士，虽然不一定好，但是行之已久，不可一下子就废掉；如果以经义取士，那么弊病就比用诗赋大得多。

王安石的看法，和苏轼恰恰相反。他主张改革科举考试办

法，明白地指出了以诗赋取士的害处。他说，一个人在少壮时，本应当多多讲求天下实际有用的事理，却教他去闭门学诗赋。即使学好诗赋，科举考试得中，进入官场，却对世事一无所知，如何能办好国家政事呢？他还指出，认为科举制度已经完善的看法是不对头的，科举考试的办法还没有完善，还需要改革。因此，他建议废除以诗赋取进士，改用经义考试。

>> 王安石像

在王安石的鼓吹下，神宗曾下令废去以诗赋考进士，改用儒家经义和对策考士，并且把儒家经典中的《易经》《诗经》《书经》《周礼》《礼记》称为大经（主要学习的经书），《论语》《孟子》称为兼经（兼学的经书），定为应考士子的必读书。规定每次进士考试考四场：一场考大经；二场考兼经；三场考论；最后一场考策。殿试则仅考策，限千字以上。

>> 苏轼像

苏轼和王安石关于科举制度的争论，一方面反映了他们在政治上保守和改革的不同立场；另一方面也反映了科举制度的本质和不可救药的弊病。归根到底，吟诗作赋,固然不切实用;死啃经书,又有什么好处?由于王安石身为宰相,执掌朝政,他就亲自编书,以自己的观点解释五经意义,让全国士子诵读。然而此举却带来应试之人"专诵王氏章句而不解义"的后果。对此,王安石自己也后悔莫及:"本欲变学究为秀才,不谓反变秀才为学究。"(《宋史·选举志》)考试和实用脱节的弊病,仍然没有解决。

我们以历史的眼光去看这场争论,就不难发现,问题实质在于科举本身就是为封建统治阶级服务的,它的考试内容只要求忠于皇上,巩固皇权,所谓"三纲五常"而已。所以它不可能有更新更进步的内容,比如增加一些自然科学知识,历史地理知识,以及吸取诸子百家之长的一些哲学思想,等等。否则的话,岂不乱了套,动摇了皇权的思想基础,那就大逆不道了。所以,如果单纯以诗赋取士或经义取士来比较的话,那么两害相权取其轻,与其取经义还不如取诗赋。因为诗赋固然可以写成僵化的程式诗,但由于必具的韵律和精练的语言,或许可以在人们的心灵里多少保留一点"美感",在一片荒漠中多少有那么一点"绿意"。而经义则可以让人"心死",可以变成范进和孔乙己。王安石罢诗赋而改经义的结果,竟开明清两朝八股文之先河,故有人称这位大改革家是"八股文之始作俑者"。

四、大水冲了龙王庙——道学家与科举

南宋以后,历朝都以朱熹集注的四书作为法定教科书。四书即《论语》《孟子》《大学》《中庸》,又称四子书。考试官出题,必须来自四书,举子作文不用说要以四书为内容,而且必须遵循朱熹的注释,稍有违反,或自出新意,就不及格。"朱注"成为科举取士的惟一准绳了。所以当时有句谚语:"朱注熟,吃羊肉;朱注生,喝菜汤。"

朱熹是宋代最大的理学家,他的理学统治元明清各朝700

>> 科考必考内容之一

>> 科考必考内容之二

>> 科考必考内容之三

多年。封建统治者都大肆吹捧朱熹。朱熹死后，南宋理宗皇帝追封其为"信国公"（后文天祥也被封为信国公），并下令将朱熹牌位抬进孔庙，与孔子像一起供奉，叫做"从祀"。到了清朝康熙年间，又把朱熹与孔子学生颜回、子路等合称"十哲"。

朱熹在封建社会后期，为什么有这样高的社会地位，理学又是个什么东西呢？这说来话长。

>> 朱熹像

理学，是中国古典哲学的一个派别。在宋元明清时期，理学是中国思想界的主流。故欲识中国历史，就不能不了解理学。欲说理学，还得先从儒学说起。

儒学，始初为孔子创立的学派，后经孟子发扬光大，遂成为百家争鸣时代的显学。它虽然原是维护奴隶制的哲学派别，后却被改造成为维护封建制的官方哲学，居于统治地位，达2000余年。在这2000余年间，它也不是一成不变的，而是经历了两次大的改造。

第一次是在封建社会初期，经西汉名儒董仲舒的改造，将天命论发展为天人感应论，给君权神授制造了根据，使儒学蒙上了宗教的色彩，并取得独尊的地位。后来，儒与释、道并称，成为中国的三大宗教之一。

第二次是在封建社会后期，即封建制经历了全盛时期走向衰败的时候，为维系封建制免于崩溃，后儒又对儒学进行了再改造,以天理论取代了天人感应论,给儒学又披上了一件带有思辨色彩的哲学外衣,使儒学进一步哲学化了。其哲学的主要概念就是"理",也叫"天理",就是天生的道理。主要观点是"理在先,气在后"。即精神先于物质,认为世界上的万事万物都是从一个"理"派生出来的,故称之为"理学"。理学家自我标榜说他们上承孔孟,是真正的儒学的传道系统,所以"理学"也叫"道学",理学家也称道学家。这里要注意,道学与道教,只有一字之差,却是风马牛不相及的。

理,作为哲学概念,既包括自然现象,也包括社会现象。

理,被用于解释政治关系与伦理关系时,指的是维护封建制的纲纪。理学家解释说:"宇宙之间,一理而已,其张之为三纲,其纪之为五常。"意思是,宇宙虽大,惟有一理,理扩张开来就是三纲,再条分缕析就是五常。"三纲",指的是"君为臣纲,父为子纲,夫为妻纲"。纲是提网的总绳。这里借纲与网的关系,喻指君臣、父子、夫妻的封建关系,即前者居于主导地位,对后者有支配的权力。"五常",指的是封建道德的五种教条,即仁、义、礼、智、信。这段话的意思总括起来说,即封建纲纪原于天理。换言之,宇宙不变,理亦不变,封建纲纪也永恒不变。这就给"吾皇万岁万万岁"制造了理论根据。那么,谁要敢于反抗君王代表的政权、父祖代表的族权、丈夫代表的夫权,即谁敢于触犯封建秩序,那就是触犯了天理,大逆不道,天下难容。这样,以维护天理为口实,杀掉反抗者就成了顺乎情理的事,即"理所当然"。

一言以蔽之,理学是一把精神屠刀,是用以宰割被压迫与被损害者的反抗意识的,是维护封建秩序的利器。故而,清代哲学家戴震曾说:"酷吏以法杀人,后儒以理杀人。"并指出,理比法更为残酷。无辜者被酷吏以法杀死,还有人同情和怜悯;可若被所谓的"理"逼杀,冤死,反而没有人理解与可怜呢!比如理学家为维护男权,提出寡妇改嫁是逆背天理的,说什么"饿死事小,失节

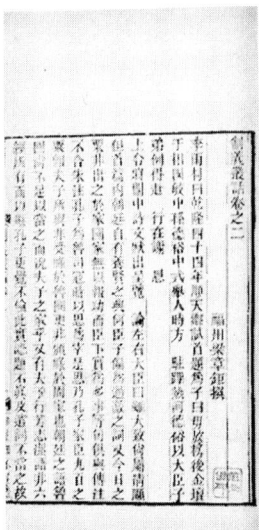

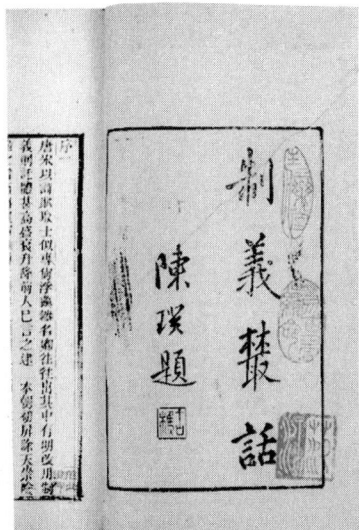

事大"。结果，几百年来，难以数计的"贞女烈妇"做了封建制下夫权的殉葬品。仅清光绪年间在江西婆源一县，殉节烈妇就有千人以上。而枉死于君权、族权的又不知有几多呢！

锻造"理学"这把精神屠刀的，是宋代的几位名儒。初倡者是北宋的周敦颐（1017—1073），奠基者是同时代的程颢（1032—1085）与程颐（1033—1107）兄弟，集大成者是南宋的朱熹（1130—1200）。

朱熹，字元晦，后改为仲晦，号晦庵。祖籍婆源（今属江西省）。南宋高宗绍兴年间进士。他10来岁时，即发奋攻读儒学的经典，崇拜孔子，曾说："天不生仲尼，万古如长夜。"既长，在官场上多不得意，遂先后聚徒讲学达50余年，门人甚多。这些门人，无不是忠心维护封建统治的。他一生在讲学之余，著书40余种（仅后人编辑的《朱文公文集》一书，即有140卷），洋洋数百万言。可见他为维系封建统治秩序，是深谋远虑，呕心沥血的。

然而，朱熹在世时，他对封建王朝的耿耿忠心却未得到当权者的赏识，他锻造成功的那把精神屠刀的现实社会价值，也未曾引起当权者的重视。甚至，当权者一度目理学为"伪学"，视支持理学的官员为"逆党"，并列出"伪学逆党籍"，株连所及有记载的便有 59 人。他们大都是朝廷和地方官员，全被罢了官，并永不再用。皇帝还规定，以后凡向朝廷举荐人才，都必须在开头就写明所举者"非伪学之人"。这真叫"大水冲了龙王庙"。

朱熹生前虽不甚得志，可死后不久却被推崇起来。理宗赵昀即位后，读了朱熹的书，大发感慨地说："朕读之爱不释手，恨不与之同时也！"大凡社会动荡，群雄并起斗争时，理学没有多大用处；而社会求安定，统治者需要巩固时，理学是很有用处的。理宗是一位很有头脑的皇帝，他首先"慧眼识宝"，认识到理学很有利于封建统治，朱熹是封建帝王的忠实代言人和理论家。经过理宗的大力宣扬，以后的封建统治者也认识到理学和朱熹的价值，就把朱熹集注的"四子书"作为科举的主要教材。朱熹这才大红大紫起来。

和朱熹同时代的有陆九渊（1139—1193），以后又有明代的王守仁即王阳明（1472—1528），都将理学发扬光大。历史就称程朱陆王为"宋明理学四大家"，简言之就是"程朱理学"。

理学的本质是虚伪的，这就决定着那些理学人格化的名儒，有些往往也是伪君子。比如理学家宣扬"夫为妻纲"，夫死妻子应当守节。朱熹就曾亲自写信劝他的一位表妹不要再嫁。可是，他自己却引诱两个尼姑做了自己的宠妾。又如理学大讲"仁义""道德"，朱熹却为葬其母，强行挖掉别人的父母之坟，霸占他人的"祖业"之地。他为报私仇，还对一个无辜的妓女严蕊强加罪名，重刑折磨。他曾镇压农民起义，抓来数千人投入牢狱。当听说新皇帝宁宗已经登位，照例要发布大赦令时，他抢在赦令到来之前，拉出 18 名所谓的"囚徒"砍了头。类似之事，不胜枚举。在南宋时，就有艺人头顶高冠，身着肥袍，扮作道学家，讽刺他们的迂阔而虚伪。有句成语叫"道貌岸然"，即喻指貌似正经而心怀奸诈的伪君子。这成语就是由此引申而来的。

但话又说回来,我们在批判理学的同时,还应该以历史的眼光,把理学作为一种历史文化遗产,仍应取其精华,弃其糟粕。例如"饿死事小,失节事大"。这用之于反对妇女再婚或失贞之类,无疑是封建的、反动的,或者说是不人道的。如果这"节",是指为了坚持一个中国的原则,维护国家民族的统一和独立,以及信奉社会主义理论,加强社会主义法制和廉政建设等等,我们不是很需要不怕牺牲的精神吗?那些认贼作父,以背叛国家民族的利益为荣,以谋求个人的荣华富贵锦衣玉食为乐的人,很需要读一读理学的书。因为,理学强调原则,宣扬道德,崇尚气节,讲求修身,这对我们今天来说,还是有借鉴意义的。朱熹仍不失为古代有杰出成就的思想家、哲学家和教育家,是集儒学之大成的贤哲。

当时与理学对立的,是具有朴素唯物主义的一些思想家,如陈亮、叶适、吕祖谦等。他们批判理学的斗争是很激烈的。但在那个时代的思想领域里,理学仍是主流。

科举制度发展到这一步,必然趋向腐朽没落了。任何事物都是向前发展的,如果僵化了或者模式化了,就会导致落后。以王安石废诗赋取经义为契机,又经过朱熹的理学作为理论基础,再到明清的八股文,科举就一步步钻进了死胡同。

五、文武双璧——爱国诗人陆游受屈落榜

南宋前期,武有岳飞(1103—1141),文有陆游(1125—1210),一文一武,堪称双璧。这二人应该是理想的"文武状元"。

大汉奸秦桧以"莫须有"三字杀害"精忠报国"的岳飞,真是山河失色、人神共愤,"千古奇冤,江南一岳"!

但秦桧还伸出另一只黑手,迫害爱国诗人陆游,使陆游科举落榜,坎坷终生。

高宗绍兴二十三年会试,为了选谁为第一名,考试官们煞费

苦心。

一个是绍兴举子陆游，虽是 20 来岁的青年，但颇有诗名了。此次考试，文字清新，笔锋豪健，满腔忠义之气和爱国热情溢于字里行间，令人可佩可叹。考官们大都认为第一名非陆游莫属。

另一个是当朝宰相秦桧之孙秦埙。秦埙的文章是抄袭其祖父那些投降卖国的陈词滥调，令人可憎可鄙。但秦桧早就叫人打过招呼，指定要录取秦埙为第一。

这样，担任主考官的两浙转运使陈子茂，就面临着两难选择了。

陈子茂经再三考虑，毅然将陆游拔为第一，秦埙列为第二。

本来，将秦埙列为第二，已经是莫大照顾了。可秦桧仍怒不可遏，立即将陈子茂革职，并以"陆游反对和议"，与朝廷政策不合的政治罪名，取消其殿试资格。在秦桧的淫威下，考试官们无可奈何，只好选拔秦埙为会元。

这个消息传开后，京城内外舆论哗然。宋高宗也觉得情况不妙，在殿试时选拔张孝祥为状元，秦埙取为探花。

张孝祥，安徽和县人，也是著名词人。他中状元后，立即上书为岳飞辨冤："岳飞忠勇为国，天下共闻，一朝被人诬谤，不久便遭杀身之祸，敌国庆幸而其军队解体，这决不是国家之福。"又说："应当赶快恢复岳飞官爵，厚恤岳飞家人，表彰岳飞忠义，使岳飞忠魂含笑于九泉，使公道昭明于天下。"由于高宗的昏庸苟安，秦桧的专横忌刻，此议终不得行。

直到秦桧病死，高宗退位，孝宗登基，方给岳飞平反，此时是岳飞冤死后 22 年了。

岳飞不仅战功卓著，而且也是杰出的诗人兼书法家。"怒发冲冠，凭栏处，潇潇雨歇"，一阕《满江红》，传诵千秋。岳飞与科举无缘，故小说家在《说岳全传》里虚构一个故事，说岳飞在武举比试时，枪挑小梁王，夺得武状元。这反映了人民群众的愿望。据说岳飞相貌如儒雅小生。故宫南薰殿藏有岳飞写真画像。有人题诗曰："威名赫赫震朱仙，谁信风流是少年。人说留侯如好女，怪公美貌亦翩然。"

有一次，孝宗问大臣周必大，当今的诗人谁比得上唐代李白。周必大也是南宋著名诗人兼政治家，他极力推荐说，只有陆游才气横溢，素有"小李白"之称。孝宗就钦赐陆游为进士出身。这在封建社会里，算是一种很大荣誉了。那一年，陆游 36 岁。

陆游一生诗作流传下来的有 9000 多首。他也是个文武全才的杰出人物，他曾经在抗金前线战斗过，"楼船夜雪瓜洲渡，铁马秋风大散关""挺身刺乳虎，血溅貂裘殷"。可惜他怀才不遇，壮志未酬，"僵卧孤村不自哀，尚思为国戍轮台"。在 85 岁临终时，陆游写下了千古传诵的悲壮的绝笔诗：

死去元知万事空，但悲不见九州同。

王师北定中原日，家祭无忘告乃翁。

六、疾风知劲草——南宋末年科举的光辉一页

"人生自古谁无死，留取丹心照汗青。"这两句千古绝唱，代代相传，家喻户晓，像雨露一样滋润着千千万万人们的心田，简直就是我们中华民族精神的写照了。这首题为《过零丁洋》的诗，是民族英雄文天祥被元军从海道押解北上经香港过零丁洋时写的。

文天祥（1236—1283），字宋瑞，号文山，江西吉安人。宋理宗

宝祐四年,还是 20 岁的文天祥赴临安应试。他怀着忧国忧民的赤胆忠心,洋洋洒洒写了一万字,对国事进行论述。考官王应麟评曰:"是篇古谊若龟鉴,忠肝如铁石。"理宗皇帝阅后赞叹道:"这真是忠臣义士,正如他字宋瑞一样,是大宋之瑞啊!"便钦点为状元。

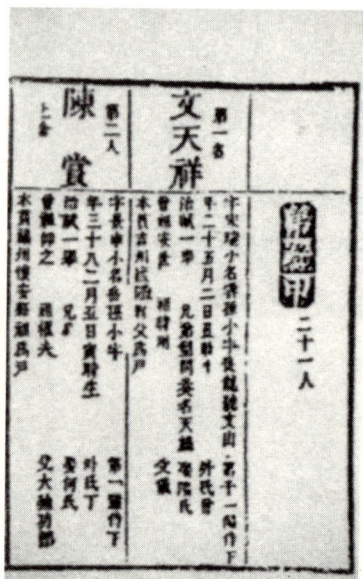

>> 文天祥题名状

宋恭帝德祐元年,元统帅伯颜率 20 万大军水陆并进,直扑临安。垂帘听政的谢太后下令各州起兵勤王。时任赣州知州的文天祥立即变卖家产,招募民兵 2 万人,准备星夜开赴临安。有朋友劝他:"元军势不可挡,你带着这批新招的乌合之众,就像驱羊斗虎,以卵击石,不是白白送死吗?"文天祥说:"国家有难,我不能坐视不救;如天下忠义之士都能闻风而起,国事还是大有可为的。"

唐太宗有一句名言:"疾风知劲草,板荡识诚臣。"民间也有同样说法:"路遥知马力,日久见人心。"在大难面前,忠奸诚伪,立见分明。同样是状元出身又当过丞相的留梦炎,早就投降当了新贵,这时反来劝降,被文天祥痛骂一顿。也是进士出身,并担任左丞相的陈宜中,趁机逃到海外,在暹罗(泰国)定居,后被东南亚一带人称为"华侨之祖"。

文天祥则临危受命,与大臣陆秀夫(和文天祥同科进士)、大将张世杰等人坚持抗战到底,无奈回天乏术,狂澜难挽,陆、张等蹈海而死。文天祥兵败被俘,写了《过零丁洋》诗,后因禁在京都土牢里整整 3 年,仍矢志不移,坚贞不屈。最后,元世祖忽必烈亲自劝降:"你不过是偏安半壁的南宋的丞相,我封你为大元丞相不好吗？"文天祥答道："正因为我是大宋状元丞相，绝无再事元朝之理。既然宋朝已亡，惟求一死，以报国家。"遂从容就义，年仅47岁。人们在他的衣襟里，发现写有一首长诗，题为《正气歌》。元世祖感叹道："文天祥是真正男子汉啊！"史书上赞其："名相烈士，合为一传，三千年间，人不两见。"

文天祥这种富贵不能淫、威武不能屈的凛然气节，以及充满爱国主义精神的光辉诗篇，一直激励着后人。

比文天祥迟12年考中状元的陈文龙，是福建兴化人。他也组织民兵奋起抗元，守卫福州。元军久攻不下，就让文龙的亲戚持书招降。文龙焚其书而斩其使。后城破被俘，虽遭到毒打凌辱，但文龙昂然自指其腹曰："此中皆节义文章也，状元可相逼耶！"旋被押送临安，囚于太学之侧，绝食而死。其母被关押在福州一

>> 文天祥就义图

所尼庵,病重垂危,听到儿子死讯后,说:"吾与儿同死,又何恨哉!"亦死。

文天祥、陆秀夫、陈文龙等人大义如山,气贯长虹,书写了南宋末年科举史上最光辉的一页。

南宋最后一届科举是度宗咸淳十年(1274),状元王龙泽,榜眼路万里,探花胡幼黄。他们金榜题名后,没有风光几天,宋朝就亡了。他们得不到一官半职,就下落不明,不知所终了。故当时人将他们三人的名字,编成一首谚谣,题目叫《三不得》:"龙在泽,飞不得;路万里,行不得;幼而黄,医不得。"

这算是科举史上的一点笑料。

第四章　辽金元：科举跌入低谷

一、《日射三十六头熊赋》——辽金科举之一瞥

辽金元时期，北方少数民族入主中原，他们虽然也遵照旧章，进行科举考试，但并不重视。科举因而进入低谷时期。

辽兴宗重熙五年秋末，辽帝耶律宗真在黄华山围猎，一日获三十六头熊。当他得意洋洋返回燕京，驾临元和殿，正好殿试开始，主考官奏请命题。这位以武功自诩的辽帝，就出题为《日射三十六头熊赋》。从这个题目大略可以窥见辽代科举的粗犷风貌了。

辽是我国北方由契丹族所建王朝。始建于神册元年(916)，初称契丹国。辽太宗耶律德光大同元年(947)灭后晋，建国号大辽。至保大五年(1125)天祚帝被俘，它先后存在了 209 个年头。加上耶律大石建立的西辽，共经过 302 年。从圣宗耶律隆绪统和六年(988)开始，方行贡举。其科举制度，"颇用唐进士法取人"(《金史·选举志》)，即大致仿照唐制。最初每科只取进士一两个，以后逐渐增加，每科 50 名至 70 名左右。考试只是为汉族人而设，契丹族人自己是不应试的。辽代约开考 56 次，录取进士 2479 人。

公元 1115 年正月，女真族人阿骨打在黑龙江会宁府建立金国。10 年后，金灭辽，遂与宋朝南北对峙。金立国只有 119 年，为元所灭。

至于金朝初期科考情形，这里不妨举一个例子加以说明：

河北武安地方有一位汉族秀才，名叫胡砺。他被金兵掳去当奴隶，中途乘人不备逃到香山寺(今北京西郊)，幸好寺僧收留

他，和杂役混在一起干活。有一天，金国大臣韩方到香山寺礼佛，看到胡砺像是读书人，就带回家和自己儿子伴读。天会十年，金都元帅完颜宗翰主持进士考试，胡砺也去应试。完颜宗翰叫全体考生跪地，他挥舞马鞭训话。当他看到有部分考生头发斑白，就厉声指斥："你们这些不中用的汉族老奴才，为何要来应试？你们如果真是文章好，少年便登科了。如今为了做官发财，替子孙打算，自知日暮途穷还来考试，对朝廷有何好处？我本想立即将你们杀掉，但念你们的罪过不算很重，姑且让你们考试。如果在考试中有犯规行为，必杀不赦。"诸生伏地叩头，汗流浃背，战战兢兢进入考场，有的手抖连字也写不完整。胡砺因为年纪尚轻，又有大臣韩方推荐，侥幸中了状元。

金初科考的粗率横暴作风，于此也可见一斑了。

后来，金朝统治者总结了辽的经验，开始对科举重视起来了。"金承辽后，凡事欲轶（超越）辽世，故进士科目兼采唐宋之法而增损之。其及第出身，视前代特重，而法亦密焉。"（《金史·选举志》）

>> 武科考试图

天会五年,金军占领河北、河东后,官吏多缺,急需补充,金太宗根据辽、宋旧制的不同,下诏对南、北士人各以其素习之业取士,号为"南、北选"。这个办法大约实行了20多年,又觉得不妥,重新合二为一。到了天德二年,又增设女真进士科,即专为女真人设立的科举,采用少数民族文字进行考试。这是我国历史上的一大创举。有金一代名士,多由此科出身。如元好问就是金代最著名的诗人。

金代约开考40次,共录取进士1815人。因为连年战乱,故史料记载不多。

二、左右两榜取士——元朝科举的种族歧视

"一代天骄,成吉思汗,只识弯弓射大雕。"这是毛泽东主席的光辉诗句。

元朝开国者武功盖世,蒙古铁蹄几乎踏遍欧亚大陆。但马上得天下,不能马上治天下。元人掌握国家政权后,不大重视文化教育建设,尤其蔑视汉族知识分子,故有"九儒十丐"之说。

据史料记载,元在太宗窝阔台九年(1237)八月,曾应中书令耶律楚材"用儒术选士"之请,诏中原诸路以论、经义、词赋三科考试儒生,同时宣布"其中选者复其赋役,令与各处长官同署公事"(《元史·选举志》)。考试于次年(戊戌年)举行,故称戊戌选试。这是元朝正式建立前首次仿照科举的办法选拔士人。但它只在地方一级举行,故不能算作严格意义上的科举,并且由于"当世或以为非便,事复中止"。元世祖忽必烈即位后,丞相史天泽条陈当行大事,其中提到科举,但未被采纳。

元朝前期科举停废达半个世纪之久,直到元仁宗延祐二年(1315),才恢复科举。可是元顺帝即位,又予以废除。当时朝廷里有过一场辩论,参议许有壬认为科举可以广揽人才,有利治国。以宰相伯颜为首的顽固派认为,科举只有利于汉族知识分子,让

汉族人中举做官，不利于元朝统治。由于害怕汉人造反，元朝统治者规定南方每 20 户编为一闾，派蒙古人为闾长。每 3 户合用一把菜刀，严禁汉人私藏军器等。伯颜甚至狂妄地提出尽杀张、王、刘、李、赵五大姓汉人。伯颜反对科举，据说还有一个小插曲：有一天，他发现有一个马夫不见了，左右说这个马夫请假要去考进士了。伯颜十分恼火："奴隶也去科考，让这等人考取了，那还了得！"于是，决意废除科举。

怎么马夫去考进士呢？原来蒙古入主中原后，掳掠了大量的汉族男女为奴，其中不少是宋室官吏子女及其他知识分子。元太宗时曾经想恢复科举，下令凡汉族儒生掠卖为奴的，允许登记报考。结果一次就登记了 4300 多人。大约伯颜的马夫也是这一类儒生。

六年以后，伯颜贬官流放道州而死，其侄脱脱为相，又恢复科举。但此时元朝统治已日暮途穷，油尽灯枯了。

元朝统治实行种族歧视政策，把全国人民分为四等：蒙古人最尊贵，色目人次之；第三是汉人，即原先在辽、金统治下的北方汉族人；地位最低的是南方人，即原先南宋统治下的汉族人等。所以，科举考试也按种族分等级。蒙古和色目人只考两场，题目比较容易；汉人和南人要考三场，题目反而艰深。考中以后，蒙古、色目人列为"右榜"，因为蒙古以右为上，算是高一档；汉人、南人列为"左榜"，算是低一档。按规定左右两榜都各有一个状元，但左榜汉人却很难得中，有时还让蒙古、色目人来当选。中进士后分派官职，右榜也比左榜高。如果蒙古、色目人自愿参加汉人、南人科目考试，那么还可再加一等派给官职。至正八年（1348），汉人王宗哲连中三元，就是乡试、会试、殿试都是第一，这在科举史上是非常罕见的，在元朝历届科考中也仅此一人，但他也只担任八品小官，以后再无声名。

当然，今天我们应该用历史眼光看待当时的种族压迫。从宋

>> 元代进士表

到辽金元各朝几百年间,是继黄帝时代、春秋战国时代、魏晋南北朝时代之后的第四次中华民族大同化大融合的历史时期。这期间充满着压迫,充满着灾难,有时杀人如麻,血流成河,但毕竟都已过去,民族融合是大势所趋,是主流。而科举考试制度,在民族融合过程中,却发挥了很好的历史作用。

元朝科举还有一点很奇妙的。据清代学者梁章钜考证:"……胡震亨《读书杂录》记载,言其友秀州屠用明,得元皇庆三年乡试录一帙,其中有一条规定云:军民僧尼道客官儒回回医监阴阳写算门厨典顾未完等户,以本户籍贯应试……"

这里写得清清楚楚,和尚、道士、尼姑和阴阳先生等,均可持户口册应试。在元朝,僧道社会地位较高。当时有民谣:"一官二吏三僧四道五医六工(科技人员)七匠(各种作匠)八娼(倡优歌妓之类)九儒十丐。"知识分子只比乞丐高一档,"文化大革命"中,把知识分子称为"臭老九",大约源于此吧。既然僧道地位仅次于官吏,那么让他们参加科考或许是有可能的。可惜当时究竟有多少尼姑参加乡试,已无可考证了。否则,这倒是妇女运动史上的一条珍贵的材料。

>> 元代进士碑

  总计元灭宋统治中国不到百年,科举考试屡兴屡废,一共只举行过16次,共取进士1139人。一个统一的王朝科举取士人数之少,为隋唐以来所罕见。

  元朝虽然轻视科举,但还是出了不少人才。如《琵琶记》作者高则诚(1307—1371)和明初著名政治家军事家兼文学家的刘伯温(1311—1375),都是元朝进士。相传《水浒》作者施耐庵也与刘伯温同科考取,但此事史无确据。

  有一点倒是出乎意料,元朝不重儒术,反而歧视打击知识分子,但"元末仗节死义者,乃多有进士出身之人"(赵翼《廿二史札记》)。如状元李齐、李黼、泰不华等都是在与方国珍、张士诚起义军斗争中为元朝殉难的。

第五章 明清：科举进入鼎盛时期

一、百岁老童生——明清科举严格考试等级

科举制度在经历了元朝的大萧条后,随着明王朝的建立,终于走出低谷,又进入一个新的发展时期,在明、清两代,可谓达到全盛了。此时,西方资本主义正勃然兴起,而中国资本主义经济也已开始萌芽,封建制度如日影西斜,衰朽不堪了。科举就像是为延续封建制度而注入的一针强心剂,难怪明、清统治者对科举越来越重视,这大约是科举所以长盛不衰的一个重要原因吧。

明清两朝在沿袭宋代旧制的基础上,对科举增益补充,使之体制更加完备,规模更加扩大,程序更加固定化,文体更加程式化,考试办法也更加繁琐,而且一定 500 年,直到清末为止,始终坚持不变。

明代科考除洪武六年至十五年停考十年外,都按"三年大比"制进行,文用八股,特别古板严格,僵化繁琐。明朝历 16 帝,

>> 明代进士碑

277 年天下,开科 92 次,考取进士 24636 人。其中著名人物有改革家张居正,爱国名将于谦、袁崇焕、熊廷弼、史可法,科学家徐光启,水利专家潘季驯等,但也出了奸相严嵩。

清代科举大体仿照明制,更加周密苛详。清代还举行过几次制科(特别科)考试,即康乾时博学宏词科、乾隆时翻译科、光绪时经济特科等。清朝从顺治入关算起到清末,历 10 帝,267 年间,共开科 114 次,考取进士 26888 人。明清两代共有进士 51524 人。

明清考试等级有严格规定,具体办法如下:

首先,考生在未取得功名前,无论年龄大小,都称"童生"。童生要先经过童试,童试不算国家正式考试,只是进学考试而已,一般在县城或府里举行,考取的称为"秀才"。中了秀才就叫做"进学",或称"入泮",这是功名的起点。秀才有资格参加国家正式考试。正式考试分为三级:一乡试、二会试、三殿试。

乡试每三年在省城举行,也叫"大比"。考期是八月份,故曰"秋闱",闱就是试场。由皇帝派正副主考官主持。乡试中式的称"举人",第一名举人叫"解元"。举人才有资格参加会试。

会试是乡试后的第二年春天在京都举行。由礼部主持,故曰

"礼闱"，或曰"春闱"。会试考中的称"贡士"，贡士第一名叫"会元"。

殿试是最高考试，由皇帝亲自主持。殿试及格才称"进士"，算是"天子门生"了，一举成名，平步青云，荣耀得很。人们称中进士是"登龙门"。龙门，源于古代《三秦记》里的神话传说。河津一名龙门，水险不通，鱼鳖之属莫能上，上则为龙也。李白说："一登龙门，则声价十倍。"

进士分三等：一甲三名，第一名称"状元"，第二名称"榜眼"，第三名称"探花"，合称"三鼎甲"，算是赐进士及第。状元一词始于唐，凡举人进京会试，须先到礼部投状报到，故时人称进士第一名为状元，又称状头。第二名好比榜中的眼睛，故称榜眼。第三名探花，前面已说过，源于唐朝杏园的探花宴。选少年俊秀者为探花郎。

二甲若干名，赐进士出身；二甲第一名（即总第四名）称传胪。殿试后宣制唱名，叫做传胪。三甲若干名，赐同进士出身。虽然都是进士，但品位有所差别。明末来华传教的意大利人利玛窦（1552—1610），把秀才、举人、进士直译为学士、硕士、博士。但也有人把进士比作大学毕业，状元比作博士，榜眼探花就是硕士

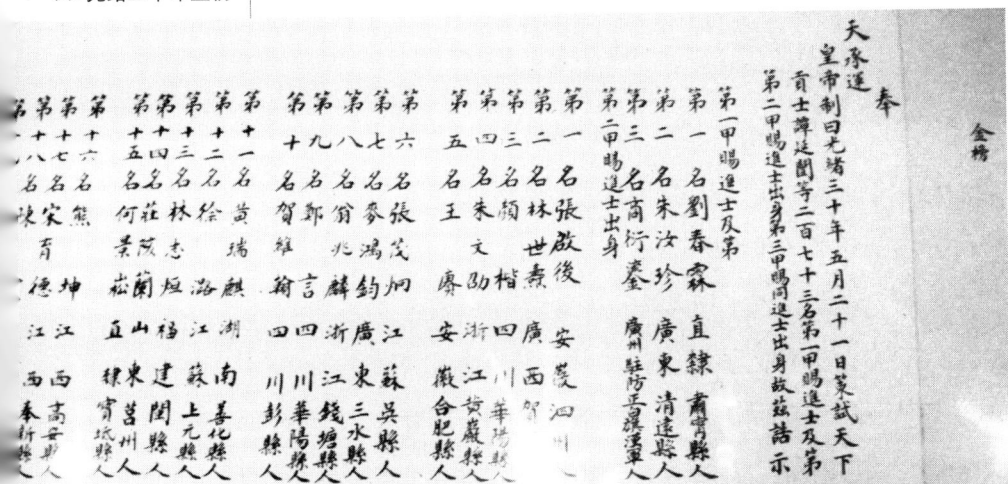

了。这种比拟也不全对。总之,古今学历是很难类比的。

这里的基础是"童试",也是非常复杂难考的。

童试分县试、府试、院试三个阶段。县试由各县知县主持。应

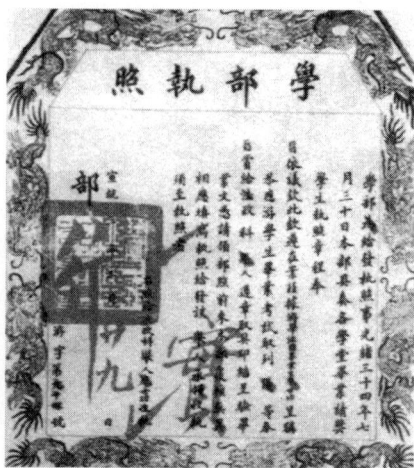

>> 宣统三年学部执照

试童生须向本县礼房报名,填写姓名、籍贯、年龄、三代履历,并以同考五人互结,复请本县廪生作保,名曰"认保"。试期多在二月,分四场或五场进行,考试内容为八股文、诗赋、策论等。录取者才有资格参加府试。府试由各府知府(或直隶知州、直隶厅同知)主持。考试日期多在四月。报名、填写履历、廪生保结及考试场次、内容与县试略同。录取者取得参加院试资格。院试在明代由各省提学道主持,故又称"道试"。至清代由各省学政主持,因学政称提督学院,故名"院试"。参加院试的童生,其报名等手续与县试、府试略同。考试分正试、复试二场,试八股文与试帖诗,并默写《圣谕广训》百数十字。揭晓名为出案,录取者取得生员资格,进而入府、县学学习,称"入学",也叫"入泮"(因学官门前有半圆形水池叫泮水)。入学以后,就换上秀才的制服,明代戴方巾,清代帽尖用银顶,身着蓝袍,俗称蓝衫。真是层层设卡,搞了这么久,过五关斩六将,还只是取得秀才资格,算是入了学,并不算功名。如果连秀才也考不取,即使胡子白了,也只能称"童生"。

道光年间,广东三水县人陆云从,当了一辈子老童生,直到做百岁大寿时,才考取秀才。到103岁还赴京会试,朝廷怜他年老,恩赐国子监司业一职。有清一代,高龄应试者不胜枚举。如康熙四十九年礼部报告:"本年各省会试举人,年届九十者一人,八

十以上者二十人。皆三场完毕,未能中式。"也是康熙年间乡试,广东顺德考生黄章已百岁,还让他的曾孙提着灯笼带路,入场考试。灯笼上大书"百岁观场"四字,观者无不啧啧称奇。

像以上这样沉迷科举,至死无悔,实在不足为训。而封建统治者将科举考试办法规定得越来越苛细繁琐,让广大学子皓首穷经,久困场屋,淹滞凄惶,无所施展,这实在是对人才的极大浪费和摧残。

二、血染科场——明初南北榜之争

明洪武三十年(1397)春会试,主考官是翰林学士刘三吾和白信蹈,录取进士宋琮等52人,全是南方人,北方举人全数落选;三月殿试,定陈安为状元。这引起北方举人的强烈不满,他们纷纷指责刘三吾因自己是南人,就包庇南人压抑北人。朱元璋于是另派侍读张信等人复查,复查结果认为刘三吾并未舞弊违法,原榜维持不变。北方举人不服,上疏说:张信与刘三吾互相勾结,故意挑出北方人的劣等卷子送呈皇帝,肆行欺骗。朱元璋大怒,竟处死白信蹈、张信和状元陈安等人。刘三吾已85岁,以年老免死,革职充军。随后,朱元璋亲自阅卷,"钦定"任伯安等62人为进士,全部是北方人,于同年夏天发榜,因此这场血腥的"南北榜"之争,又称"春夏榜"之争。

1397年发生的这次重大科场案,其实并不是一场科举舞弊与反舞弊事件。就主考官刘三吾来说,他徇私舞弊的可能性极小。他从投靠朱元璋以来,一直受到器重,主持过多种重大典章制度的拟定,是经验丰富、值得朱元璋信赖之人,也的确是比较正派的官僚。而在洪武三十年以前,朱元璋严酷暴虐的面目暴露无遗,刘三吾亲眼见到众多的元老旧臣如何被加以荒谬的罪名诛杀一空,其手段之残忍、株连之广泛,足令刘三吾等剩下的各级官僚战战兢兢,惟恐祸从天降。耄耋之年的刘三吾,哪里敢为

第五章　明清:科举进入鼎盛时期

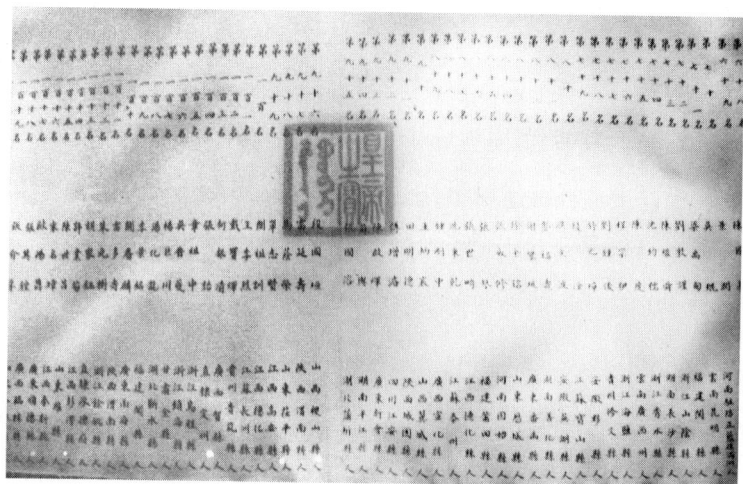

>> 金榜题名时：幸福此中寻

包庇南方人这种无价值小事，去触犯暴君的逆鳞呢？至于状元陈安更是冤枉，好不容易考取状元，却血染科场，白白丢了一条命。

事情的真相是，朱元璋要抓住南北榜事件来扩大自己的统治基础，笼络尽可能多的士人（特别是科举之途艰难的北方士人）来为自己服务。当时退往长城以外的元朝残余势力仍然经常袭扰北方边境，明朝也多次大规模征调军队出塞讨伐，终不能完全解决问题。因此笼络北方士大夫，稳定北方局面，在南北籍贯的统治阶级人士中调节分配权力，对于明王朝来说十分必要。而刘三吾则自信并无舞弊，仍坚持"江南本多俊才"，不了解朱元璋的用意，致有此祸。但对于这样一个本来可以解释清楚的政治策略问题，朱元璋却大动其"不测之威"，残忍地诛杀无辜。在这一点上，明清历代皇帝都争相仿效，形成一个漫长的专制而黑暗的时期。

"南北榜之争"的第二年，朱元璋死去，来不及将按地域调配进士名额的想法定为制度。直到明仁宗洪熙二年（1425），内阁大学士杨士奇（江西人）才制定办法，卷子一样弥封誊录，但注明"南""北"字样，分配名额是"南六十，北四十"。明仁宗赞同说："往年北士无入格者，故怠惰成风。今如是，则北方学者亦感奋兴起矣。"

此后又具体划分为南、北、中三大区,具体确定各省所占名额,并按户口增减而加以调整。清承明制,始终执行南北分省取士的办法。

三、两个大兵夹考生——清初丁酉科场舞弊案

清朝对科场舞弊案,处理非常严厉,以"丁酉科场案"最为典型。

顺治十四年(1657)是农历丁酉年,发现顺天(即北京乡试,北闱)、江南(即南京乡试,南闱)、山东、山西、河南等地均有贿赂舞弊等情事,尤以北京、南京最为严重,顺治皇帝大怒,下旨彻查严办。

北京乡试考生达5700多人。考试官10多人,大多是明末士子,他们承袭明末科场贿买之陋习,各有关节,收受贿赂。发榜录取举人206人,其中三品以上京官子弟全在其中,一时舆论大哗。而考官李振邺、张我朴等以为科场舞弊,乃小事一桩,故不知

畏惧,还公开宣扬:"某人中举全靠我的力量,某人文墨不通,我看情面才让他中副榜。"李振邺更胆大妄为,在评卷前让家僮拿着通关节的25人的名单,到考场里逐一寻对。这更引起广大考生的愤怒,纷纷向上面揭发。顺治皇帝下诏,将考官李、张等7人处斩,家产抄没,家属充军,其余考官革职。抄家中搜得李振邺那张25人的名单,遂按图追索,瓜蔓相抄,京城权贵惶惶不可终日,数十名涉嫌行贿者皆下狱。

同年南京也兴大狱。主考官方猷、钱开宗脏污狼藉,首场八股题为《论语》中"贫而无谄"一章,取中举人120名,多系贿买关节之徒。发榜后即有无头诗流传:"孔方主试合钱神,题目先论富与贫。金陵自古称金穴,白下如今中白丁。"孔方即铜钱,指方、钱二个主考官。白下,是南京古称,白丁即文盲。就是说只要有钱,

文盲也可中举。案件查实后,方、钱及其他考官干员22人全部被绞决,家属充军。

顺治皇帝又传旨对南北二闱录取考生全部进行复试。考场设在太和门,考生300多,以满兵二名夹一考生进场,考题由顺治亲定,考试官临时指派。在一片肃杀气氛中,有些考生战战栗栗以致不能握笔。如江南才子吴兆骞竟交了白卷,结果充军黑龙江。他在东北20多年,适逢沙皇俄国入侵,激起战事,吴兆骞有不少诗文记述其事,为后人留下了珍贵的文学史料。另有霍某等8人成绩拙劣,被革去举人功名,重责40大板。但大多数还是考试合格,有的也很突出,如以后成为著名文章家及大学士宰相的张玉书,时年18岁,虽在大兵夹持下,仍然镇定自若,从容挥写,文字清丽,气魄恢宏。也有侥幸高中的,如陈宿源刚好背熟其父《燕都赋》,就改头换面,略加修饰,顷刻而就。顺治览之称善,定为榜首。

其余山东、山西、河南等地,情节较轻,也作适当处理。

这次"丁酉科场案",处理严厉,震动全国。显然,清朝统治者也有借此以树天威,震慑汉族知识分子之用意。不过,由于确实打击了腐败,故受到广大士子的欢迎。江南书商刊刻《万金记》描述其事。万金,方字去点,钱字去边,指江南贪赃枉法二主考也。名士尤侗作戏曲《钧天乐》,蒲松龄写《于去恶》等篇,也对之赞颂有加。所以,人们认为清朝统治者入关之初,就知道运用科举收揽士心,这比元朝统治者聪明;在处理所谓"科场舞弊案"时,手段又比明太祖朱元璋高明些。

四、一队夷齐下首阳——清初开"博学鸿词科"

有历史学家用文艺笔调写了这样一个历史镜头:

"四个彪形大汉抬着一乘蓝舆小轿正在赶路,殷红的血从轿底滴出,滴在从山西太原到京师的大道上……当到了离京师还有三十里的驿站,掀开轿帘看时,轿中人已两腿瘫软,面色苍白,气息奄奄了。"

轿中人名叫傅青主,太原人氏,是清初的一代名医,也是位深得众望的反清志士。他曾因组织秘密反清的"朱楼社"而被关入大狱,几被杀头。后虽被营救出狱,仍矢志不移。

说来也怪,清朝皇帝却硬要这反清的傅青主入朝做官。傅青主推脱有病不肯出山,竟被强按入轿中抬走了。在路上,他将自己腿上的静脉戳破,欲求一死。可是,他终于未能死去。尽管傅青主以死相抗,皇帝还是下了一道圣旨,恩免傅青主入场考试,特授官为"内阁中书"。"内阁"是当时朝廷的最高官署,"中书"是在内阁负责起草文件、记载国事以及翻译等文字事务的官员,一般为七品官。

这在那碌碌钻营之辈看来可说是"皇恩浩荡"了,然而傅青主却感到"死之有余恨,不死亦羞涩"。当又被强行抬到午门外,他宁死也不肯低头。最后,执事官员只得把他从肩舆上扶下,头碰在地上,报称他已"谢恩",而后放他回去了。这故事发生在康熙十八年(1679),即初设博学鸿词科的那一年。

傅青主为反清志士,康熙何以不杀他而要他做官呢?

原来,康熙虽以武功征服了天下,然而却不能一下子征服人心,尤其难以使素以气节为重的汉族文人俯首就范。所以,当三藩即将被平定之际,特仿宋代做法,开博学鸿词科,以收揽汉族文人。当时规定,凡有一技之长的都可应考,考中的都给官做。但是,不少明朝遗臣与素有众望的学者仍不肯应命入试。康熙遂又下令让内外大臣荐举。荐举不来,就上门去请。请还不来,就用轿子硬抬来。果然,大批学者被拉到了京师。有的拒绝应试入场,有的入场应试却故意不完卷,或聊以小诗塞之。这也不怕,清廷照样——授以官职。所以,许多有学问的人,如朱彝尊、毛奇龄、尤侗等都做了官。但是,仍有一批名儒,不为利诱,不惧刀斧,征召不就,强抬不走,坚守气节,至死不渝。其中最著名的有三位思想家,即黄宗羲(1619—1695),人称梨洲先生;王夫之(1619—1692),人称船山先生;顾炎武(1613—1682),人称亭林先生。这三位先生被后世尊为"清初三儒",都隐遁山林,安于清贫,潜心学术,成为一代宗师。

但是,科举毕竟是封建时代读书人的进身之路,所以前明的大批士子还是纷纷来报考了。据清学者王应奎《柳南续笔》记载,当时有好事者作诗云:"一队夷齐下首阳,几年观望太凄凉。早知

中国科举史话

薇蕨终难饱,悔杀无端谏武王。"这首诗引用了古贤伯夷、叔齐"耻食周粟"的典故。夷齐俩兄弟曾谏阻武王伐纣,后隐于首阳山,采薇蕨而食,遂饿死。诗作者借此讽刺前明士子投顺清朝的变节行为。可是,后来由于报考的人太多,名额有限,不少人落榜而归。这些落榜者从此不能以"前明遗贤"自居,也不能以"博学之士"自诩了。于是,好事者又作一诗:"失节夷齐下首阳,院门推入太凄凉。从今决意还山去,薇蕨堪嗟已吃光。"

后来,雍正皇帝回顾这段历史,意味深长地说:"入关开国之初,我们把好官硬是送给汉儿,汉儿还扭着脖子不肯要。如今汉儿苦心孤诣不远千里赴京应试,求取功名,足见人心归附,可谓天子有道,朝廷之庆了。"这段话一针见血,点中了科举的要害。清朝统治者就是用科举选士的软一手和"文字狱"的硬一手,恩威并施,牢笼广大知识分子为其所用。

>> 清代梁耀枢殿试策

五、"作则"与"维止"——明清科场文字狱一斑

文字狱,古已有之,从春秋时期崔杼杀齐太史兄弟到秦始皇焚书坑儒,莫不如此,但以明清时期最为酷烈。朱元璋当皇帝初期,对文人还算优礼。他说:"世乱用武,世治宜文。"可一班武将挑拨说:"陛下不要太相信文人,文人是很会讽刺人的。"他们说张士诚原名九四,起义后请文士帮他起个官名,文士们就给起名为士诚。朱元璋说:"这名字不是挺好吗?"这班武将说:"非也,上大当了。《孟子》书上有:士,诚小人也。如连起来读,不是骂士诚是小人吗?"

从此以后,朱元璋就有了戒备之心。

杭州府学教授徐一夔在《贺表》里有:"光天之下,天生圣人,为世作则。"本是歌颂的话,朱元璋却大怒道:"生者僧也,骂我当过和尚;光者,骂我是秃子;则音近贼,骂我作贼。"这位教授就被斩首。类似因文字"忌讳",不少人被杀。

这种蛮横猜忌作风,到了清朝,更是变本加厉,最典型的是下面这个例子。

清雍正四年(1726),相传江西主考官查嗣庭引用《诗经》中的"维民所止"这一句作为考题。有人诬告,说"维止"就是将"雍正去头",属于大逆不道。(请参阅卷末附录二:关于"维民所止"试题冤案真相)。

当时称摘引他人文句进行诬告的为"文伥"。伥者,助虎为恶之鬼也。那么,诬告查嗣庭的"文伥"是谁呢?据稗史记载,此人就是浙江官员李卫。据说查嗣庭的女儿是一位美貌的才女,李卫求婚不成,遂设毒计报复。雍正得报后,果然大怒。查嗣庭曾是内阁学士、礼部侍郎,后出为江西学政。雍正怀疑他心怀不满,故意出这样的考题。但是就以此治罪,恐怕人心不服,雍正是工于心计的,就密令搜查查嗣庭住宅,翻出他的两本日记,果然在日记中

>>1870 年广东闱场

找到了几条"罪证"。

一条是为《南山集》作者、"逆臣"戴名世喊冤。为逆臣喊冤，自身也就是逆臣了。戴名世是进士翰林，他在《南山集》中记载了南明诸王的一些史实，又用了南明"永历"年号。结果被人告发，以"大逆"罪处死，孤儿幼女发配为奴。此案牵连诛杀了 300 多人。查嗣庭在日记里认为《南山集》所记只是一些客观史料，并无大逆不道之处，牵连诛杀太过分了。这样，就犯了"同情逆臣"之罪。

再一条是写到近时热河水灾，淹死官民人等 800 多。日记里写这些，暴露阴暗面，有攻击"大好形势"之嫌。

找到这两条"罪证"，总算可以堵住天下人之口了。结果，查嗣庭遭戮尸，其家族遭株连者达几十人之多。

据统计，康、雍、乾三代，较大的文字狱有 80 多起，其小焉者不可胜记。更可笑的是翰林徐骏，将"陛下"误写成"狴下"，立即被革职逮捕。扬州举人徐述夔，夏日曝书，风吹书页，作诗云："清风不识字，何事乱翻书。"用瓷杯饮酒，见有明代年号，因戏题：

"大明天子重相见，且把壶儿搁一边。"经人告发，竟被斩首弃市，家族遭株连。常为乾隆润色御制诗，深受乾隆宠爱并呼之为"老名士"的沈德潜，就因《咏黑牡丹》诗："夺朱非正色，异种也称王"，而遭到开棺戮尸、抄家株连的罪谴。凡此种种，不胜枚举。

"文字狱"在一定时期内，固然强化了清朝的统治权，但却窒息思想、扼杀文化、阻碍学术的发展，其后遗症是非常严重的。据说乾隆时有一位老臣叫梁诗正，他积几十年的处世经验，总结为一条："不以字迹与人交往，无用的稿纸亦必焚毁。"可见社会上对文字狱恐怖的一斑了。

六、旗人不占鼎甲——清朝采取笼络怀柔政策

清朝文字狱的主要矛头是指向汉族知识分子，明显包含着种族歧视的性质。有清一代，始终是严满汉之防。但清朝统治者比辽金元的统治者高明，懂得文武之道，一张一弛，除了硬的一手外，还善于软的一手，更多地采取笼络怀柔汉族知识分子的政策。拿科举来说，清初搞过两次满汉分榜，以后就取消了，再无后例，而且规定"旗人不占鼎甲"，让科举功名向汉族知识分子倾斜。所以，科举考试，汉人就占绝对优势。

所谓旗人，就是满人建国之始，满族与蒙古族联合创建的一种八旗军事行政组织，八旗人就叫旗人。鼎甲就是一甲进士前三名，状元、榜眼、探花。不让旗人进鼎甲，目的是防止旗人与汉人争科名。旗人有很多途径可以当官，科名让给汉人，可以更好地团结汉族知识分子。据统计：清朝历届殿试前三名共计324名，其中江苏117名，浙江76名，安徽20名，江南三省竟占66%，而满蒙子弟只有区区3名。

但是，清朝275年天下，任用的大学士、尚书、侍郎等朝廷高级官员560名中，汉人只有140名，仅占四分之一。这其中还有奥妙之处，就是汉人任高官的，都要进士出身；不是进士出身，很

难当高官。但旗人却不同,在 420 名旗人高官中,除了少数几个外,都不是进士出身。乾隆在位 60 年,选拔大学士 60 人,其中汉人 25 名,全是进士出身;旗人 35 名,只有 4 个是进士。还有一点是很露骨的,即汉人一般只能任副职,正职必须由满族或蒙族人担任。这就是说,进士、状元可以由你们汉人去争取,做大官掌权可不允许。这也算是清朝科举制的一大特色。

前面提到有清一代,旗人中鼎甲者只有三人,那么,这三人是谁呢?

清朝初期搞了二次满汉分榜:一次是顺治九年(1652),满榜状元麻勒吉;一次是顺治十二年(1655)。满榜状元图尔宸。图尔宸中状元后,官至工部侍郎,一生平平,没有什么建树。麻勒吉倒名扬一时。麻勒吉是考翻译科中举的,会试考了第一名,殿试又考了第一名。精通满汉文字的麻勒吉中了状元后,为了显示对汉文化的熟谙,特地把名字改为马中骥。现在北京市西城区的群力胡同,当初叫麻状元胡同,就是麻勒吉旧宅所在地。麻勒吉改名后,这里也改成了马状元胡同。麻勒吉的才华受到顺治皇帝的赏识,他当上了给皇帝讲解汉文典籍的日讲官。飞黄腾达使他飘飘然,盛气凌人。一次,他受命到地方去巡视,嫌地方官员接待不隆重,又因索要驼马不遂,大庭广众之下,把和他同一年中进士的河北总督张玄希臭骂了一顿。张玄希受不了这样的耻辱,几乎自杀。麻勒吉因此受劾被降职,不是顺治皇帝偏袒,很可能就得削职为民了。康熙年间,他镇压吴三桂叛乱有功,做了广西巡抚,总揽柳州的军政。这时他总结教训,能与汉族官员齐心协力,修复战争疮痍,发展生产,振兴文教,使辖区发生了很大变化。奉调离开时,几万老百姓夹道挽留。当地百姓为他立了一块碑,上刻八个大字:"清白一世,治绩卓著。"

其实,讲"清白"倒未必,据《清史稿》载,麻勒吉一生曾有过几次受贿、包庇等情事。在他死后,兵部上奏他在广西平叛时妄

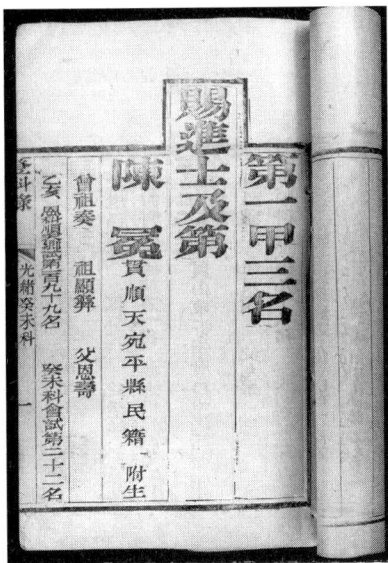

>> 进士榜题

报军功，结果又被追夺官职。

清朝除了出过两个满族状元外，还出过一个蒙古族状元。这就是同治年间的崇绮。本来，按照祖训，旗人不占鼎甲，那么崇绮怎么当上状元的呢？

据说，同治四年（1865）殿试结束后，经过几天的阅卷，大臣们把预定的前十名送皇帝钦定。同治皇帝当时只有10岁，他哪知道什么，不过是照大臣们定的点个头而已。不料，名字密封的卷子一拆开，第一名是蒙古旗人崇绮。垂帘听政的西宫慈禧太后和东宫慈安太后没了主意。小皇帝灵机一动，学着求神抽签，让人把前十名的名字写在一个个纸签上，丢进一个筒内，自己闭着眼睛去摸。第一次摸是崇绮，第二次摸又是崇绮，第三次还是崇绮。小皇帝坚持要取崇绮，大臣们也觉得科举考试"只论文字，不分旗汉"。两宫太后相信真龙天子的手气，没有异议。崇绮就这样成了清朝惟一的蒙古旗人状元。《清稗类钞》描述的这则轶闻不知是真是假，不过崇绮成了状元却是事实。据说历史上也出现过类似事例。文秉《烈皇小识》载：明崇祯元年（1628）殿试，皇帝朱由检祷告神灵，要选一个确有真才实学能保大明江山的状元。用金筷子挟纸阄，第一次挟出的名字是刘若宰，再挟又是刘若宰，三挟还是刘若宰。刘若宰点为状元后，一生平庸，无所作为。倒是同科进士史可法，忠贞为国，壮烈牺牲，被后人誉为"文天祥式"的英雄。

崇绮中状元后，其女儿又被册封为皇后，他成了国丈，很红了一阵。可惜同治命短，二十岁时就死了，皇后也身殉而亡。从此，崇绮失去了靠山。八国联军入侵时，崇绮在保定自杀。

七、千里马的悲哀——科举对科学和文学的压制

韩愈在《杂说》中关于千里马的一段话很精辟："故虽为名马，只辱于奴隶人之手，骈死于槽枥之间，不以千里称也。"的确，让千里马和老毛驴比赛绕圈拉磨，不仅显示不出"日行千里"的雄风，恐怕还比不上老毛驴的笃笃悠悠，稳稳地一步一个脚印呢！同样道理，让穷极物理的科学家和才华横溢的文学家们与一般士子去比赛八股文，这也是"千里马的悲哀"。其实，这也是封建社会由盛而衰时期科举的悲哀。

隋唐及北宋时期，封建社会正如日中天，科举制刚创立，还虎虎有生气，虽然李白、杜甫落榜，造成历史的遗憾，但仍有大批优秀诗人，包括王维、贺知章、白居易、刘禹锡等在内，考取了进士，而大名鼎鼎的"唐宋八大家"大都和科举结缘。可到了明清时期，推行八股取士，对封建统治者来说，恐怕更需要的是奴才和庸才，那些超群卓异、倜傥不羁之士，是得不到青睐了。

让我们先来看一下明清的小说界吧！

明清的文学以小说为主流，独领风骚五百年。它是继唐诗、宋词、元曲之后，中国文学史上又一座巍巍丰碑。可是，许多杰出的小说家，几乎都不是进士出身。

号称中国"四大古典小说"的作者，依时间先后排列如下：

《水浒传》施耐庵（1296—1370）

《三国演义》罗贯中（1330—1400）

《西游记》吴承恩（1500—1580）

《红楼梦》曹雪芹（1715—1763）

（传说施耐庵可能与刘基同科考取元进士，但无史料确据。）

著名的古典小说还有：

《金瓶梅》(作者署兰陵笑笑生,生平不详)

《儒林外史》吴敬梓(1701—1754)

《镜花缘》李汝珍(1763—1830)

《聊斋志异》蒲松龄(1640—1715)

(蒲松龄屡试不第,直到71岁高龄,才援例出贡,得一个"岁进士"功名,只能算杂牌,并非正宗货。倒是他的孙子反而金榜题名了,蒲松龄作诗云:"无似乃祖空白头,一经终老良足羞。"这位老先生不知道《聊斋志异》的价值,反而对着孙子害羞哩!其实,《聊斋志异》是无价的文化瑰宝,先生乃中国文化史上一代巨人也。)

此外,明末《三言》《二拍》,也是很著名的古典短篇小说集。它的作者都不是进士。

三言(《喻世明言》《警世通言》《醒世恒言》)编著者冯梦龙(1574—1646);二拍(《拍案惊奇》初刻和二刻)编著者凌濛初(1580—1644)。

晚清"四大谴责小说"作者更没有金榜题名:

《官场现形记》李宝嘉

《二十年目睹之怪现状》吴沃尧

《孽海花》曾朴

《老残游记》刘鹗

还有著名的文艺评论家金圣叹(1608—1661),非但屡试不第,还因哭孔庙而被官府砍掉了脑袋。相传金圣叹临刑时吟道:"黄泉无客店,今夜宿谁家?"这二句诗出自明初文士孙仲衍。孙被朱元璋冤杀时吟诗:"鼍鼓三声急,西山日又斜。黄泉无客店,今夜宿谁家?"这首诗传闻于朱元璋,龙颜大怒:"有如此好诗,不及时复奏,何也?"于是又杀了监斩官。这个封建帝王的凶残奸诈和喜怒无常,于此可见一斑。真是天威莫测了。

至于科学技术方面,更被排斥在科举门外。如东方医药巨著

《本草纲目》的作者李时珍(1518—1593)、古典科技总汇《天工开物》的作者宋应星(1587—？)、古典地貌学鼻祖徐霞客(1586—1641)等，都不是进士。要是那个时候诺贝尔出世的话，这些人很可能会获得诺贝尔奖的。

甚堪告慰的倒是出了一个徐光启。

徐光启(1562—1633)，字子先，号玄扈，上海人。明神宗万历三十二年(1604)考中进士，官至礼部尚书，入阁参赞机务。这个人是当时科举人士中少有的头脑清醒者。他在意大利传教士利玛窦等人帮助下，翻译了欧几里得《几何原本》《测量法义》《泰西水法》。他又将西方古典天文学介绍到中国来，编了《崇祯历书》。他晚年编著了50万字的皇皇巨著《农政全书》，书刚编好，就搁笔而逝。

徐光启是中国近代科学的先驱者。他是古代天文学家兼农学家，是科举人物中虚心向西方学习且取得巨大成绩的第一人。

八、伊犁待月与河西左柳——晚清科场的特出人物

科举制进入清朝后期，已经日暮途穷，奄奄一息了。可是却令人意外地出了几位特异人物，为科举制抹上一道五彩斑斓的晚霞。

嘉庆十六年春闱，一位26岁的福建青年金榜题名，考取了进士。这个青年叫林则徐。

林则徐(1785—1850)，字少穆，福建侯官人。父亲是个穷秀才，母亲是手工劳动者。林则徐12岁就在府试中考取第一名，19岁考中举人。他读书目的很明确，就是立志振兴祖国。因此，他对岳飞、文天祥、戚继光等英雄人物十分仰慕。他还专程走访了岳飞故乡河南汤阴，拜谒了岳祠，写出："黄龙未饮心先赤，白马难遮血已红"的诗句，既赞颂岳飞，又以此自励。

不久，青年林则徐投身福建巡抚张师诚幕下当秘书(师爷)。

张师诚对林则徐十分赏识,视为"旷世奇才",并资助他赴京应试,果然一举成名。

道光十八年(1838),林则徐任钦差大臣、两广总督,雷厉风行严禁鸦片,在虎门海滩烧毁鸦片2万多箱,计237万多斤,全国人心大快。英国悍然发动鸦片战争,侵略广州,林则徐组织军民,大败英国侵略军。英国舰队攻打广东、福建都未能得逞,就掉头北上,攻陷舟山,进逼南京。由于清廷腐败,畏洋人如虎,被迫签订《南京条约》,割让香港,赔款2100万两白银,开五口通商等等。这是我国历史上第一个不平等条约。

道光皇帝打了败仗,反而迁怒于林则徐,将他革职,充军伊犁。但是广大人民却称颂他为民族英雄。

林则徐无端受到处分,但他无怨无悔,在自己谪居的寓所里,书写一副对联:

偶然风雨惊花落,再起楼台待月明。

借联抒情,文笔隽秀,雅韵高情,溢于纸上。好一个"伊犁待月"!果然,林则徐又东山再起了。

原来广东有一个书生叫洪秀全,因屡试不第,转入拜上帝会,并于1851年秋,在广西金田村起义,声势浩大。清廷闻鼙鼓而思将帅,又连忙起用林则徐,任命他为钦差大臣,带兵出征。

其时,林则徐正病痢卧床,但为了国事,他毅然抱病赴任,不幸走到半路上,就病逝了。幸亏没有和太平军作战,否则,他一生清誉就会染上讨嫌的污点。

这样,镇压太平军的任务,终于落在曾国藩他们的肩上。

湘军统帅曾国藩(1811—1872)和他的学生、淮军大将李鸿章(1823—1901),都在道光年间先后考取进士。另一位湘军大将左宗棠(1812—1885),只是举人出身,因考不取进士,常引以为憾。

据说，曾国藩家族几百年来从未出过科举人物，直至曾国藩24岁时参加长沙的乡试。这一届乡试，主考官为翰林院编修许乃安，是个对科举文章颇有眼力的人。曾国藩入场考试，他的文章却得不到考官的赏识，决定不予录取，眼见已经落第。不料许乃安在复查落卷中，发现了曾国藩的文章，大加赞赏，认为文笔雄健，不可多得，于是从落卷中特拔出来，给予中式。四年后，曾国藩参加道光十八年的会试，终于成为进士，由此扶摇直上，成为清室"中兴功臣"，封毅勇侯，谥文正，名震天下。

科举制培养出曾、左、李这样的人物，本是封建统治者的根本目的，这叫"得人"。抱此观点的人，往往把曾国藩比为唐朝平定"安史之乱"的郭子仪。可是站在农民起义立场上的人们，又斥之为镇压革命的刽子手。近百年来，由于人们立场不同，见仁见智，褒贬不一，曾国藩虽早已盖棺，却始终是个有争议的历史人物。

但是，《曾国藩家书》却成为畅销书。该书文笔流畅，娓娓动听，其中不乏佳言警句。不管读者立场如何，大都认为值得一读，似感开卷有益。据说一代枭雄蒋介石对此书推崇备至，常置案头，反复披阅。而坊间也不时推出新版本，以满足读者的需要。总之，曾国藩学识渊博，著作等身，不愧为晚清一代大文章家。毛泽东评其著作："是道与文二者兼之，所以可贵也。"又说："吾于近人，独服曾文正"云云。

再说那位左宗棠，后因军功任陕甘总督。

是时，新疆回部首领阿古柏在沙皇俄国和英国的唆使下，发动叛乱，妄图另立政权，分裂祖国。清廷里以李鸿章为首的投降派，认为新疆路途遥远，如派大军西征，要耗费大量军费，而且胜负未可卜；不如让阿古柏独立，作为中国的属国，既可节约军费，又减少边境麻烦，相安无事。这时，左宗棠拍案而起，反驳道："让阿古柏独立，就是出卖祖国版图。试问阿古柏有力量守住新疆吗?新疆这块肥肉,早迟不是被英国人抢占,就是被俄国人并吞。丢掉了新疆,中国西北就永无宁日,子孙万代后患无穷,这千万不可以。"

经过辩论,驳倒了投降派的卖国论调。清廷任命左宗棠为钦差大臣,督办新疆军务,统领大军西征。

光绪二年三月, 左宗棠大军进驻肃州, 派部将刘锦棠为先锋,出嘉峪关进击叛军。

正在进军前夕,适进士考试将在北京举行。左宗棠蓦地涌起一件心事。

原来左宗棠尽管官高爵显, 但还念念不忘进士出身。有一次,李鸿章就嘲笑他,你虽然功业盖世,但不是进士和翰林,身后就不得谥为"文"字。左宗棠咽不下这口气,就连夜上奏慈禧太后,要求请假赴京会试。

慈禧接奏后,微微一笑,她猜透了左宗棠的心事,并且早就想抚慰这位得力的大将军了。于是下了一道诏书,大意是目下战事紧急,主帅不宜请假,特赐左宗棠进士出身,并赏翰林,着以原官继续统兵平叛。

左宗棠接诏,感激涕零,立即为自己制棺材一具,随军进发,表示死战的决心。果然,大将西征胆气豪,穴中蝼蚁岂能逃?叛军头子阿古柏走投无路,服毒自杀,祖国新疆转危为安。左宗棠也赢得爱国名将的美誉。

左宗棠西征时, 命全军将士在河西走廊及新疆一带广植杨柳,这是一种特殊的红柳,很适宜治理风沙,遮阴行旅,人们称之为"左公柳"。当时有一位将军叫杨昌浚作诗赞曰:"大将筹边尚未还,湖湘子弟满天山。新栽红柳三千里,引得春风度玉关。"

晚清著名进士还有:支持维新变法的翁同龢,洋务派首领张之洞,立宪派代表人物张謇,史学家洪钧,"戊戌六君子"中的刘光第、杨深秀等。

原全国人民代表大会常务委员会副委员长沈钧儒先生也是清末最后一科进士。

九、洋进士杂录——中国科举制对东亚、东南亚的影响

唐开元五年(717),日本学者阿倍仲麻吕,随日本第9次遣唐使团来中国求学。他取了一个中国名字叫晁衡,后考取进士,就留在朝廷里做官,这大约是历史上第一个"洋进士"。

晁衡先后担任过左补阙、左散骑常侍、镇南都护等职,与当时著名诗人李白、王维等友谊深厚,都有诗篇唱和。天宝十二年(753),晁衡以唐朝使者身份,随同日本第11次遣唐使团返回日本。途中遇大风,传闻晁衡已落海溺死,李白为失去好友而悲痛,写了一首诗《哭晁卿衡》:

> 日本晁衡辞帝都,征帆一片绕蓬壶。
>
> 明月不归沉碧海,白云愁色满苍梧。

这首诗用"明月"比喻晁衡的品德高尚洁白,用传说中的蓬莱仙山借指日本。此刻噩耗传来,海中的苍梧山上笼罩着愁云,连大自然都为之悲痛啊!

李白的悼诗,寄哀情于景物,借景物以抒哀情,显得自然而又潇洒,丰富而又不落俗套。李白与晁衡的友谊,不仅是唐朝文坛上的佳话,也是中日人民友好的一

个历史见证。

回头再说晁衡乘坐的那只船，虽遇到大风暴，幸好没有沉没，经历九死一生，总算漂到安南（今越南）靠岸，又辗转回到长安。可是，此时经过安史之乱，李白因参加永王起兵抗敌，反而被流放到夜郎，不久遇赦客死安徽当涂。晁衡再也见不到这位好友了。大历五年（770），晁衡卒于长安。

据史料记载，唐朝的"洋进士"除晁衡外，还有大食人（阿拉伯）李彦，朝鲜人金可记、崔致远、崔彦为等。

到了明洪武三年（1370），朝廷下令开科取士，高丽（今朝鲜）、安南（今越南）、占城（今越南中南部）等地士子，也于本国参加乡试，然后选拔举子到南京应考。其中高丽国有三位考生取中。他们都能用汉文写作，就是中国话讲不大好。其中有位叫金涛的进士，是三甲第五名，授山东东昌府安丘县丞。后来他们要求回国，朱元璋赏给一大笔钱，护送他们到边境。金涛后来还当了高丽宰相。这是"洋进士"得到最高官职的记录。明景泰五年（1454），越南人阮勤考取进士，还当了工部左侍郎，是中央高级官员了。明末万历年间，定居扬州的波斯人倕祺也考取进士。

到了清末，对洋人态度有所改变。曾担任海关总税务司达

中国科举史话

>> 西人赶考图：
科举的影响可谓大矣

48 年之久的英国人赫德，其子赫承先，攻读经史，娴习八股，迫切要求应试，但朝廷不予批准。其时，西学东渐，出国留学人员激增。这些留学生因受西方民主思潮影响，大多倾向革命。清廷出于无奈，想招揽人才为其所用，于光绪二十九年(1903)，指令以"通洋务"著称的军机大臣张之洞，拟订留学生章程，共 10 款，主要内容是对"品行端谨、毫无过错"(指政治审查)并持有洋文凭(指学术水平)之归国留学生专开考试,凡中式者分别奖以举人、进士、翰林出身,并即任官授职。一般说来,凡有外国学士文凭者就是"洋举人",硕士是"洋进士",博士是"洋翰林"。又根据不同学科专业,如工、农、商、文、法、医等,就有"文科进士""商科进士""工科举人""兽医举人"等各色名目。据说有学牙科的硕士,就赐"牙科进士"出身,并授知县职,人们称其为"牙科知县",一时传为笑谈。这种"官本位"现象,是根深蒂固源远流长的。反观百年后的今天,还有所谓"局级和尚""处级尼姑"之类,同样令人有啼笑皆非之感。

在历史上,中国科举制度对东南亚文明的发展有着重大而直接的影响。

日本自7—8世纪起也仿唐制,实行科举。只是日本科举大都为贵族官僚子弟所垄断,较少平民色彩。

朝鲜是最早引进中国科举制度的国家。公元936年,王建统一朝鲜半岛,建高丽国;高丽光宗九年(958)首次开科取士,仿唐制设进士、明经诸科,试诗、赋、时务策及帖经、墨义等。不久又仿北宋之制,行弥封眷录之法。此后近千年之久,科举制度在朝鲜相沿不废,直到20世纪初沦为日本殖民地后始告中断。

科举制度在越南的废除,甚至比中国还晚。中国于清光绪三十一年(1905),明令废科举,而越南于1919年(阮王启定四年)还考了最后一科进士。越南的科举制度,完全照搬明、清之制,考试不仅用汉文,而且用八股文。越南民主共和国创建者胡志明主席的父亲,就是19世纪末阮朝进士副榜出身。

第六章 清末:科举制度之废除

一、"狗吠"——八股文是愚民政策的产物

据顾炎武《日知录》记载,八股文始于明宪宗成化二十二年(1486)。自此以后,作为明清科举的主要文体,垂400年之久。

所谓八股文,就是根据四书五经命题,限制用一定格式、体裁、语言、字数而做的应考文章。八股文又叫"经义""制艺""时文"或"四书文"。

根据朝廷的要求,考生在做文章阐述经义的时候,只能依照题义,揣摩古人语气,"代圣贤立言",绝对不许发挥自己的见解,不许联系现实政事。考生只能循规蹈矩,以孔孟的是非为是非。而且解释经义,四书一定要以朱熹的集注为准绳,五经一定要以宋元人的注疏为准则,作者必须服从封建道学家的意旨。

考生做文章的时候,不仅在内容上只能像鹦鹉学舌,模拟古人说话;而且在格式上,也有非常刻板的规定。

八股文每篇以700字为准,超过了不行,字数太少也不行。每篇文章除开端的破题、承题外,必须包括八个段落,就是起讲、领题、提比、出题、中比、后比、束比、落下(大结)。这就是所谓八股。这八段文字要排成对偶,接连而下;往往用"今夫""然而""若使""苟其然""而已矣""也乎哉"等等虚词逐段连接,逐段结束。稍有逾越,即遭斥除。

按这种规矩写出来的文章只能是废话连篇,空洞无物,陈词滥调,寡淡乏味。这种文章毫无实际用处,只是为了取得功名。一旦中举做了官,八股文就抛掉了。故人们称其为"敲门砖"。

鲁迅曾愤慨地指斥,"八股文原是蠢笨的产物",是封建统治者出于愚民政策的需要。下面就让我们读一篇八股文吧！

《目耕斋偶存》载有清人蒋拭之的一篇八股文，题目是《狗吠》，语出《孟子》一段话："夏后殷周之盛，地未有过千里者也。而齐有其地矣，鸡鸣狗吠相闻而达乎四境。"文题就是从中摘出二个字。请看作者是怎样写的：

物又有以类应者，可以观齐俗矣。（破题）

夫狗，亦民间之常畜也，乃即其吠而推之，其景象果何如耶？（承题）

若曰：辩物情者，所以观国俗，睹物产者，所以验民风。吾尝入齐之疆，而窃叹其聚俗之盛也。（以上是起讲。从此以下，全要用孟子的口气，也就是所有的议论，都是孟子的意思，这就叫做"代圣贤立言"。）

岂但征之鸡鸣已哉！（此句是第一比前的领题）

自功利之习既成，而人争夸诈。故斗鸡之外，尤多走狗之雄。（第一股）

自山海之资既启，而户饶盖藏。则吠夜之声，不减司晨之唱。（第二股）

分沥粒之余甘，而驯扰优游，不过与彘豚并畜。乃暮柝相传，而人为之守望者，狗亦共之徼巡。盖风雨晦明之间，汪汪者经宵而未静矣。（第三股）

抚胎伏之无伤，而尘嚣角逐，亦只与牛犊同群。乃夜扉既阖，而人乐其安居，狗尚严其戒备。盖草露零浸之际，狺狺者达旦而未休矣。（第四股）

瞻之以影，听之以声，非其见闻习熟而狞狰欲啖者，若有异言异服之讥。（第五股）

深巷之中，蓬门之下，苟其一唱噪然而嘈杂齐喧者，并若有同声同气之助。（第六股）

由是《国风》十五,而卢令志美,独夸东海之强。(第七股)

甚而食客三千,而狗盗争雄,尝脱西秦之险。(第八股)

苟使民居寥落,安能群吠之相呼;倘非万室云连,岂必村墟之四应也哉!

(结束,又称落下)

这篇洋洋洒洒、冠冕堂皇的文章,究竟说些什么呢?大意是:孟子所以提到"狗吠",是说明齐国的富庶。因为百姓富了,当然养狗多了。洗米的剩余残粒,可以喂猪养狗。人们巡夜守望,狗亦随着出力,汪汪吠声,到处可闻。狗能识别熟人和生人,对生人又咬又吠,一狗叫百狗应,大有"同声相应,同气相求"的态度。《诗经》里说到田犬戴上颈铃,在这东海之滨,听到"令令"的铃声,很有美感。齐国孟尝君所以能逃出秦国,也赖鸡鸣狗盗之力。总之,四境之内,千村狗吠,万室云连,正是齐国富庶的景象。

这完全是一篇"伟大的空话",没有什么内容,也没有解决什么实际问题,只是无病呻吟,天花乱坠。而且通篇不是作者的话,是作者代孟子说的,所谓"代圣贤立言"。孟子哪里说过这些话呢?翻遍《孟子》一书,只有上述"狗吠"二字。原来是作者设想站在孟子立场上,估计孟子会说出这样一大篇话。这不是明明弄虚作假吗?所以八股文的特点,就是"假大空"。

>> 江南贡院旧址

中国科举史话

平心而论,如果我们把八股文作为历史文化遗产来审视,也不能不看到它是吸取了前代骈体散文的精华,形成一种独特的文学体裁,经过几百年的锤炼,无论在修辞技巧、逻辑条理、布局结构上,均已达到十分完美的程度,如果没有较高的文字表达能力和丰富的经史知识是做不出来的。我们今天既可把八股文当作古董欣赏,也有一定的借鉴意义。

　　但是,八股既然铸成模式,又经久不变,必然走向反面。在八股文熏陶下的人物,最典型的就是《儒林外史》中的范进和鲁迅笔下的孔乙己。他们一个是成功的不幸者,一个是失败的不幸者。他们的不幸,都是科举制度造成的,都是八股文毒害了他们的心灵。

二、小脚、鸦片和敲门砖——中国人深受"三害"之苦

　　据说山野间有一种小虫叫蟪蛄,其初生时,肢体轻捷,鸣声悦耳。待秋风起后,体表渐生甲壳,并不断硬化,最后臃肿衰惫而死。科举制也像蟪蛄,逃不出这个规律。八股文就是科举制的"甲壳"。八股文因科举制而辉煌一时,最后却是八股文为科举制送终。

　　1644年,李自成农民军攻入北京,崇祯皇帝吊死煤山,明朝大臣纷纷降附。李自成的谋士李岩和宋献策见众多降臣经过崇祯"灵位","竟无惨戚之意",由此进行了一番深有感触的对话。

　　李岩说:"明朝选士,由乡试而会试,由会试而殿试,然后观政候选,可谓严核之至矣。何以国家有难,报效之人不多见也?"

　　宋献策的回答是:"明朝国政误在八股取士,以及循资格用人。所以一旦国家有难,鲜见忠义,各思自保。其新进者曰:'我功名实非容易,二十年灯窗辛苦,才得一纱帽上头。一事未成,焉有即死之理!'此制科不得人也。其老臣又云:'我官居极品亦非容易,二十年仕途小心,始得至此地位。大臣非止一人,我即独死无

益。'此资格之不得人也。可见如此用人，原不显朝廷待士之恩，无怪其弃旧事新而漫不相关也。"

宋献策对这些科举出身新老官僚的心理分析颇为透彻，明朝科举如李岩所说，也的确"严核之至"，正是这种在严酷的专制禁锢下从思想到肉体都是重重束缚，备极艰辛的制度，选出来的几乎只能是奴才，而不是人才。几十年八股文章的"灯窗辛苦"，使他们头脑中除了充满各种规章条款外，几乎不再有正义感和是非心。

八股文的害处，在明朝的读书人中，有不少也已领悟到了。如明末学者顾炎武就说："八股文的毁灭文化，等于秦始皇的焚书；八股文的败坏人才，却比秦始皇在咸阳郊外坑儒还厉害。"因为被秦始皇活埋的只有460多个儒生，而被八股文葬送的人才却成千上万。如果八股不废除，人才会一天天地被消耗掉，文化就会一天天地荒陋起来，国家又怎么能不被断送掉呢?难怪明末有人写了一张告白，贴在北京庙堂的大门上，对八股因愤慨之极而痛切言之：

谨具大明江山一座，崇祯夫妇二个，奉申赆敬。

晚生文八股顿首拜。

这"赆"是什么意思呢?就是见面礼。可是接受这见面礼的清朝，仍然继续以八股取士，祸患更甚。

据说，1900年八国联军攻入北京，清朝君臣逃遁一空。联军统帅瓦德西"招本地绅士助理诸事务，设警察巡逻等"，为安定秩序，收买人心，瓦德西居然也借助于科举考试，在金台书院悬榜设考场，出八股文题："以不教民战"，出试帖诗题："飞旗入秦州"。这些题目自然都出于八股文人手笔，而考试日竟然"人数溢额"，"考得金奖者，咸欣欣然有喜色焉"(《清朝野史大观》卷四

《瓦德西考试书院生》)。科举考试有如鸦片烟,一吸上瘾就很难戒掉。这种诱惑力使读书人天良沦丧至此,实在可悲可叹。清末曾朴的谴责小说《孽海花》第二回说,中国"如今被那些世界魔王强国看得眼红了,都想蚕食鲸吞起来。难道我们这些人是没气的,应得叫人欺负的吗?不就是害在那班帝王,只顾一时的安稳,不顾万世的祸害,造出'科名'两字,把全国人民的心都蒙了,耳都塞了,眼都遮了,凭着人欲杀欲割,一味不痛不痒了"。

在封建社会后期,中国人民深受"三害"之苦,一是科举和八股文,一是鸦片烟,一是妇女缠小脚。民谚有云:"小脚一双,眼泪一缸。"

鸦片烟和小脚损害中国人的身体,而"敲门砖"八股文则毒害中国人的心灵。科举制走到这一步,其腐朽性已暴露无遗了。

三、科举制的掘墓人——康梁的变法维新运动

大约在中国明清时期,西方资本主义正在封建主义母胎中孕育、发展和壮大,一朝破壳而出,立即震动全世界,并与我们东方这个古老大帝国展开一场殊死的搏斗。1640年,英国开始了资产阶级革命;美国在1775年进行了独立战争;法国在1789年爆发了大革命;意大利、俄国、日本等也都不约而同地走上资本主义发展的道路。正如《共产党宣言》所说:"资本主义在它的不到一百年的阶级统治中所创造的生产力,比一切时代创造的全部生产力还要多,还要大。"正因为飞速发展了生产力,西方列强抢占了世界文明进程的战略制高点。相形之下,我们中国则仍在封建主义的迟暮中步履蹒跚。清初康熙(1662—1722)、雍正(1723—1735)、乾隆(1736—1795),三朝前后130多年,形成了中国历史上著名的所谓"康乾盛世"。连法国启蒙学者伏尔泰也称赞中国是"举世最优美、最古老、最广大、人口最多而治理最好的国家"。法国《百科全书》的主编狄德罗在该书《中国》条目中,

盛赞"中国民族,其历史之悠久,文化、艺术、智慧、政治、哲学的趣味,无不在所有民族之上"。但是,落日虽然辉煌,毕竟不是朝阳,接踵而来的却是长夜无歌。面对世界范围工业革命的历史性大浪潮、大挑战、大转折,清朝君臣们仍是闭关锁国、故步自封、夜郎自大、井蛙看天,表现出惊人的麻木。特别是限制工商业、蔑视科学技术、加强集权、禁锢思想、反对改革的做法,愈加严重地制约着社会的进步。这是一场全新的东西方龟兔赛跑,其胜负自不言而喻了。中国终于由一个洋洋自得的天朝大国急剧地坠入落后挨打的悲惨境地,从而唱响了悲歌——马克思称之为"奇异的悲歌"。在这场悲歌中,延续千年的科举制度,却向着以八股取士的恶劣方向发展,更是一曲中国老封建的丧歌了。

鸦片战争一声炮响,扫灭了腐朽的大清帝国威风,也唤醒了亿万中国人奋起救亡图存。许多知识分子纷纷要求维新变法,矛头所向直指科举制。康有为和梁启超等人就是维新运动的带头人。

康有为(1856—1927),广东南海人。他早就厌恶封建八股,也耻于在科名上追逐。但在当时社会环境中,他不得不沿着科举老路爬行。光绪十四年,康有为赴京应试。他发愤写了一篇长达五六千字的《上皇帝书》,提出"维新变法、救亡图存"的主张,但受到顽固派的阻挠和攻击,被斥为"书生狂言",落榜而归。

光绪二十一年春(1895),康有为再次赴京会试。其时正逢甲午战败,议订《马关条约》,赔款白银2亿两,割让台湾等。消息传出,群情愤激,康有为和梁启超联合18省1300名在京应试举人,坚决反对签订《马关条约》,誓死反对割让台湾。台湾举人罗秀惠等人更是义愤填膺,垂泪痛陈"台湾闾巷妇孺莫不欲食倭人之肉"。大家公推康有为起草《上皇帝书》,康有为热血沸腾,慨然允诺,操起如椽大笔,饱蘸炎黄乳汁,用一日两夜时间,写出18000余字。其中论到八股文之害时,尤为痛切。他写道:

今日之患，在吾民智不开，故虽多而不可用。而民智不开之故，皆以八股试士为之。学八股者，不读秦汉以后之书，更不考地球各国之事，然可以通籍，累至大官。今群臣济济，然无以应事变者，皆由八股至大位之故。故台、辽之割，不割于朝廷而割于八股；二万万之款，不赔于朝廷而赔于八股；胶州、旅大、威海、广州湾之割，不割于朝廷而割于八股。

这篇皇皇大文，更激起了举子们对清廷的不满，大家一致决定集体上书请愿。五月二日，都察院门前，车马阻塞，长达数里，北京为之震动。这就是有名的"公车上书"。清廷害怕引发全国人民反抗，急忙在《马关条约》上盖用"御宝"，批准了丧权辱国的不平等条约，从而拒绝了举人们的爱国要求。但"公车上书"对侵略者的正义谴责，表达了中华民族的浩然正气；同时，要求改革的呼声，也是对顽固派的一次有力批判。

康有为一向以"经世致用、维新救国"为己任，从此，他和梁启超等一班志士继续从事他的维新变法事业。这次维新变法运动，虽遭到以慈禧太后为代表的顽固派的残暴镇压而失败，光绪皇帝被囚禁，谭嗣同等"六君子"被杀害，康梁逃亡海外，但顽固派的末日也来临了，清王朝的气数已尽，包括科举制在内的封建老古董，都将送进历史博物馆。

请看下面这个时间表吧！

1901 年（光绪二十七年）诏令废除八股文；

1902 年（光绪二十八年）诏令禁止妇女缠足；

1903 年（光绪二十九年）诏令取消武举考试；

1905 年（光绪三十一年）诏令废科举，兴学校；

1906 年（光绪三十二年）再令严禁鸦片；

1911 年（宣统三年）清帝逊位，中华民国成立。

第七章 历代武举

一、卧听元戎报五更——历代存在重文轻武现象

武举考试始于武则天长安二年(702),历代相因,与文士考试并立为两大科。初称武举,明清时改为武科。历代共进行过武考 500 次左右。

唐朝武举不设武状元,到了北宋神宗时,才有武状元名称。神宗熙宁九年(1076),福建兴化人薛奕考取武举第一,是为中国第一个武状元,同期文科状元又是福建兴化人徐铎。神宗皇帝因此特别高兴,特赐诗表示庆贺:"一方文武魁天下,四海英雄入彀中。"

辽金元是几个少数民族统治的朝代,除金代试开武科一次外,都停止武举。原因是防止汉人造反,汉人舞文弄墨还可以,要

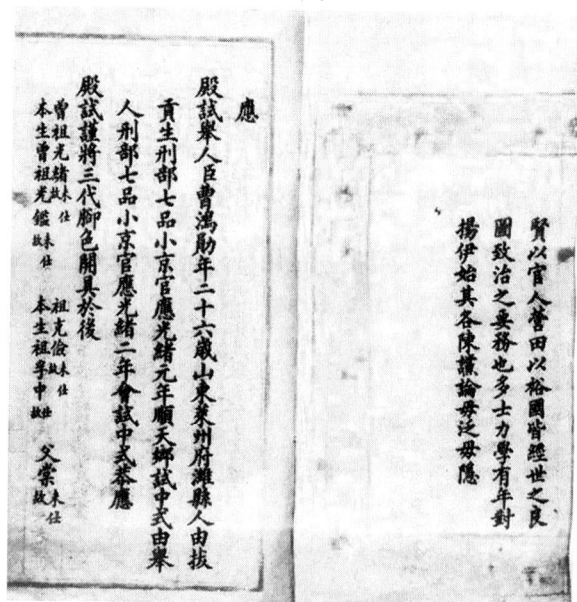

>> 状元曹鸿勋殿试策

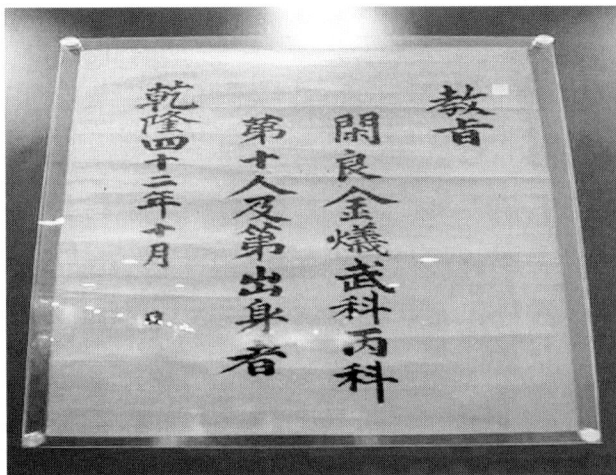

使枪弄刀是绝对不允许的。

　　到了明朝才恢复武科考试,仍沿宋制,与文科一样,三年一考,也点状元。明太祖朱元璋颁布的《文武科取士法》规定:"应武举者,先之以谋略,次之以武艺,但求实效,不尚虚文。"这里看出对兵法韬略的重视,要求武士首先应有文化知识。

　　清朝武科与文科同时进行,文、武二科还允许互相改试。即文生员有愿改入武场,武生员有愿改文场者,照文武生员乡试例,起送各文武场乡试;文举人有愿改入武场,武举人有愿改入文场者,照文武举人会试例,起送各文武场会试。其中式者,照例送入新册;不中者,仍各归入文武原册内。尊重考生自由,允许任选"专业",这也是考试制度的一大进步。

　　总的来说,历代对武举不大重视。例如文进士有专门"登科榜",而武进士则无;文进士档案资料比较齐全,而武进士资料则粗疏不详。在官职任命上,文进士较高,武进士则偏低。还有武举考试也很不正常,时兴时废。这从统治者角度看,还有另一层深意,也可谓特殊心理吧。如唐德宗年间,谏议大夫田登上本奏道:"武举人持弓挟矢,数千百人入皇城,恐非所宜。"皇上听了觉得有理,下令停止武举考试。但十多年后,他的继承者宪宗皇帝又恢复了武试。

宋代因接受唐末武人专横割据的教训，也长期不搞武举。宋仁宗初时曾开武举，还"亲试武举十二人"，后因朝臣提出不同意见，又停了下来。再过十来年，司马光向仁宗皇上建议："诏举人先试以孙吴大义，以策为去留，以弓马为高下。"皇上采纳了他的意见，武举才得以恢复。

由于朝廷对武举采取这种"走走停停、犹犹豫豫"的态度，影响所致，就在社会上造成一种"重文轻武"的思想定势。北宋名将狄青，因战功卓著，官至枢密副使。由于不是文科进士出身，仍为朝臣轻视。狄青发牢骚说："我与宰相韩琦职位一样，功劳不比他少，我只差一个进士及第。"宋真宗时，有一次接待契丹使臣，使臣喜欢射箭，要宋朝派人伴射。真宗觉得这是件关系国家体面的大事，想找一个既有学识又善射箭而且仪表堂堂的人，大臣中只有翰林学士陈尧咨符合这些条件。陈尧咨是状元出身，亦善射箭，真宗对他说，如果愿意改充武官伴契丹使臣射箭，一定重加赏赐且封高官。陈尧咨回家请示老母，母亲气得拿起拐杖就打，骂道："你状元及第，父子都以文章出任朝廷大臣，现在却想贪恋富贵，辱没家门！"可见这种重文轻武风气入人心之深。

造成这种重文轻武的现象还有一个重要原因。中国历史上除了军阀割据时期外，一般都由文官领导武将，这有利于中央集权。一个文进士出身的人能较快地得到重用，"一举首登龙虎榜，十年身到凤凰池"，许多老将都俯首听命了。戴璐《藤荫杂记》里讲了这么一个故事：某富翁有二婿，一婿为守备，很有点地位了；一婿是秀才，没有什么名堂。富翁自然看重守备而忽视秀才。后来，女婿守备升为副将，富翁越发喜爱他了。但不久，秀才接连大捷，蟾宫折桂，金榜题名，被任命为御史，来地方巡视阅兵。副将女婿连忙戎装披挂，远郊迎接，报名进谒。翌日五更开操，进帐恭请御史大人登台阅兵。这位进士连襟得意非凡，在枕上赋诗曰：

黄草坡前万甲兵,碧纱帐里一书生;

而今始信文章贵,卧听元戎报五更。

二、星含宝剑横——武举英雄谱

"武举英雄谱"上赫然写着两个金光闪闪的名字:郭子仪和戚继光。

郭子仪(697—781),陕西华县人。他身长七尺有余,体格魁梧雄健,是标准的关西大汉。唐玄宗开元初年,应武举考试,武艺高强,拔为"异等"。当时还没有武状元名称,"异等"大约就是武进士第一名吧!

郭子仪中武举后,初掌宫禁宿卫事务,后任天德军使兼九原太守朔方节度右兵马使,驻军今宁夏和内蒙古一带。

天宝十四年(755),拥有几十万军队的安禄山突然反叛。那时,天下承平已久,忽闻"渔阳鼙鼓动地来",举国为之震惊。初听到军报时,唐玄宗还不肯相信。原来,安禄山是个胡人,狡黠善变,曾经犯罪遇赦,后因某种机缘,被唐玄宗和杨贵妃认为义子,并擢为领军大将。当时全国分为十个藩镇(相当于十大军区),而安禄山身兼范阳、平卢、河东三镇节度使(即军政长官)。不管玄宗信不信,安禄山大军已打破潼关了。玄宗只好凄然逃离了长安往四川避难。不料走到马嵬驿,禁卫军哗变,杀死奸相杨国忠,为玄宗宠爱的杨贵妃也"婉转蛾眉马前死"了。

在这山河破碎、风雨飘摇之际,郭子仪临危受命,担任朔方节度使,和李光弼等将领一起,率军从内蒙北路南下长城,直捣叛军后背,使安禄山首尾难顾。玄宗之子肃宗才得以组织力量,进行反攻平叛。

安禄山攻陷洛阳和长安二京后称帝,第三年就被儿子安庆绪杀死了。

安庆绪接着称帝,第三年又被部将史思明杀死。

史思明接着称帝,第三年也被儿子史朝义杀死。

史朝义称帝不到三年,兵败势穷,只好上吊自杀。

这场叛乱,从公元755年到763年,历时9年,史称"安史之乱"。

郭子仪因历次战功卓著,晋封为"汾阳郡王"。肃宗皇帝对他说:"吾之家国,由卿再造。"

据说郭子仪当年还是一个低级军官时,因触犯军令将被问斩,幸好遇见大诗人李白。李白慧眼识人,连忙向上司求情,才解救了他。李白也想不到做了这样一件好事,竟保住了唐朝的"擎天柱"。

在封建社会,异姓封王,是天大喜事。可郭子仪以平常心处之,从不居功自傲。唐代宗时,郭子仪第六子郭暧招为升平公主驸马。有一次,小两口吵架,郭暧打了公主一巴掌,骂道:"你不要摆皇帝女儿的架子,你李家天下靠我郭家保。我的父亲只是不肯做皇帝罢了。"公主哭诉于父皇。郭子仪立即将儿子捆绑杖责,并押入宫中待罪。幸好这位代宗皇帝还算明理,他说:"老百姓不是有句谚语,不痴不聋,做不得亲家翁。儿女闺房之言,何足听也。"(见《通鉴》)这样,一场天大风波竟以喜剧结束。有一出古戏叫《打金枝》,就是描写这个故事。

郭子仪活到80岁高龄。他有许多儿孙,每天都向爷爷请安,他往往叫不出孙儿名字,只是含笑点头而已。郭子仪家族团结,同享天伦,其乐也融融。

在家庭关系上,明朝抗倭名将、民族英雄戚继光却很不幸。因为戚继光治军严明,相传其子在台州与倭寇作战时,违令误失军机,戚继光含泪斩之。戚夫人深怀失子之痛,夫妻因而不和,令戚继光抱憾终生。

戚继光(1527—1587),字元敬,号南塘,又号孟诸,山东登州人(今蓬莱)。少年戚继光努力读书,博通经史,又写得一手好诗文,加上父亲有一定政治地位,家境较富裕,具备了这许多优越条件,戚继光完全可以和其他书生一样,在科场上拼搏一番,中举做官,飞黄腾达。可戚继光非常厌恶八股文,他热心习武,想参加武举考试,他写诗道:"云护牙签满,星含宝剑横;封侯非我意,但愿海波平。"立志要平定东南沿海倭寇,为国家建功立业。

明世宗嘉靖二十三年,戚继光17岁时,父亲病故,依例承袭父职,任登州卫指挥佥事。不久,戚继光以优异成绩得中武举,后因俺答入侵,是科进士试暂停。戚继光被提升为都指挥佥事。由于浙江沿海告急,调任浙江参将,分守宁波、台州、温州三府。是时明朝各级政府腐败,军队纪律涣散,没有什么战斗力,往往倭寇未到,闻风先逃。戚继光就招募义乌一带剽悍骁勇而又朴实的乡民3000多人,加强训练,严明纪律,号称"戚家军"。嘉靖四十年(1561),倭寇一万多人大举侵掠温台沿海各地。戚继光指挥"戚家军",九战九捷,尽歼入侵之敌。从此,"戚家军"名闻天下,倭寇闻风丧胆,从浙南转向福建骚扰了。朝廷又调戚继光为福建总兵官,与抗倭名将俞大猷等协同作战,最终平定倭患,巩固了海防。

戚继光一生虽戎马倥偬,但著述不辍,有军事著作《纪效新书》《练兵实纪》以及诗文集《止止堂集》等问世。他晚年闲居时,仍念念不忘海防:"残宵坐对寒灯尽,远思悠悠在海东。"一片忠贞爱国之情,溢于字里行间。

在历代的武状元中,也有不少英雄人物。

薛奕,福建兴化人,北宋神宗熙宁九年武状元。公元1082年,从征陕北,与西复作战,英勇殉国。

徐徽言(1093—1128),浙江衢州人。北宋哲宗元符三年文进士出身。后专意习武报国,徽宗特授武状元及第。徐徽言慨然率军赴陕北前线,抗击金军,屡立战功。不久,北宋沦亡,高宗南渡。金兵十万大举进犯,徐徽言孤军三千退守晋宁。金将娄宿强攻不克,利用徽言妻弟、降将折可求至城下劝降。徽言责以爱国大义,可求道:"君与我姻亲,何太无情?"徽言挽弓厉声道:"尔与国无情,我与尔尚有何情?"言罢一箭射中可求,开城纵兵追击,斩金将娄宿之子而还。后因粮尽援绝,徐徽言不幸被俘,不屈而死,年仅35岁。

王来聘,北京人。明崇祯四年考取武状元。其时,登州参将孔有德叛变,王来聘以副总兵身份率军征讨,英勇牺牲。

马全,山西阳曲人,清乾隆二十五年武状元,后官至江南提督。在平定大小金川叛乱时,马全身先士卒,力战而死。

三、将军死节莲池院——冷兵器时代的思考

古代武举考试,究竟考些什么内容?

回答很简单,首先考气力。古代打仗,主要拼气力。楚霸王项羽就是著名的大力士。正如他自己作诗所说的:"力拔山兮气盖世。"拔山,显然是文学夸张;但《史记》里说他"力能扛鼎",应该是写实。一只鼎有800斤重,两只手能扛得起来,准能得奥林匹克举重冠军了。《三国演义》描写关羽能将82斤重的青龙偃月刀,舞动得像风车样飞转。项羽和关羽如晚生几百年,就都能考取武状元。

唐时武举要通过长垛、骑射、步射、马枪、翘关等项目。翘关就是举重,背米五斛行二十步者为及格。古代五斗为一斛,五斛少说也有三四百斤。除这些体力技能的考核外,也要考察相貌和语言等,如"躯干雄伟、应对详明、有骁勇才艺及可为将帅者"。有时文官也要求考武举,必须身高六尺以上,年在四十以下,"强勇可以统人者",才准许报考。

宋朝规定能拉一石力硬弓射一百五十步且能中的者为优等。后来规定步射一石三,马射八斗;又改定马射六斗,步射九斗。如果拉不动这些弓,下一步的考试资格就没有。但是,宋朝

也开始对武举作出文化素质的明确规定,除了武艺,还要"副之策略",要能通孙吴兵法等。南宋孝宗还提出"文士能射御,武士知诗书"的要求。

金代是少数民族统治,武人掌权。武举只开过一榜,点了一名金人状元,名叫温赫特额珠。金代对武科考试的文化方面也有明确规定:"问孙吴书十条能说五者为上等","孙吴书十条通三者为下等"。如果一条不通,哪怕你武功再好"皆黜之"。

明朝规定:"骑射,人发九矢,中三矢以上者为合式;步射,亦发九矢,中五矢以上者为合式。"还规定要通晓兵法,谋略出众者,方能参考。"先策略后弓马,策不中者不许骑射。"也就是说,文化考试不及格者连参考的资格都没有。在等级的确定上,文化考试成绩也很重要。"答策洞识韬略,作论精通义理,参与弓马俱优者列为上等;策略颇优而弓马稍次者,列于中等之前;弓马颇优,而策论粗知兵法,直说事状,文藻不及者,列于中等之后;其他或策论虽优而弓不及,或弓马偏长而策不通,俱黜之。"这些把文化成绩提高到相当重要地位的规定,立意是在筛选将才帅才,这才符合朝廷开设武举考试的初衷。

清代武举,又恢复以武试为主。先试马步射,马射纵马二回发六矢,中三矢者为合式,缺一者不能参加步射。步射发九矢,中五矢为合式。只有马步射合格的,方能参加拉硬弓、舞刀、举石的比气力的考试。弓有八力、十力、十二力;刀有八十斤、一百斤、一百二十斤;石有二百斤、二百五十斤、三百斤。以重量定等级。还规定拉硬弓要三次开满,舞刀要前后胸舞花,举石要离地面一尺。三项中必有一二项合格者,才能考文化课。

文化考试先规定写试第二篇,论文一篇,以《论语》《孟子》《司马法》等书出题。但考虑到习武之人写论文确有困难,就改为默写《武经》一段,约百余字,但要求默写准确,不能错乱或任意涂抹,否则为不合格。

武举考试发展到明清时期,已经非常周密和完善了。但在这周密和完善中,却隐伏着最大的不周密和不完善。这也许是历史的嘲弄!

明清时代,正是西方资本主义从发生到发展的时期。为了寻找新的殖民地,西方列强的远洋铁甲舰队向东方开过来了。他们的大炮昂起炮口已经对准我们了,可我们仍继续做着老封建的美梦,我们的武科始终停留在冷兵器时代,从武则天到慈禧太后,1200多年不变。

落后就要挨打!果不其然,英国充当急先锋,鸦片战争轰开了老大帝国的国门;接着英法联军,接着甲午海战,接着八国联军,索性英、美、法、意、俄、德、日、奥一起来。而我们这位愚昧迷信的慈禧老佛爷,还真的相信同样迷信愚昧的义和团能"刀枪不入""除妖灭怪",真想借义和团之力赶走洋鬼子,永保大清江山。可义和团的血肉之躯,在洋枪洋炮的射程内,像割麦子那样一排排倒下去了。据说在北京东交民巷外交使团只驻守500洋兵,而一万多义和团的勇士们,呐喊冲锋,前仆后继,攻了一个多月,还攻不破。义和团的勇士们被洋枪打中,一排排倒下去,路为之塞。这是西方科技文明和东方愚昧落后的一场残酷游戏!

于是,慈禧和光绪"西狩"了,派盛京将军(蒙族状元)崇绮率部退守保定。联军又追到保定城下。这位将军害怕被俘受辱,就自杀于城内莲池书院。

这个世界怎么啦?老祖宗的法宝怎么不灵啦?关公82斤青龙偃月刀怎么也不威风啦?这就是冷兵器时代行将结束时的思考,这也是无可奈何的历史叹息。

第八章 科举万花筒(上)

一、姓名关系祸与福——科举制中的正名观

人的姓名只是一种代表符号,并无吉凶祸福之分。但人们取名的时候,往往寄托某种希望和祝愿。孔子也说过,必也正名乎?名不正则言不顺;言不顺则事不成。所以,取名要注意一定含义和音节、美感大方,是必要的。但在科举时代,有时因一个名字,竟关乎得失,系于祸福。这是完全出乎人们意料的。流风所至,难怪如今城市街头挂有"正名轩"招牌,专门替人取名。下面说一些科举时代因姓名而引起的悲欢故事。

据黄瑜《双槐岁抄》载:明永乐二十二年(1424)殿试,原拟第一名是孙曰恭。当大臣们把写好的名单呈皇帝过目的时候,皇帝一看就连连说,不行不行,孙暴怎能做状元。主持阅卷的大学士杨士奇解释说,不是孙暴,是孙曰恭。古代直行书写,曰与恭连起来,看着就像个暴字。不管杨士奇怎么解释,皇帝还是觉得不顺眼。最后,按皇上的意思,将第三名的邢宽点为状元。明成祖朱棣为什么忌讳这个暴字而推崇宽字?这有很深的心理因素。因为他是明太祖朱元璋的第四个儿子,按照封建宗法社会嫡长子继承制,他没有资格做皇帝。他是通过阴谋和武力而夺取皇位,因为害怕别人说他残暴,对暴字有特殊的敏感。他力图在晚年树立一个宽厚仁慈的形象,他说:"邢宽好,刑政宽和嘛!"

和孙曰恭一样,吴情也因名字欠佳而倒霉。据查继佐《罪惟录》载:嘉靖二十三年(1544)殿试,吴情起初被拟为第一名。名单送到嘉靖皇帝那儿,他一看就反感。吴情听起来就是"无情",皇帝说:"无情之人岂宜第一",就将吴情降为第三。那么换谁做状

元呢？忽然想到昨晚梦中惊雷，又见殿前旌旗被风吹拂，扭成雷字形，于是要大臣在应试者中找一个名字中含雷的人，结果找到秦鸣雷，遂定其为状元。秦鸣雷，浙江临海人，授翰林修撰，累官至南京吏部尚书，著有《谈资》及传奇《青风亭》等。

明弘治九年（1496）殿试，孝宗朱祐樘发现应试者中有个叫朱希周的，即取为第一名。因为朱希周与皇帝同姓，希周，希望朱家王朝像周朝那样享国长久，为后人所宗，最为吉利。

据《清稗类钞》记载，乾隆五十四年（1789），皇帝年届八十，特别忌讳说"死"，而喜听"寿"字。当殿试阅卷大臣将头十名的卷子呈上时，皇帝看到第十名是胡长龄，便捋着胡须笑盈盈地说："胡人就长龄吧。"清朝皇族是满族，过去也被称作胡人。胡人长寿，这不是大吉大利吗？胡长龄一跃成了状元。

无独有偶，山东王寿彭也因名字吉利而走运。他高登金榜以前，命运一直不佳。父亲给一个乡绅做账房，家境贫寒，他多次想争取作为贡生入国子监就读，也被人挤掉了。好不容易挨到乡试中举，临近会试的几天，忽然又病了。在亲友们的劝说下，他勉强去应试。这一年是光绪二十九年（1903），正逢慈禧太后七十大寿。本科为恩科，即所谓的"万寿科"，为太后贺寿之意。在这前二年，八国联军入侵北京，慈禧太后与光绪皇帝仓皇出逃，丧权辱国的《辛丑条约》签订以后，他们才返回北京。此时慈禧太后心境极坏，动不动就发火，朝臣们想着法子讨这位"老佛爷"的欢心。这次殿试，主考官是孙家鼐，他们也在再三斟酌，如何顺太后之意。当他们发现应试举人中有个王寿彭，高兴极了。寿彭，是寿比彭祖的意思。彭祖是历史传说中的老寿星，活了800多岁。"王寿彭"可以理解为帝王之寿如彭祖，还有什么能比这更能讨慈禧的欢心呢？孙家鼐决定拟王寿彭为第一名，呈太后审定。慈禧太后前几次殿试定名次时，都是横挑鼻子竖挑眼，把阅卷大臣们弄得战战兢兢，左右不是。这次看到王寿彭这个吉祥如意的好名字，又见王寿彭字写得很漂亮,慈禧大悦,连试卷内容也未及细看就钦点其为状元。

也有投机取巧、临时改名的。当咸丰皇帝即位时,有位应试的孙姓举人立即悄悄改名为"孙庆咸"。开科后,虽然他的文章平平,但考官们认为其名暗蕴"庆祝咸丰登基"之意,为博新主子欢心,遂将他取为会试第一。

二、野鸡和猪——科举避讳杂谈

什么叫避讳?就是对帝王及尊长的名字要加以回避。据《左传》:"讳始于周。"这里又分为三种类别:一是国讳,二是官讳,三是家讳。

国讳,比如唐太宗李世民,就要用"代"字替换"世"字,以"人"替代"民"。以致观世音菩萨,也叫观音了。汉高祖刘邦的皇后叫吕雉,只好把雉鸡改称"野鸡"。

官讳,凡宰相以及主考官的名字,在文章中要加以回避。

家讳,祖父及父亲的名字也要回避。如诗圣杜甫的母亲名叫"海棠",杜甫就终身不咏海棠诗;其父名"闲",在传世的1453首杜诗中,竟不着一个闲字。唐朝科举考试中,为避讳竟闹过一场风波。著名诗人李贺想参加进士考试,但李贺的父亲叫"晋肃",晋与进同音,李贺若考中进士,就犯了家讳。这在当时是个"不孝不敬"的罪名。李贺为此顾虑重重,踌躇不决。一些跟李贺争进士名额的人,更加推波助澜,造谣攻击,竭力阻止李贺应试。大文学家韩愈坚决反对这种腐朽的"避讳观"。他专门写了一篇文章,题为《讳辩》,加以驳斥。他说,如果父亲名仁,这仁与人同音,岂不是儿子就不能做人了吗?或者就不能做仁义的事了吗?韩愈的文章思想深刻,逻辑严密,是无可辩驳的。在韩愈的鼓励支持下,李贺就勇敢地报考了。但事与愿违,以李贺之才,却屡试不中。是否因为闹了这场避讳风波,考试官们嘴上不说,心中有鬼,故意不予录取呢？这就不得而知了。李贺郁郁不得志，死时年仅 27 岁。死后 15 年，唐昭宗追赐他进士及第。

避讳制度到了明朝，变本加厉，每因一字之讳而屡兴文字狱。如明太祖朱元璋少年时做过和尚，就同阿 Q 的癞头疮一样，忌讳"僧""生""光"等字。

朱元璋的第七代子孙朱厚照，是历史上有名的草包皇帝，庙号明武宗。因为亥年出生，加上朱与猪同音，不仅文字中要避去"猪"字，甚至下令禁止养猪和吃猪肉，以致祭孔庙时，竟找不到猪。幸而这个草包短命而死，猪才未绝种。

清代文化专制横行，屡兴文字狱，科举避讳变本加厉，从避名字扩大到避忌语，严重束缚着人民的思想。《清稗类钞》里提到，著名书法家何绍基（子贞）于道光十六年（1836）殿试的时候，本来列入前十名，后来发现他的卷子里有"大行"二字，这两个字往往用来表示皇帝死了，也是犯忌的，于是把他的名次从一等降到二等。陆以湉的《冷庐杂识》谈到，嘉庆年间有个叫孔梧的，乡试本来已选中，不久发现他诗里有"圣化"两个字。"化"也可以作为"死"的代称，"圣"常指皇帝，"圣化"不就等于说皇帝要死吗！没说的，立即除名。更惨的是陆浚，道光年间他参加乡试，被发现诗中用了"骞崩"二字，这两个字好像与"驾崩"意思差不多，"驾崩"也就是皇帝死了。主考从榜上把他的名字涂掉了。陆浚捧着卷子大哭，眼睛也哭肿了，从此一病不起。慈禧太后的乳名叫"翠妞儿"，因此试卷中切忌"翠"字。有一考生诗作甚佳，但句中用了"翠浪"一词，这还了得！翠而且浪，岂非放荡之甚？如进呈御览，祸恐不测。考试官虽爱该生之才，也只好忍痛割爱，大笔一挥，将其勾销了。

光绪年间，尚书裕德多次担任主考官，凡考生误触其父祖辈名讳时，他立即起身，整肃衣冠，对着试卷恭恭敬敬地施礼，然后将该卷束之高阁，不再评阅，这名考生也就白白落榜了。这是个极古板极迂腐毫无心肝的老官僚。这种伪善而顽固的作风，令人厌恶。与之对比，也有比较开明的考试官。据褚人获《坚瓠二集》载：明正德年间，名士李梦阳为江西提学副使。一次考试诸生，应试者有人与李梦阳同名。点名时李梦阳对那人说："你有多少才学？竟与我同名！"于是出联要该生作对，词云："蔺相如，司马相如，名相如，实不相如。"该生应声对道："魏无忌，长孙无忌，彼无忌，此亦无忌。"属对巧而当，李梦阳大为称赏，便把该生拔置前列。

南宋永嘉学派代表人物叶水心在朝廷做官。有一个青年学子竟冒充他的名字，又将他早年发表过的文章，擅加点窜，假称己作。(按今天观点，这是侵犯知识产权的行为)叶水心很生气，就当面质问他，此人坦然认错。叶水心冷静地细察经过此人修改过的旧作，有的确实改得不错，觉得这个人颇有才华。就问他，你既然有如此才学，何不去考试中举，自取功名呢？前人有诗说得好：惟有糊名公道在，孤寒宜向此中求嘛！那青年神态黯然，说家境贫寒，有种种困难。叶水心就帮助他找到一份工作，有了安身之处，然后鼓励他读书上进。后来，此人果然考取进士。

这个青年名叫陈谠，福建建宁人。叶水心宽宏大度、提携后进的高尚风格，因此广为人们传诵。

三、神童泪——科举童子科的得失

在科举考试中，常有一些早慧的少年儿童参与其中。唐玄宗时，8岁的刘晏能诗会文，向皇帝献赋颂。宰相张说对他考试后，认为他是国家的吉祥瑞兆。唐玄宗降旨授予刘晏太子正字的官职，让他陪太子读书。后来刘晏成为著名的宰相，是个理财能手。人们称刘晏的这次考试为神童试，朝廷后来特地为选拔早慧儿童设立了童子科。唐代规定，凡10岁以下，能通晓一种儒家经典，并背诵《孝经》或《论语》每卷各10条的人，就给予官职。如果能通晓七种儒家经典，就给予进士出身。大历年间，朝廷颁令，童子科考试与进士、明经同样对待。韩愈写过一篇《送张童子序》，这个张童子只有9岁，从州县到礼部的考试，都是一次通过。过了两年，又通晓两种儒家经典，考试合格，授予了官职。

到宋代，童子科考试更屡见不鲜，也选拔了一些人才。宋太宗时洛阳郭忠恕通晓九经，7岁就考取童子科。雍熙年间，11岁的杨亿被召童子试，授予秘书正字职务。淳化二年(990)泰州神童谭孺卿获得进士出身。宋真宗咸平年间，宋绶通过童子科考试。景德年间，14岁的晏殊、13岁的姜盖获赐进士出身。祥符年间，又有李淑、赵焕被选拔出来。宋仁宗即位后，以童子试得赐进士出身的有10多人。

神宗元丰七年(1084)四月礼部童子科试，11岁的饶州童子朱天赐，背诵《周易》《尚书》《毛诗》《周礼》《礼记》《论语》《孟子》七部书，无一字差错。当时在场旁听者达数百人，而他并无惊慌之状，镇定自若，背诵如流。有些人不信，叫他再背，他竟一连背了五次，因此获钦赐五经出身。

据当时的版本统计，这七部书共28.3万余字。其中《周易》24207字，《尚书》25800字，《毛诗》39224字，《周礼》45806字，《礼记》99020字，《论语》13700字，《孟子》35410字。

同年10月礼部的另一次考试中，朱天赐的堂兄朱天申除背诵以上七经外，还增加《孝经》《扬子》《老子》三部书，竟百试不爽。还有个抚州童子黄居仁，再添背《论语大义》。这二人都获五经出身。

宋孝宗淳熙元年(1174)，西夏国女童林妙玉请求应试童子科，朝廷有关部门选了儒家经典43种来考她，她样样通晓，背诵熟练，人们大为惊奇。皇帝下诏封她为孺人。

这些神童是不是天才？对此人们历来都有争议。大文学家欧阳修却有独到的见解。有人问欧阳修，你的记忆力为什么这样好,几十万字都能倒背如流,是不是天才?他说:"其实并不难。我只是中等以上的天资,靠的是勤奋,我每天读三百字,持之以恒,不过四年半就读完这些书。如果资质稍为愚钝一点,每天读一百五十字,九年也可以完成了。"

王安石也持相同的观点,他写了《伤仲永》,认为不加强后天培养,不继续努力,即使神童也泯然众人矣。所以古人有云:"小时了了,大未必佳。"很值得深思。

童子科也带来严重的负面影响。据叶梦得《避暑录话》记载,自从饶州地方出了神童朱天申兄弟后,远近四乡争相仿效,人们不问自己的孩子有没有天赋,以及其他客观条件怎样,便从五六岁起,就要他们识字背五经。儿童天性爱玩,为了束缚他们的天性,一些家长把孩子放进大竹筐,吊到大树的枝干上,不让孩子接触书籍以外的东西,只让他们一天到晚背儒经。有的文人趁机捞取钱财,替人家训导幼儿。事先讲好价,小孩子每能背诵一经就得若干钱,他们便昼夜监督孩子诵读。可怜那些天真活泼的孩子,一个个被整得像个木头人,有的甚至被逼死了。这与今天的学校和家长为了追求升学率,拼命加重学生负担的做法,如出一辙。这类望子成龙、拔苗助长的做法,换来的是深刻的教训。所谓神童教育,真是血泪斑斑,可怜天下父母心啊!

什么是神童?俄罗斯科学院专家德鲁日宁认为,小时候就显露才华是内分泌腺中荷尔蒙水平高的结果,其中包括垂体和肾上腺。天才儿童的神经系统在整个机体还没有发育起来时就已高度发达。

>> 号房

这种儿童约占人口的 1%。男神童比女神童多。如果孩子是左撇子，家长最好不要强迫他改过来，因为大多数神童都是左撇子。神童长大后，才华往往会消失。大约在 10 岁后才智尽失的例子很多。例如 19 世纪著名的"神算子"科尔贝恩，6 岁时的计算能力震惊世人，可 10 岁时就丧失了这种能力。到了少年时代，他甚至不能在纸上进行基本的运算。所以，做父母的以及学校如何帮助神童正常健康成长，是十分重要的。

四、副榜和捐纳——五花八门的国子监

每三年在省城进行科考，称为乡试（秋闱）。乡试录取举人，往往僧多粥少，落榜的总是绝大多数。所以，在正式举人录取后，再选择若干成绩优秀者为"副榜"。副榜可以直接送国子监就读，这样的人称为副贡。明朝进士也有副榜，以后取消了。张良击秦始皇博浪沙中，误中副车，故后人戏称乡试之副榜为副车。

国子监是朝廷办的中央官学，算是最高学府。地方办的叫地方官学。

在地方，童生经过县试、府试、院试，取得官办学校生员的正式身份。官办学校都有一定名额的生员，国家给予一定的经济补贴，叫廪饩或廪膳，每人每月六斗谷左右。享受廪饩的生员就叫廪生。廪生的名额很少，每个学校二三十名而已。

地方官学每年选送一定名额的学生到中央官学国子监去读书，称为岁贡。清代一般府学每年选一名，州学三年选两名，县学二年选一名。每个名额之下选一两个递补的人。人选由地方学官在廪生中按资历选送，所以岁贡也称挨贡。这挨贡的确也够挨的了。《儒林外史》四十五回余持说："生员离出贡至少十多年哩。"

清代遇到皇帝登基或者大型庆典，有特别恩赐的贡生，这样选送的贡生叫恩贡。另外，明清两朝根据朝廷需要选拔特别人才，又有所谓拔贡，或称选贡，清代多数情况下是 12 年选拔一

>> 国子监

次。与拔贡类似的还有优贡，也是作为一种特别优秀人才的选拔，而且不一定要有生员的资格。

上述副贡、岁贡、恩贡、拔贡、优贡，合称五贡。由五贡出身而任官职的人和举人进士一样，被认为是正途，和杂流出身的人不同。话虽这么说，但在人们心目中，"五贡"当然不及举人进士金贵。好比今天的"五大生"（夜大、函大等），总不及正规大学毕业生吃香。

在国子监读书的除了贡生之外，还有监生。它包括恩监、荫监、优监、例监四种形式。恩监是皇帝恩赐入监读书者，荫监是贵族官僚子弟因长辈为朝廷效力或殉国而特准入监读书者，优监即由增广生员、附生直接选优入监读书者，例监是指童生通过捐纳一定数额的财物而进入国子监就读者，又叫捐监。

国子监学生资格可由捐纳钱物而得，最初实行之时就遭到议论。朝廷此举完全出于无奈，或因战争耗费巨大，朝廷无力支持；或因灾荒赈济，朝廷动员民力。最早实行捐监在明代景泰四年(1453)，山东饥荒，临清县学生员伍铭等人愿捐米800石，请求允许入国子监读书，得到批准。后来屡有人因袭，捐纳钱物入监，也的确有人通过此道发迹。据朱国祯《涌幢小品》介绍，有个罗圭峰，在地方考了7次都考不上，后来捐监到国子监读书，连中解元、会元。清代康熙三十年(1691)，朝廷用兵西北，军费开支太大，国库不敷支出，便准许人捐钱入监读书，从此也就成为一个惯例。一些素有田产的老财主及经营致富的暴发户，即使斗大的字识不得几箩，都可凭捐纳买到一个监生头衔，也称是中央最高学府的生员了。儒林冒滥成风，实在有辱斯文。

贡生和监生们通过了国子监的考试，可以直接参加乡试。不愿回原籍应试的，还可以参加京城地区的乡试。虽然和生员一样都必须在乡试录取后才能成为举人，但他们可以通过其他途径进入官场，即使没有成为举人，也可以像举人一样戴金雀顶冠，穿蓝绸边的公服和披领。

这里必须说明一点，就是可以通过捐纳取得监生资格，甚至有钱也可买到官职，但却不能凭捐纳买到举人和进士。举人和进士必须通过考试获得。至于有的通过舞弊手段非法窃取科名，那是另一性质问题了。

贡生和监生虽说是国子监的学生，但并不是长年在国子监学习。在国子监学习叫坐监，根据身份不同，坐监的日期有长有短，比如恩贡6个月，岁贡8个月，副贡6到8个月，拔贡、优贡14到16个月。虽有这么些条条框框，都是徒具形式，真正在国子监读书的，常常是寥寥无几。人们注重的是国子监学生的名义和优遇。

五、以壮国威——科举对相貌仪表的考虑

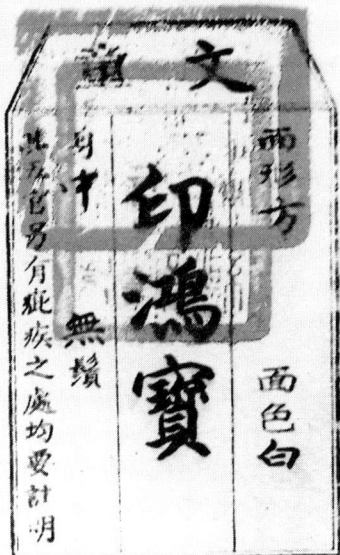

科举考试也要考虑到考生的相貌仪表，这从唐朝时就已开始了。到了明代，更把容貌作为重要条件。

查继佐《罪惟录》记载，洪武四年(1371)，明朝举行开国后的第一次科举考试。本来拟定郭冲为状元，可是朱元璋觉得此人貌不惊人，不足以显示大明帝国的新兴气象，于是将气宇轩昂、相貌堂堂的吴伯宗点为状元，"以壮国威"。

明惠帝建文二年(1400)，殿试原拟王艮为第一名，明惠帝听大臣描述了王艮的长相，嫌王艮形象不佳，改为第二。谁来做状元呢？阅卷大臣意见不一。一部分人主张胡广，一部分人主张汤溥，谁也说服不了谁，只好请皇帝定夺。惠帝命令宣胡广、汤溥上殿，他要亲自看看再定。胡广接到圣旨，立即前往。他长得文雅秀气，一表人才，惠帝一看即中，就定他为状元。不过惠帝觉得他名字不太好，"胡"通常指北方那些袭扰中原的少数民族，"蛮胡"怎么能让它扩张广大呢。惠帝让胡广改名为胡靖，"靖"有安定、肃清的意思。汤溥本来长相也不差，可惜他动作迟缓了些，胡广先他上殿，汤溥只能痛失状元桂冠。

前人创式，后人效尤，以貌取状元就形成了习惯。陆容的《菽园杂记》里说，正统元年(1436)，明英宗朱祁镇第一次临朝试进士，大学士杨士奇主持阅卷。初定浙江的周旋为状元，名单刚宣

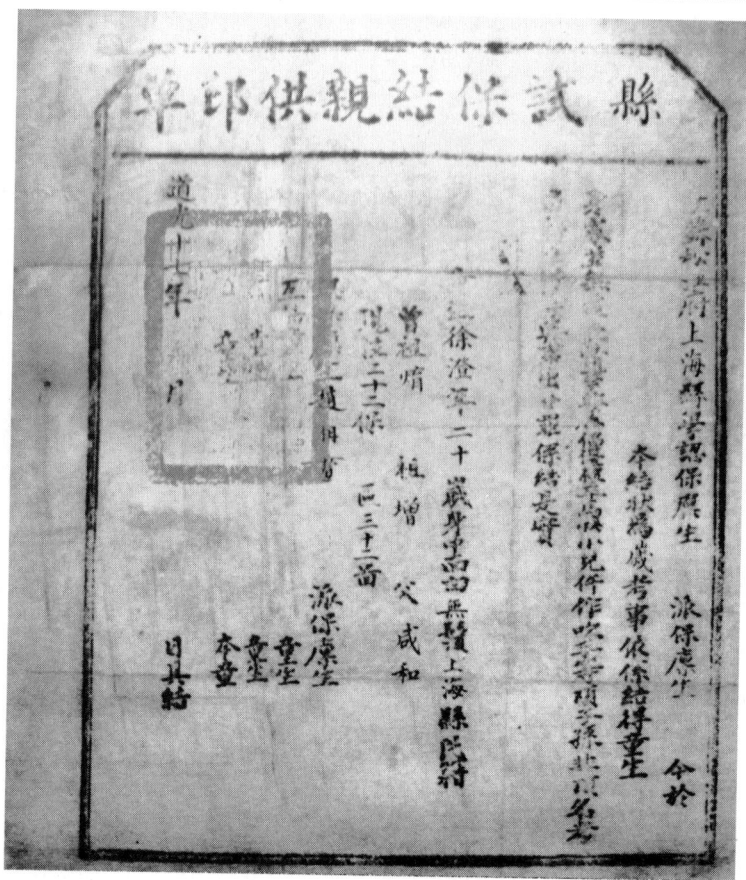

>> 结状

读,就有人发问,周旋相貌如何? 在场的几位浙江籍官员连忙插话,说这个人身材修长,皮肤白皙,算得上浙江的美男子。当时没有照相机,无法验看相片,只好凭口头描述了。大臣们一听,那还有什么好说,又有文才,又有扮相,就奏报皇上。御旨批准,周旋定为状元。等到传胪唱名,官员们大吃一惊。站出来的周旋不仅谈不上漂亮,而且相当丑陋。浙江籍的几个官员面面相觑,不知怎么回事。原来浙江应试的考生中还有一个周王宣。周旋是温州人,而周王宣是淳安人。"旋"和"王宣",浙江人听来音差不多,把周王宣当作了周旋,造成了误会。生米煮成了熟饭,状元已经宣布出去了,也不好更改,周旋幸运地保住了状元头衔。

英宗有了第一次的经历,第二次就谨慎了。正统四年(1439)

殿试,大臣奏报名次,定张和为第一名。英宗不放心,特地派贴身太监去实地观察一下长相。太监到张和的住处看了看,回来报告张和的一只眼睛有毛病。英宗提笔将张和降至二甲第一(总第四名)。最后经过太监相面,取施槃为状元。

让皇帝操心中魁状元的脸相,总不是个事。后来殿试初定名次后,干脆就让新进士们都到内阁来唱一次名,看了长相再确定状元。陆粲的《庚巳编》记录了一件趣事。成化十四年(1478)殿试,大学士万安主持阅卷。开始大臣们看了一天卷,找不出一份十分称意的卷子。万安左翻右翻,觉得江西泰和人曾彦的卷子比较出色。大家经过反复比较,觉得万安有眼光。当天晚上,入选新进士唱名。喊到曾彦时,万安特意留神观察一下。看上去曾彦身材伟岸,面目英俊,气度不凡。万安暗暗高兴,一唱完名,就兴奋地对同僚们说,状元可以确定了。大家也一致同意万安的意见。宪宗问明情况,批准了万安所定名次。

待到传胪唱名的那天,应声站出来的状元曾彦,皱纹满脸,髭须满腮,分明是个年将花甲的老汉,毫无儒雅之气。万安和大臣们大吃一惊。典礼结束,他们急忙找出曾彦的卷子看,怎么看也觉得文章非常平庸。一夜之间有这么大的变化,是大臣们眼睛有毛病,还是曾彦有神明相助,施了障眼法? 其实,哪有神明相助,只不过是万安和大臣们老眼昏花而已!

明弘治十二年(1499)殿试,原定浙江宁波人丰熙为第一名。皇帝派人去看丰熙的相貌,说一只脚有毛病。于是改选广东南海伦文叙为状元。伦文叙身材高大,风姿英俊。据说其头颅将近二尺长。但丰熙的对策写得很出色,皇帝十分赞赏,遂定其为一甲第二名,却赐同状元及第,作为安慰。

丰熙成为戴状元冠的副状元,千古仅此一例。

到了清朝,考生在履历表上要填写“相貌”。因为当时没有照相,这胡须就要认真了。常熟有个考生叫沈廷辉,30多岁,在相

>> 结状:举子的清白
也要有证明

貌栏上填了"微须"。新任学官胡希吕为人固执,认为微须就是无须,因此,其他几位略有胡子而填微须的考生,被看成假冒,遭到斥责,不准进场。沈廷辉和被逐的秀才们不服气,就和胡学官争辩起来。胡希吕生气道:"朱熹老夫子在《四书注》中明明白白地写道,'微者无也'。你读书人连这点也不知道吗?"秀才们反问道:"经书上说,'孔子微服而过宋',难道孔老夫子脱得赤条条吗?"胡希吕一听傻了,张口结舌,无言回答。此后就不再斥逐"微须"者了。

清朝末年,国外已有照相机了。据说有人从国外携带照相机回国,要为慈禧太后拍照。起初,慈禧还怕灵魂被摄,予以拒绝。所以终科举之世,科举档案中都没有使用过照片。

六、魔道相生克——科场舞弊与反舞弊斗争

功名利禄的诱惑是较难抵御的,考场舞弊作为考试制度的伴生物,它的阴影从一开始就笼罩在科举场上。唐朝科考还有

"察举遗风"，采取"场内考试与场外推荐调查摸底相结合"的办法，考场比较宽松。对此，我们不能以今天的眼光，统统说成"开后门"而加以否定。宋朝开始，采取糊名、誊录、锁院等制度，迨至明清，考试制度越来越严密了。但是，道高一尺，魔高一丈，舞弊也越猖獗，花样也越刁钻。这是封建专制制度下，官本位的权力体系与人才竞争机制之间不可调和的矛盾必然造成的。

>> 自古"枪手"抢手也棘手：严惩"枪手"

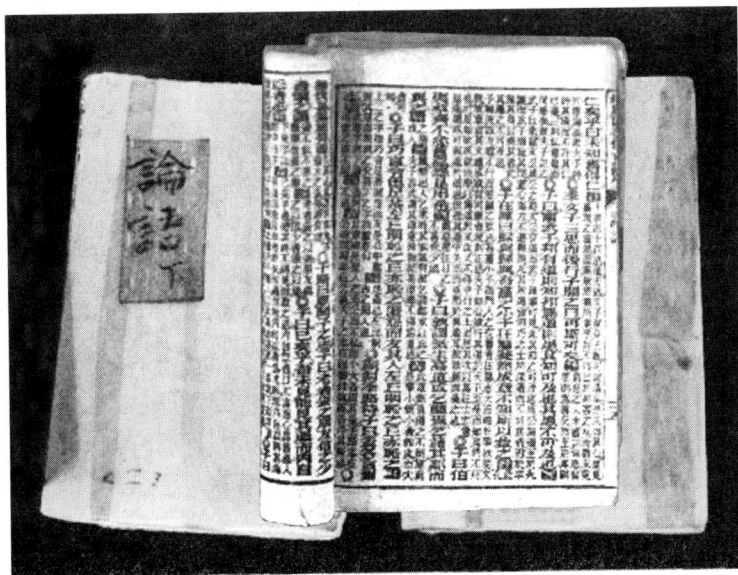

>> 清代科举袖珍作弊书

唐朝常有雇"枪手"代考的。如著名诗人温庭筠就是替人代考的老手。宋朝以后严格考场制度，枪手代考比较难了，夹带便成为科举考试中最常用的舞弊手段，搜查夹带则是科场关防的主要任务。夹带的东西不外乎是跟考试内容有关的经书典籍，或是前人高中者的优秀例文，或是好事者猜题拟作的范文。

最常见的夹带形式是往衣服里藏，往鞋帽里塞。后来查得严了，就将衣服鞋帽做成夹层，把东西缝在夹层中。为了对付这种夹带，清朝规定，应试者衣服鞋袜统统必须用单层的，皮衣服要去掉布面子，毡衣要去掉布里子。上有政策，下有对策，有人干脆就在衣服上写东西。至今北京故宫博物院还保存着一件写满密密麻麻四书五经的内衣，堪称文物中的一绝。这样写的人算是笨的，有些精明的夹带者采用的是密写方式。他们用墨鱼汁把四书五经写在青面衣裤上，再在上面涂泥巴，外表上看什么也没有。入了考场，把干泥搓掉抖一抖，文字就显露出来了。过一段时间，字迹又会自行消退。

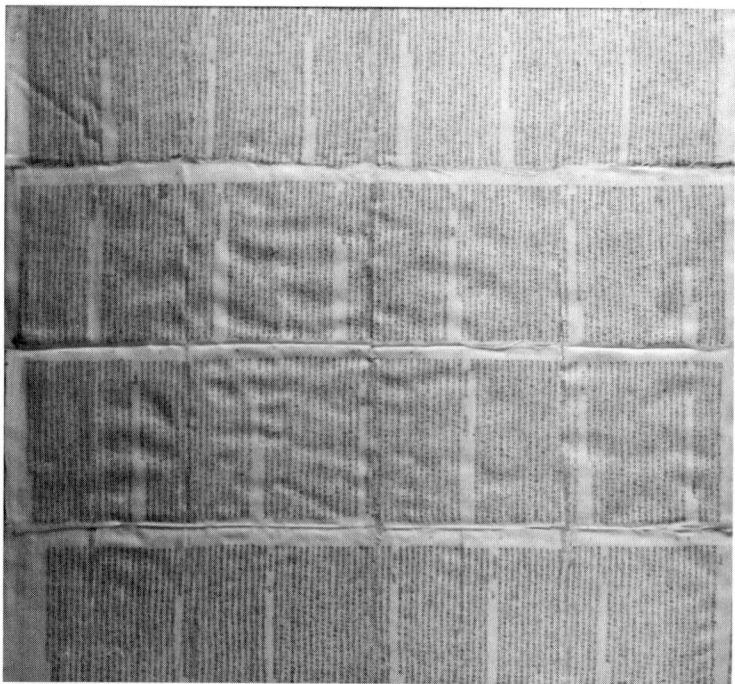

>> 科考作弊用的纸条

除了穿戴物以外,携带物也是用来夹带的道具。一般进考场可以带文具、餐具、食品、烛炭之类,用一个篮子装着,考生就在这些东西上打主意。比如,把笔筒掏空,砚台做夹底,蜡烛弄成空心,塞进夹带物。或者把纸卷包在食品中。有些人专靠帮人制作夹带物品赚钱。冯梦龙《古今谭概》里说到,宋代有人用薄纸书写参考文字,揉成纸球,公然在市场上叫卖,想必销路不错。后来又有人制作石印袖珍本四书五经出售,方便考生夹带。明代万历十九年(1591),南方某地科试。点名进场时,士兵们让考生一个个开怀解衣,仔细搜寻。一个考生脱开衣服后,兵士们发现他屁股下有根细线头,伸手一拉,线头牵着一个油纸包从肛门里滑出来,纸包里是一卷薄纸抄的四书五经之类。

乾隆皇帝登基后,对于日益猖獗的夹带很恼火,下诏痛责舞弊歪风,并且作出规定,凡考生进入考场,砚台不准过厚,笔管要镂空,水壶要用泥瓷的,木炭不得超过二寸。蜡烛台须用锡制的,单盘,台柱空心通底。糕饼之类要切开。考篮须编成玲珑格眼式,等等;又订立严格的搜检办法,并且悬赏,谁抓到一个夹带者,赏银一两。对抓获的舞弊者,枷锁示众。自此夹带之风为之稍杀。

考官与考生串通起来舞弊,也是科举场上的一个景观。双方约定暗号,考生在卷中写出暗号,考官见暗号则给予好成绩。这就是所谓的"关节"。《清稗类钞》记载,湖南人李幼梅的祖父李星沅同某翰林有师生关系,这位翰林到李家作客,知道李幼梅博学多才,但科场不太顺利,就对他说,如果我做了湖南的主考,一定录取你。他们便约定,以当时流行的"水烟袋"为暗号,把这三个字嵌进诗的前两句。第二年,这位翰林真的被派到湖南当主考。李幼梅知道了,心中暗暗高兴,妻子见他喜形于色,便追问缘故。李幼梅把原委都告诉了妻子。他妻子回娘家又把这事告诉了母亲。李幼梅的岳母再把它透给另两个女婿。考试阅卷的时候,那位翰林发现三份卷子中都有"水烟袋"三个字,心中疑虑,斟酌再三,取二弃一。大概老天爷故意开玩笑,这弃去的正是李幼梅的卷子。李幼梅卷中诗的头两句是:"烟水苍茫生,人材夹袋中。"好

>> 科考作弊用的马甲

像是应了诗的意思，李幼梅"夹"得出不来了，倒便宜了二位连襟考中了。

嘉庆三年(1798)，湖南乡试，出现移花接木奇案。考生傅晋贤贿买考场吏役，偷换试卷。岳麓书院高材生彭峨，在乡试结束后，把自己答卷文章抄了一份送给老师岳麓书院山长罗典。罗典看了，非常赞赏，认为可望夺得第一名。但揭榜后，彭峨却名落孙山。而新刊发卖的闱墨(优秀答卷选)中，解元傅晋贤的答卷竟是彭峨的作品。罗典决心要弄个水落石出，替彭峨讨回公道。他找到湖南巡抚姜晟，要求核对笔迹，鉴定真伪。乡试是姜晟亲自监临的，事情弄不好要惹大麻烦。姜晟希望罗典私了，答应叫傅晋贤向彭峨赔偿万两白银。罗典不为所动，坚持正义，告发了这一案。经过审查，是科场弥封官樊顺成主谋，他让傅晋贤出1200两银子，串通其他弥封官，把取在高等的彭卷抽出，割换卷面，移到傅晋贤名下，用私雕的假印加验。樊顺成得赃银200两。真相大白后，彭峨的科名失而复得，樊顺成被处斩，傅晋贤被绞死，姜晟等一些考官都受到了处分(事见商衍鎏《清代科举考试述闻》)。

光绪十九年(1893)，正是乡试之年。浙江省正副考官是通政司参议殷如璋和翰林院编修周锡恩。这殷如璋与浙江绍兴人周福清是同科进士，算是年兄同学，素有交情。周福清就是鲁迅先生的祖父。周福清见自己的老朋友来浙江当主考官，就想开后门，替自己长子周用吉(鲁迅之父)弄一个举人功名。

按照科举规矩，

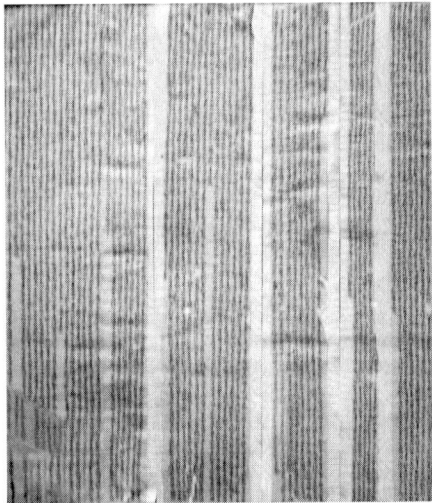

考官一踏上本省境地，即刻处于严密关防戒备之下，连同所带随从人员，都要迁入贡院居住，军警封锁内外交通，不得拜客，谢绝谒见，一直到考毕发榜，才能宣布撤销戒备。周福清熟悉这套规矩，知道考官一进入浙境，就无法私通关节了。于是，他就早早赶到苏州等候。7月27日，浙江考官的座船顺着运河南下到达苏州。周福清不便亲自前去拜会，就叫长工陶阿顺拿了他的亲笔信去见主考官殷如璋。据说，这信的内容很简单，一张纸上写着："凭票付银洋一万元正。"另一张写："马官卷、顾、陈、孙、章，又小儿第六，均用宸衷茂育等字。"此外，还附有周福清的名片。

这封信意思是明明白白的：一万银洋是许诺的酬金，要求贿取中举的是"马、顾、陈、孙、章及周用吉"等六人，"宸、衷、茂、育"四字是暗号。

由于长工陶阿顺办事莽撞，此事被副主考获悉，行贿败露，周福清被关进杭州监狱，判处"斩监候"（类似死刑缓刑）。10年后虽得到大赦，但周家已残破不堪了。

为纠正考试夹带歪风，皇帝下诏切责；为惩治科场买贿调卷，一个杀头，一个绞死；查获一封未遂的行贿信，判处斩监候。这说明封建统治者对科场舞弊是动真格的。联系清初丁酉科场案等大要案，对杀歪风、整腐败，是痛下决心，雷声大，雨点也大的，确实起了敲山震虎、杀一儆百的作用。但舞弊恰如蛔虫，始终和科举制共生同存，直至科举制度废除为止。这也许可以看成是魔和道相生相克、互为消长的道理吧。

七、头上三尺有神明——科场也有正气歌

在千载科场竞逐中，虽有污泥浊水，但相对而言，科场比起官场来还是干净些，这主要是有不少仁人志士、饱学君子在起主导作用。他们好比满天星斗照亮着夜空；他们像根根梁柱，支撑着巍峨大厦；他们是科举事业的主流；他们唱着科场正气歌。下

面举几个小故事,以见一斑。

"终南阴岭秀,积雪浮云端;林表明霁色,城中增暮寒。"这首诗的作者是唐朝洛阳人祖咏,诗题《终南望余雪》。

据《唐诗纪事》载,这是祖咏在长安写的应试诗。按照规定,应该作成一首六韵十二句的五言排律,但他只写了这四句就交卷。有人问他为什么不按规定写,他说:"意思已经完满了,何必画蛇添足呢!"

因为诗不合科考规格,当然进士也考不中了。祖咏这种忠于艺术宁弃功名的精神,实在是难能可贵的。反观和祖咏同场考试的人,有许多虽然考中了进士,但他们的应制诗一首也没流传下来,倒是祖咏这首因不合规定而未予录取的诗,却千秋传诵不衰。

宋真宗景德年间,朝廷举行进士考试。来自四面八方的考生,都是经过州试和省试选拔上来的。大臣张文节上奏真宗皇帝:"临川人晏殊,是一位神童,可否破格让他应试?"真宗比较爱才,听说是神童,就特许参加殿试。

这晏殊年纪虽小,临场整理衣冠,器宇轩昂,神态坦然地进入殿堂,一点没有拘束怯场的样子。真宗看了,不禁暗暗称奇。

不想晏殊拿起试卷一看,就说:"这个题目我在十天前已做过了,草稿还在,请另出一题吧。"真宗打心眼里喜欢这个孩子的诚实作风,就重新命题。晏殊略加思索,提笔一挥而就,早早就交了卷子。真宗看了晏殊的文章,赞赏他学识不凡,文才敏捷,就特赐"同进士出身"。

清顺治十五年(1658),常熟孙承恩殿试中式。在决定名次时,顺治皇帝看到孙的名字,忽然想到常熟有个举子孙旸曾犯事流放,不知这两人是否有亲属关系?就传旨学士王熙速去查询核实。恰巧王熙素与孙承恩友善,就将实情告知。原来犯事的孙旸正是孙承恩亲兄弟。王熙为好友前途担忧。孙承恩沉思良久,慨然说道:"是祸是福,自有天命。我既不能欺骗皇上,也不能不认亲弟。请你据实禀奏吧!"顺治听了王熙禀报后,赞叹道:"不欺君不卖弟,诚乃君子也。"当即钦点为状元。

上面说的是一些优秀考生们的高尚风格。同样,在历代科场中,也不乏清正廉明、洁身自好的考试官。唐朝尚书许孟容知贡举,好友宋济应考。可是许孟容坚持标准,不予录取。揭榜后,宋济很生气,认为许孟容不够朋友。许孟容特地设宴招待宋济,说明公私道理,终于取得宋济的谅解,双方友好如初。宋哲宗元祐三年,苏轼为主考官,好友李方叔落榜了。李方叔的母亲哭道:"苏学士为主考,我儿子却考不取,今生无望了。"苏轼写了一首诗劝慰方叔,在"诗序"中说:"余与李方叔相知久矣。领贡举事,而李不得第,愧甚。"苏轼为什么说"愧甚"呢?他是愧自己评文眼光不准啊!他自我解嘲地说,唐朝一位主考官叫吕谓,也把状元卷子漏掉了。

清末著名学者俞曲园(1821—1907),浙江德清人。咸丰年间进士,曾任河南学政。据欧阳昱《见闻琐录》载,他的上司曹登康把22名考生条子交给他,要他照顾录取。俞毫不徇情,把这些条子投于火中。及榜发,22人无一录取。曹恨甚,上奏称俞出题割裂圣贤语句,有攻击朝廷之嫌。幸亏俞的老师曾国藩极力替他开脱,才使他免于处刑,仅革职回家。现在西湖边的俞楼就是俞曲园的故居。俞曲园孙子俞陛云,光绪年间探花;俞陛云之子俞平伯就是受到毛泽东主席不公正批判的红学家,1990年10月,90岁时逝世。

据金埴《巾箱记》:明崇祯年间,金兰主持京城地区科试,他焚香起誓:"徇私舞弊,国法难容;埋没人才,良心有愧。头上三尺有神明,必有报应。"

"头上三尺有神明",这是迷信的讲法;但在古代,科学不发达,又没有马克思主义作为指导,人们认知自然和认知社会的水平有限，"敬畏神明"，这在客观上起到防恶从善的作用。

　　在历代科考中，流传着许多奇闻轶事，实在令人不可思议，姑录数例以广见闻。据吕相燮《科场异闻》载：明朝江西泰和典史曹鼐，夜间看守女贼。女贼姿色艳丽，肆意挑逗，以求脱身。曹鼐呵斥止之，大书"曹鼐不可"于纸，对天焚烧自誓。后曹鼐应试，空中飘来一纸，有"曹鼐不可"四字。当时人有个习惯语，称状元为"不可"，取不可企及之意也。宣德八年（1433），曹鼐遂中状元，此事广为流传。

　　钱咏《熙朝新语》：清雍正二年（1724）状元陈德华于未第时，亦拒绝私奔女子引诱，援引前朝故事，也书"曹鼐不可"四字自励。

　　《藤荫杂记》载：乾隆二十八年（1763）状元秦大成，居家尽孝，多有善行。其妻死后，母亲买一姑娘为其续弦。洞房之夜，姑娘含悲而泣，秦大成问其缘由？答曰本已许配邻村李某，因父母嫌李家贫，强令改嫁云。秦大成顿生恻隐之心，立即礼送姑娘回家与李某成亲，并奉赠嫁妆。后梦见神人与语："送你一个状元。"

明天顺七年(1463),吉水彭教赴京会试。旅途投宿某店,楼上倒水,一枝金钏随水落下,被彭教的随行仆人拾得,未声张。走了好多日,盘缠将尽,仆人献出金钏,说明原委,想抵充川资。彭教大惊,命仆人立即返回,把金钏交还失主。仆人为难,说往返费时,将误试期。彭教认为:金钏乃贵重之物,物主失去它,恐将闹出人命。人命事大,考试事小,金钏不可不还。仆人只得听命。果然,失主是一女子,因受屈正要自尽,金钏送到,救了她一命。彭教却因此事耽误了试期。谁知这年考试贡院发生大火,烧死90多人。于是延期考试,彭教中式,次年廷试竟状元及第。此事据张岱《快园道古》。但也有传说还钏救人是永丰人状元罗伦所为,不知孰是孰非。

朱国祯《涌幢小品》:明景泰三年(1451)殿试,紫禁城内骤起龙卷风。应试者王越刚书写完毕的试卷被吹走了。第二年,朝鲜使者进贡,其中有一件礼物,竟是被风吹走了的王越试卷。王越遂得中进士,人们称王越祖上必有积德。

清乾隆二十六年(1761)殿试,原拟浙江赵翼为第一名。恰巧西北战事大捷,皇帝说,江浙人状元很多了,西北还没有,就定陕西王杰为状元。赵翼作诗叹曰:"到老始知非人力,三分人事七分天。"

的确,这"七分天"是难以意料的。南宋淳熙间,汪玉山被任命为知贡举。他马上想到自己一位非常要好的朋友,屡试落第,自己这次得帮帮他。汪玉山趁尚未入闱,立即约朋友到浙江富阳郊外某寺庙会面。在富阳的寺庙里,汪玉山与朋友同榻而卧,半夜时分,才悄悄告诉朋友自己可能知贡举,约定考卷中用三个生僻的古字为暗号。考后阅卷,汪玉山果然在一份卷子中发现了这三个字,非常高兴,估计是朋友的卷子,批了个上等,排在前列。阅完卷一拆封,那份卷子并不是他朋友的。汪玉山心里暗暗奇怪。过了些日子,朋友来拜会,汪玉山十分生气地责备他,为什么

把暗号卖给别人。朋友连连喊冤,并对天起誓,声称绝对不会干这种事。他告诉汪玉山,他在考试那段时间突然患病,差点命都没了,根本没去应试。而且他也知道事情泄露非同小可,怎么敢出卖。那么,这究竟是怎么回事呢?不久,那个以暗号字得中的人来拜谒汪玉山。汪玉山问他,考卷中为什么用三个冷僻的古字。那个人沉默了好一会儿,才告诉汪玉山,他也觉得此事蹊跷。他叙述了事情的经过:此次来京考试,路过富阳,借宿于郊外一座寺庙。他和寺庙里的和尚在殿堂边闲步,见旁边一个屋子里放着一具满是灰尘的棺材。和尚告诉他,那是一位官员女儿的灵柩,停厝 10 年了,不见亲人来问,又不好擅自埋葬。当晚他梦见一个女子对他说,应礼部试如用三个古字,一定能登高第,登第后别忘了帮她枯骨早点入土。他醒过来,觉得很奇怪。考试的时候,照着梦中女子所说用了那三个古字,果然高中。他有感于那女子托梦之言,日前已专程赴富阳寺庙,安葬那女子了。

汪玉山听了脸色都白了,吓出一身冷汗。此后每与亲友谈论,总是说:"冥冥之中,自有神灵,欺心亏心的事断不可为也。"

八、诗对恩怨——科举人士奇联妙对趣谈

1962年10月的一天,在海天佛国的普陀山,一位姑娘在梵音洞边的礁石上徘徊。看她满脸憔悴、愁思郁结的样子,必有什么难解的焦心事。原来她因三次高考落榜,在爱情上又遭受挫折,就准备轻生,一了百了。幸经游人发觉,及时救助,才未出事。恰巧,全国人大副委员长郭沫若正在普陀访问,为劝慰那位女青年,就把前人一副名联书赠给她:

有志者,事竟成,破釜沉舟,百二秦关终属楚;

苦心人,天不负,卧薪尝胆,三千越甲可吞吴。

这副对联用了两个历史故事,表达了不达目的誓不罢休的决心与毅力。楚霸王项羽破釜沉舟,大败秦军;越王勾践卧薪尝胆,吞吴雪耻。

那位女青年读了这副对联,重新点燃了生命的火花,鼓起生活的风帆,踏上新的征途。她后来还给郭老回了一首诗:"梵音洞畔几彷徨,此身已欲付汪洋。妙笔竟藏回春力,感激恩师救迷航。"

显然,这里的恩师是指郭老,但原对联的作者也是恩师。因为借郭老的笔写出那副对联,确有回春之力啊!

这副对联的作者是谁呢? 那就是写《聊斋志异》的蒲松龄。

蒲松龄,山东淄川人。他自幼聪明,才智过人,19岁应童子试,一连考中县、府、道三个第一,取得秀才资格,名噪一时。可后来命运不济,一次次赴试都名落孙山,只好回乡长期作塾师谋生。

榜上无名，脚下有路。他决心写出《聊斋志异》。为了激励自己发愤写作，就写了上述这副对联。他当然想不到这副自励的对联，在200多年后，竟引起一位姑娘的共鸣，从而挽救了她的青春生命。

因一副对联救人，也有因一副对联结怨的。

明初江西吉水人解缙，是有名的才子。他出口成诗，常常借诗对讽刺人。毛泽东主席在《改造我们的学习》中引用的一副对子："墙上芦苇，头重脚轻根底浅；山间竹笋，嘴尖皮厚腹中空。"据说就是解缙作的，用来嘲笑那些迂腐书生。因此，解缙虽才高却容易得罪人。

解缙十几岁就中了进士，到朝廷里做官。有一次同官僚友们聚会，互相出联对句。一个权臣看他乳臭未干，嘴边没毛，蓄意当众取笑他，出了上联：

二猿断木深山中，小猴子也敢对锯（对句）；

这个上联很刁钻，有点不怀好意。用"小猴子"来隐喻解缙年幼无知，少不更事；又用"对锯"谐"对句"，显然看不起解缙的才学。

解缙少年气盛，才思敏捷，怎咽得下这口气？立即对出更加尖刻的下联：

一马陷足污泥内,老畜牲怎能出蹄(出题)。

这里用"老畜牲"暗指那位权臣,"出蹄"谐"出题",对得天衣无缝。满座人肚中暗笑,面上失色,羞得那权臣恼怒不得,无地自容。

后来,解缙为赞立太子和谏讨交趾(安南)事,被该权臣构陷,下诏狱死时,正值英年。

过去科举人士都会吟诗作赋,对联乃雕虫小技,文人学士之间互相联对,属于社交会友风流雅事。也有互相戏谑嘲弄的,但以不伤感情为度。明末崇祯朝户部尚书姜垓出联戏朋友徐枋:

桓温一世之雄,尚有枋头之败;

借历史故事把徐枋的大名嵌进去。徐枋是举人出身,精于诗画,他对的下联也如法炮制:

项羽万人之选,难逃垓下之诛。

这副对联也许是谶语,都不幸而言中。不久明亡,徐枋父死难,一家流散;姜垓逃亡几死,其兄削发为僧。

传说清代曾国藩与左宗棠常常意见不合。有一次,曾出联求对:

季子有何高? 与余意见竟相左;

原来左宗棠字季高,此联刚好把他的姓和字嵌进去,而且语含轻蔑。左宗棠不仅是统兵战将,也是词坛老手,他的下联也嵌进"曾国藩"三字,并回骂了他:

藩臣徒误国，问尔经济有何曾？

　　曾国藩考中三甲进士，就是"赐同进士出身"。因科名不算高，每耿耿于怀，引为憾事。这好比今天只是大专毕业，而非本科一样。

　　有一次，曾国藩与宾客宴集，座中有一位客人叫李元度，也是江南名士，官任浙江盐运使，新近娶了一位如花似玉的小妾，宠爱异常。曾国藩遂当众笑道："我有一题，看诸君谁能属对？"上联是：

替如夫人洗脚

　　如夫人者，小老婆也。李元度心知这位曾大帅有嘲讽之意，立即应声答道：

赐同进士出身

　　下联恰如一拳击中曾国藩的心病，羞得他半天说不出话来。

　　清末江苏常熟人翁同龢，是光绪皇帝的老师，属于维新派。他曾任户部尚书，掌管租税钱谷和国家财政收支，相当古代的大司农官职。据说他与安徽合肥人李鸿章意见不合。李鸿章任直隶总督兼北洋大臣，八国联军侵占北京后，又被任命为全权大臣，其职权相当于过去的宰相。李鸿章是媚外卖国的典型人物，故翁同龢出联嘲他：

宰相合肥天下瘦

　　李鸿章也反唇相讥：

司农常熟世间荒

出联和对联,都极富机趣。

明永乐十九年(1421),泰和曾鹤龄状元及第。曾鹤龄赴试途中与浙江几名应试者结伴同舟,当时南士赴京多取运河水路。浙江诸士沿路高谈阔论,颇为狂妄自负,见曾鹤龄沉默寡言,便有些看不起,故意举书中疑难叩问,曾鹤龄逊谢不知。浙士于是嘲议曾鹤龄浅学薄才,说他中举赴试不过是偶然走运,索性称他"曾偶然",曾鹤龄也不计较。待金榜揭晓,曾鹤龄高居榜首,同行浙士则榜上无名。曾鹤龄寄诗致意云:

捧领乡书谒九天,偶然趁得浙江船。
世间固有偶然事,岂意偶然又偶然。

此事见周文英等著《江西文化》引《坚瓠首集》。但另一传说,也与这"偶然诗"大同小异。清朝广东斗门县有个秀才叫陈尚伯,家境贫寒,就到乾雾乡教馆,赚点微薄薪水,维持家计。他读书用功,但不会应酬,所以有些人看他不起,笑他寒酸。恰巧这一年广东乡试,陈尚伯一举夺魁。地方上几个酸秀才,仍然不服气,有的说,考中考不中,都是偶然的。有的说,今年文曲星害了眼病,看错人了也说不定。于是,陈尚伯也写了一首《偶然诗》:

偶然不是这偶然,偶然直上九重天。
世界多少偶然事,诸君何不学偶然。

据《清稗类钞》载:康熙九年(1670)状元蔡启尊,浙江德清人。当其未第时,路过江苏山阳县。该县知县是当初乡试的同榜者,蔡写了名帖上县府拜访,知县接到门卒通报,在名帖后批字:

"查明身份再来通报。"蔡愤然拂袖而去。想不到明年殿试,蔡中了状元。山阳知县连忙送了一份厚礼,表示歉意。蔡回寄了一首诗:

一肩行李上长安,风雪谁怜范叔寒。

寄语山阳贤令尹,查明须向榜头看。

九、网眼钓榜眼——科举人士的婚恋故事

"金榜题名""洞房花烛""书中自有颜如玉"。关于科举人士的恋爱婚姻,往往是当时人们最热门的话题,有着永远说不完的故事。

每当科考皇榜一出,便有豪门富户争相抢进士为婿,称之为"榜下捉婿"。不仅进士如此,即使考取秀才和举人的,也同样是追星的对象。

梁启超(1873—1929),字卓如,号任公,又号饮冰室主人,广东新会人。他4岁开读,6岁就读毕五经,9岁就能洋洋洒洒写出千言的文章了,所以被目为"神童"。光绪十五年,广东乡试,他考取第八名举人。

乡试放榜后,副主考王仁堪想自己女儿还无对象。而梁启超少年英俊,才学不凡,前途未可限量,何不就把女儿许配给他?但又不便直面启齿,不妨请主考官做个媒人吧!主意打定,就去找主考官李端芬。当王仁堪刚踏进李寓,还来不及寒暄,急性的李端芬劈头一句:"你来得正好,我正有事找你商量。"王仁堪问是什么事,李端芬说:"我的妹妹李蕙仙,相貌出众,又多才多艺,想请你做个媒,好吗?"王仁堪问对象是谁?李答:"梁启超。"王仁堪一惊,只好把要说的话咽回去。唉,"本是择婿客,反成说媒人"。后来,梁启超和李蕙仙结为夫妻。

>> 钱币上的状元梦

《太平广记》载，唐代状元卢储，当初向江淮郡守李翱行卷求荐。李翱女儿很有才华，她看了卢的诗文，大为赞赏："此人将来必中状元。"李翱知道女儿心意，就派人向卢储提亲，遂订婚约。第二年，卢储果然成了状元，他满怀欣喜，前去迎亲，乐滋滋地写了一首《催妆诗》：

昔年将去玉京游，第一仙人许状头。

今日幸为秦晋会，早教鸾凤下妆楼。

南宋绍兴年间，士子陈修，早年丧妻，人劝其再娶，他说科考未捷，何以家为。一直孤身苦读，到了73岁，才高中榜眼。宋高宗嘉其心志，怜其孤苦，遂赐23岁宫女施氏为婚。施氏从此飞出宫禁，得配进士，真是喜出望外；虽夫婿年老，也心甘情愿。而陈修以古稀之年，娶宫女为妻，好比遇见天仙下凡，更是心满意足。于是，比翼缱绻，甚得闺房之乐。有好事者戏为作诗云：

熟读文章多少担，老来方得一青衫。

新人若问郎年纪，五十年前二十三。

这类老少配的婚事，在科举人士中，恐怕是并不少见的。明朝一位李姓举子，也是古稀之年，发妻亡故，幸而高中恩科。有媒人上门提亲，说一位 17 岁姑娘，颇通文墨，因家庭变故，遭遇困厄，愿嫁新贵人。洞房花烛之夜，李某自惭年大，又辛酸又高兴。新娘作诗劝慰曰：

月下结缘金紫郎，调头两好正相当。

洞房何必论年纪，笑看梨花压海棠。

这诗或许是好事者所作，而托言新娘以资笑谈耳。七十老翁，调一个头不正是十七少年郎吗？

这里说一个温州民间流传的网眼钓榜眼的故事。

网眼，是打鱼工具的网络；榜眼，是进士第二名。这二者虽是谐音，但互不搭界，是风马牛不相及的事物。故事的起因是这样的：

明朝中叶，永嘉寺前街王家有一个孩儿叫王瓒，天资聪颖，读书用功，在学馆里就数他的成绩最好。到了 13 岁那年，按当地风俗，是定亲的时候了。王瓒的父亲王梅轩就托媒人物色对象。

近村茅竹岭下富户张达龙有个 12 岁的独生女，容貌姣好，又知书达理，性情温柔，是张达龙的掌上明珠。求亲的进进出出，连门槛也被踏破了。张达龙拣这拣那，没一个合意的。

有一天，媒人上门替王家做媒。张达龙早就听说小王瓒读书好，王家虽不富裕，倒是正派人家，就一口答应了，择日举行定亲仪式。定亲那天，王家叫家人阿福挑了一担礼盒，随着媒人到了茅竹岭下，张达龙早在路上等候，不等媒人开口，就拉住媒人附耳说："我女儿坚决不同意这门亲事，我做父亲的也不好强迫。请你将礼盒挑回去，改日我向王梅轩先生赔礼道歉。"媒人和阿福听了，气得说不出话来。

为什么有这个突然变故呢？原来有几个学馆的孩子听说张家小姐要定亲，就向她开玩笑说："张家小姐一朵花，嫁给寺前烂脚三。"张小姐脸涨得绯红，哭着对父亲说，死都不嫁给烂脚的人。

那么，小王瓒是否烂脚呢？只是有一次王瓒走路不小心，被荆棘刺破了小腿，包了几贴草药就好了。小朋友们开玩笑叫他"烂脚三"，因王瓒在兄弟中排行第三。这个绰号叫开了，说者无意，听者有心，所以张家小姐误以为王瓒真的是烂脚。

现在，阿福和媒人感到左右为难了：如果将礼盒挑回去，不仅邻里笑话，也太不吉利了。只好慢慢地沿着瓯江边走，边走边想办法。过了半个时辰，恰巧走到江边杨宅。这时，一位叫杨为善的打鱼人，正在陡门边扳罾。看见走来的两个人，好像心事重重，就问："两位客人，礼盒挑到哪里去呀？"阿福满肚的气正没有地方出，就应了一句："谁家有女儿，我就挑到谁家去！"杨为善一听话音，猜出他们定是在亲事上出了问题，就笑着劝慰说："人客，先把担歇下来，慢慢讲清楚，我老杨为你们两人出出主意。"

阿福就把经过情况详细说了一遍。杨为善听了，就说："这事不难，我恰有一个女儿，长得标致，又聪明伶俐。只是姻缘往往有天数，待我将网收起来，如果有一对鲤鱼，这婚姻就算数；如果网上的鱼是单数，或者没鱼，那就请你到别家去想办法。"说着网罾慢慢地拉上水面，一看，不多不少，正好是两条金光闪闪活蹦乱跳的鲤鱼。

后来，王瓒中了榜眼，渔家出身的杨氏也成为诰命夫人，双双衣锦还乡，群众就说杨家的"网眼"钓了"榜眼"。王瓒想起当年被张家拒婚的事，仍然不痛快，当官轿抬到茅竹岭下时，他故意掀起轿帘，卷起裤腿，想让岭下张家看看是否烂脚。整个岭下村的人都来一睹榜眼公的风采，惟独张家闭门不出。所以看热闹的人都说："气煞岭下张，笑煞江边杨。"

据史书记载：王瓒（1462—1524），字思献，明弘治九年榜眼及第，曾任礼部侍郎，有《瓯滨文集》问世。王瓒为官公正廉洁，敢于讽刺大宦官特务头子刘瑾，几乎得祸。后刘瑾伏诛，王瓒才转危为安，举世号称直臣。

第九章 科举万花筒(下)

一、酸葡萄心理——科举功名过眼云烟之一

科举,好比一张遮天盖地的大网,或如神话小说里所写的乾坤袋。无论是巍巍青山,滔滔大河,滚滚红尘,尽在此网中,收入此袋里。千百年间,哪一个读书士子能跳得出来?

人们可以在口头上说不慕功名,厌弃科举,可心里却酸酸的。许许多多的士子都有这种酸葡萄心理,唐朝著名诗人孟浩然也曾这样。

"春眠不觉晓,处处闻啼鸟;夜来风雨声,花落知多少。"这就是孟浩然作的,差不多家喻户晓,人人会背。1992 年,香港举办"最受欢迎的唐诗选举",结果选出 10 首,这首《春晓》就是其中之一。可见孟浩然的诗,千百年来深受人们的喜爱。

孟浩然(689—740),湖北襄阳人。40 岁以前隐居家乡鹿门山,读书作诗为乐。后来想想,做隐士固然好,就这样隐居一辈子,毕竟不甘心,还是要求取功名。"乡曲无知己,朝端乏亲故。谁能为扬雄,一荐甘泉赋。"(《田园作》)"欲济无舟楫,端居耻圣明。"(《临洞庭上张丞相》)于是,收拾行李,到长安去应试。

可是,时运不济,没有考取进士。孟浩然就以诗会友,广泛交游,王维就是他的诗友之一。王维状元及第,少年得志,正在朝廷当监察御史。有一次,他邀孟浩然到办公的内署见面,切磋诗艺,谈兴正浓,忽然玄宗皇帝莅临,孟浩然只好躲在床下。玄宗觉察到屋里有人,又见桌上摊着诗稿,就问王维这诗是谁写的? 王维知不能隐,就如实禀告:"是朋友孟浩然的作品。"玄宗说:"既然是诗人朋友,就请出来相见吧!"孟浩然连忙从床下爬出,整衣拜

见。玄宗读了几首诗,都点头赞许,当读到《岁暮归南山》时,眉头却皱起来了:

> 北阙休上书,南山归敝庐。
>
> 不才明主弃,多病故人疏。
>
> 白发催年老,青阳逼岁除。
>
> 永怀愁不寐,松月夜窗虚。

玄宗不高兴地说:"你自己说北阙休上书,不求仕进,怎么责怪朕弃你不用呢?你进士没有考取,也没有设法求见,我日理万机,怎么会知道你呢?你还是回到南山隐居去吧!"孟浩然无言以对。

孟浩然本来还想再应试,既已触怒玄宗,自知功名无望了,就回到襄阳,终身是个布衣,后病疽死。

平心而论,孟浩然这二句诗不能称尽善尽美。"不才明主弃",固然惹恼了玄宗;那么"多病故人疏",是否就令朋友们心悦诚服呢?恐怕未必。实际上应该这样写才对:

"我这几年身体不大好,有的朋友看我常常生病,就讨厌我,但并不是所有朋友都是这样。其实,有不少朋友还是依旧热情对待我,就拿眼前的王维老弟来说,身为状元了,也并没有疏远我呀!"

但这样一写,虽然很全面,可半点诗味也没有了。唉,写诗真难!

作诗,当然要运用夸张、比喻、形容等修辞法,但如何顾及实事求是原则,也是不容忽视的问题。用酸葡萄心理写诗,艺术性可能很强,但往往经不起逻辑的推敲。

二、偎红倚翠难度日——科举功名过眼云烟之二

寒蝉凄切,对长亭晚,骤雨初歇。都门帐饮无绪。留恋处,兰舟催发。执手相看泪眼,竟无语凝咽。念去去千里烟波,暮霭沉沉楚天阔。

多情自古伤离别,更哪堪冷落清秋节!今宵酒醒何处?杨柳岸晓风残月。此去经年,应是良辰好景虚设,便纵有千种风情,更与何人说。

这首《雨霖铃·寒蝉凄切》,是北宋词人柳永所作,描写深秋傍晚,一对恋人在汴京郊外长亭里,执手分别的情景。其中"今宵酒醒何处,杨柳岸晓风残月",更是融情于景的绝唱。这首词是柳永的代表作,也是北宋婉约词派的杰作之一。

柳永(980—1053),原名三变,字耆卿。因兄弟辈排行第七,又称柳七,福建崇安人。其父当过县官,有一份丰厚的家产,故柳永青年时代在汴京,过着花天酒地的生活。整日出入秦楼楚馆,穿行花街柳巷,与歌姬妓女们混在一起,编写词曲,让她们弹奏演唱。故他的词曲风靡一时,有"凡有井水饮处,即能歌柳词"的说法。

但是,在提倡"圣人之道"的宋代,对于这种偏重抒情的"纯文学"毕竟是排斥的,何况柳永有些作品还涉及"淫词亵语",就更有伤风化了。封建统治者尽管自身荒淫无耻,"后宫佳丽三千人",可对老百姓还是要慎男女之大防,强调礼教治天下的。所以,柳永的所作所为自然被目为"离经叛道",为当世所不齿了。

就在这样的情势下,柳永第一次应试失败了。

柳永考进士落榜,非但不改变作风,反而更加放荡了。他填了一首《鹤冲天》词,其中有句云:"黄金榜上,偶失龙头望""才子词人,自是白衣卿相""且恁偎红倚翠,风流事,平生畅。青春都一

晌,忍把浮名,换了浅斟低唱!"这意思是,偶然考不中进士,算得了什么?我做个才子,填词作曲,比你宰相大臣还要风光。青春易逝,百年光阴只一瞬间,抛掉身外浮名,还是和歌妓们吃吃酒唱唱歌,多么快活呢! 这首词很快流传开来,连宋仁宗也知道了。

柳永第二次去考进士,因为成绩优良,会试录取了。到了殿试时,宋仁宗看到"柳三变"名字,就想到《鹤冲天》的词,皇帝发话了:"这个人喜欢和歌妓们浅斟低唱,不要浮名,那何必来考进士呢? 还是让他去做白衣卿相吧! "

结果,又落榜了。柳永索性自号"奉旨填词柳三变",寻花问柳,玩得更痛快了。

可是,慢慢地他玩得不大痛快了,因为他犯了一个常识性的错误。他不知道吃喝是要钱的,一日开门七件事,柴米油盐酱醋茶,哪一样都需要钱;"偎红倚翠",就同今天找"三陪女"差不多,没有钱,谁陪你? 因为他是公子哥儿,一切都有父亲给钱。后来,他父亲去世了,家产也花得差不多了,这就迫使柳永认真思考,今后怎么办?他既不会种田,又不会做工,穷愁潦倒,当然什么也玩不成了。如果去种田做工,胼手胝足,满身汗臭,根本谈不上"偎红倚翠""浅斟低唱"了,惟一的出路就是科举做官。所以,他只好把放浪的作风收敛起来,重新攻读诗书,又把名字改为"柳永",又去求助宰相晏殊,托他在皇帝面前讲好话。这样,第三次再去考进士,总算考中了,派他去当一个屯田员外郎的小官,每月有五斗米薪水,肚皮总算能填饱了。

三、好为子孙谋——科举功名过眼云烟之三

《红楼梦》里有首"好了歌":

世上都晓神仙好,惟有功名忘不了;
古今将相在何方,荒冢一堆草没了!

世上都晓神仙好，只有儿孙忘不了；

痴心父母古来多，孝顺儿孙谁见了？

……

为儿孙谋取科举功名的，千千万万。如按正规走，那也是人情之常；如借权力侵蚀科举，悖理违法，则不仅害己，也将贻误子孙。张居正就是这样，到头来竹篮打水一场空。

明神宗宰相张居正(1525—1582)，湖北江陵人。嘉靖二十六年进士出身。他是一个颇有争议的政治人物。褒之者称为明朝"宰相第一"，贬之者斥为"权奸"。

因为朝廷里有派性，品评人物各有偏颇，这不足为怪。但从历史资料看来，张居正倒不失为"救时之相"。他的许多改革措施，都切中时弊，对稳定国家大局，发展社会生产，收到了较好的效果。尤其是他重用戚继光、俞大猷、谭纶等人，平定倭寇，保卫海疆，其功更不可没。但正因为搞改革，就得罪了许多人。

张居正是一个有许多缺点和错误的好人，一条重要错误就是没有过好"家庭关"。

万历初年，张居正长子敬修会试落榜，这本来是寻常的事，在分数面前人人平等嘛，难道你宰相的儿子就非高中不可吗？可是张居正不高兴了，他给考试官一点"小鞋"穿，又停止当科的"馆选"，以示报复。什么叫馆选呢？就是在应届进士中选一些人进翰林院。现在却不选了。人的眼睛是雪亮的，考试官们背后纷纷议论了，你张居正自命"公正"，也教育下属要秉公办事，可对自己儿子就私字当头了，你算不得"贤相"。

万历五年，张居正次子嗣修应试，这一回立竿见影就中了进士第二名"榜眼"。据张瀚《松窗梦语》说，张嗣修殿试的那次，张居正装模作样地回避，不参加阅卷。副宰相张浦州主持阅卷，初定名次，张嗣修在二甲第一，也就是总第四。按程序呈送皇帝钦定。皇帝大多是走过场,照准而已。张居正早已买通了皇帝左右的太监,他让太监把送上去的前二名卷子挪到第三第四,原来的第三第四摆在上面。皇帝照太监捧来的卷子顺序一念,便成定局。张嗣修由二甲跳到一甲,成了榜眼。一些官员觉得张居正太过分了。张居正大言不惭地说,他张浦州是我引荐给皇帝的,为什么那么小气,不肯把一甲给我儿子呀!

万历八年,张居正三儿子茂修应试。这一回,张居正更觉得自己年老了,有权不用,过期作废,就大大地做了一番小动作。他亲自写了一篇"策问",叫三儿子背熟,殿试时真正是一挥而就,果然中了状元。长子敬修同榜中了二甲十三名。

三儿子中状元后的第三年,张居正得病而死。据说张居正还有第四、第五个儿子,年尚幼。故有人作诗云:"状元榜眼尽归张,岂是文星照楚乡。若是相公身不死,五官必定探花郎。"(熊庆年《科举百态》)。

张居正死后,反对派就大张旗鼓地进行攻击,罗列了张居正许多罪状,其中"以巍科私其子弟"就是一条,意思说张居正以权谋私,让儿子科名高中。

神宗皇帝登基时,还是个孩子,全靠张居正辅政,10年功夫,兵精粮足,海内粗安。神宗称之为"先生",尊之以师礼。可是神宗这个人心术不定,耳朵又软,张居正死后尸骨未寒,就翻脸不认人了,立时下诏查抄家产,扫地出门。张居正长子敬修在酷刑下被逼自杀,次子嗣修革职,三子茂修流放充军。全家被关禁饿死了十几口人。张居正本人"死有余辜",撤销一切荣誉封号,差一点要"掘墓鞭尸",后来不知道谁劝了一句,才算作罢。神宗把张居正的改革措施全部推翻,重用了一批不学无术的小人,另搞一套。这样一折腾,国事不可问矣,明王朝也不可救药了。

张居正这个人不但颇有才能,且思想也比较开通,倒有点朴素的唯物主义精神。比如他不相信长生不老,人死了"一瞑而万世不视";认为丧葬只是避免尸骨外露,别无深意,故不需厚葬。此外,他提出对大臣子弟应严格要求,"不宜与寒士争进",等等。这些无疑都是很正确的。可对自己儿子偏偏忘了这一条,竟"与寒士争进"了,虽然科名高中,最后还是《好了歌》所唱的下场,惜哉!

四、东方莎士比亚——科举功名过眼云烟之四

笔者在拙著《漫谈作文"诀窍"》(北京语文出版社,1994 年再版)中曾引述了一个故事:

德国 19 世纪文艺界的两个名人贝多芬和歌德,本来是互相尊重的。但是,有一次他俩在波希米亚浴场邂逅后,却怒气冲冲地分手了。那天午后,当贝多芬正和歌德热烈地叙谈时,德国皇室里一群人走过来了。皇太子一向崇拜贝多芬,就热情地脱帽致敬,皇后也跟着点头致意。贝多芬非常厌恶贵族,把头一昂,装做什么也没看见。歌德可不同常态了,他受宠若惊,连忙整理好衣领,脱帽弯腰,向皇后和太子致敬。看到歌德这副卑躬屈膝的样子,贝多芬斥责道:"你不是我想象中的《浮士德》的作者,你是一个可笑的庸人!"正如后来恩格斯所指出的:"歌德有时非常伟大,有时非常渺小。"而贝多芬不媚权贵的骨气,颇为世人所称道。西谚有云:"天下王子千千万,贝多芬只有一个。"

无独有偶,这和汤显祖的故事有点类似。

明代著名戏剧家汤显祖(1550—1616),字义仍,号海若,又署清远道人,江西临川人。他的父祖辈不仅嗜书喜文,尤爱戏曲艺术,汤显祖从小耳濡目染,就对戏曲发生了浓厚的兴趣。

汤显祖 14 岁中秀才,20 岁中举人,早就文名远播不同凡响了。万历五年,汤显祖与好友沈茂学一同赴京考试。沈茂学的才华虽逊于汤显祖,但也出类拔萃,是士子中的佼佼者了。

当时宰相张居正也听说汤显祖和沈茂学两人是当今才子,

>> 汤显祖绘像

有心收揽人才，为己所用；同时，他又有一个小算盘，因为次子嗣修才学平平，想借此机会让嗣修和才子结交，可以作为掩护，同登金榜，以堵哓哓之口。

于是，张居正派人到了学馆，对汤显祖和沈茂学说："首辅大人久闻二位相公的才名，愿一睹风采，来日务必请到相府一叙，便宴款待。"沈茂学一听，不禁大喜道："想不到首辅大人如此虚怀若谷，礼贤下士，看得起我们这些穷书生，明日一定前来拜见求教。"可汤显祖却冷冷地说："我一向洁身自好，无意趋奉权贵。功名全凭本领，不愿以自轻钻营换取。我明天有事，茂学兄愿意去，只管自己去，我恕不奉陪。"

张居正听说汤显祖不肯前来，不禁怒道："我张居正少年进士及第，文名满天下，历经嘉靖、隆庆至今，也是三朝元老了。当今皇上委政于我，文武百官依附于我，天下大事惟我一言是决。汤显祖区区小子，不识抬举，敢藐视老夫，真是岂有此理！"

这次考试结果，沈茂学中了状元，宰相次子嗣修得了榜眼，而才华杰出的汤显祖榜上无名。考生们都为汤显祖抱不平，汤显祖说："我得罪了当朝权贵，岂能再登金榜？但我视富贵如浮云，没有进士也罢，赋诗唱曲，足娱平生。只是世事茫茫难自料，恐怕今日赫赫权贵，到头来不免南柯一梦罢了。"

万历十年,张居正病死,果然满门遭殃。汤显祖再赴京试,顺利得中进士,当了七品芝麻官。汤显祖为官清正,爱护百姓,扶持农桑,政绩斐然。但几十年宦海浮沉,他看透了官场黑暗,毅然辞职回乡,筑居玉茗堂,专注于戏曲创作,写出了《紫钗记》《牡丹亭》《南柯梦》《邯郸梦》,并称"玉茗堂四梦"。这些戏曲反映出现实主义与浪漫主义相结合的艺术特色,体现了反对封建礼教、追求个性解放的思想主题,对后世的戏曲创作产生了深刻的影响,尤其《牡丹亭》一剧更是千古绝唱。后人评价他为"绝代奇才,冠世博学",誉其为"东方莎士比亚"。

五、"一人永占"——科举功名过眼云烟之五

上篇提到"东方莎士比亚"汤显祖,本篇再说明末清初戏剧家李玉。

原来封建时代的科举,虽然鼓吹公开考试、公平竞争、公正录取,但却限制奴婢和贱民出身者参加科考。这就是封建统治者的阶级局限性。李玉出身奴婢之家,但他从小饱读诗书,才华横溢。他也想"学而优则仕",通过科举,青云直上,显亲扬名,但他这一愿望却为无情的现实所打破。首先是家主申绍芳百般阻拦,认为家奴之子不配参加科考。接着,又因阻拦不果,而将他告到官府那里去了。这一连串的压制与打击,终于使李玉对仕途心灰意冷,他转向于戏曲创作,并借此抒发、宣泄自己的情怀与感慨。

在历史上,关于李玉身世的资料非常有限,仅散见于一些私人笔记及有关著述的序跋题记之中。据褚赣生《奴婢史》考证:李玉,字玄玉,后避清康熙帝玄烨之讳,而改字元玉。别号一笠庵主人、苏门啸侣。苏州吴县人。他大约生于明万历末年,卒于清康熙二十年(1681)。李玉父亲姓名无考,只知其为世代官宦苏州申家的奴仆。申家之著名者为申时行,他于明万历六年入阁,万历十九年告老下乡,直到万历四十二年去世。其子孙亦相继为官,大

儿申用懋官至兵部尚书,小儿申用嘉官至广西参政,孙申绍芳曾官户部侍郎。需要特别指出的是,自申时行辞官家居以后,申家一门皆对歌舞戏曲甚感兴趣,广蓄声伎,家乐极盛。李玉作为申家奴仆之子,自小即受到这种环境的熏染,这无疑为他日后戏曲事业的成功打下了基础。

李玉仕途无望,就一心扑在戏曲事业上。事实证明李玉的这一抉择是正确的。这不仅更好地发挥了他自己的才干与专长,而且有力地推动了中国戏曲艺术的发展。他不但创作出 30 余种戏曲佳作,而且还较深入地探讨了中国戏曲的起源与发展。李玉所创 30 余种戏曲,今仍存 19 种,其中尤以"一、人、永、占"四出著称于世。"一",指《一捧雪》;"人",指《人兽关》;"永"指《永团圆》;"占",指《占花魁》。在这些剧作中,李玉皆无例外地表现了自己的思想感情,爱谁恨谁,一目了然。如他在《一捧雪》中,就精心讴歌了一名忠仆,如撇开历史局限性不谈,其所表现的忠仆侠义精神的确颇为感人。

《一捧雪》中的忠仆名叫莫诚,他正直善良,通情达理。他随主家莫怀古一道上京师补官,结果因严嵩之子严世蕃索要莫家传家之宝(一只名为"一捧雪"的玉杯)不果,而欲陷害莫怀古时,莫诚以身代主,从容就死。李玉为何要塑造这样一个奴仆形象,他自己在该剧中借别人之口有所表露,即身为社会下层的奴仆不能默默无闻地虚度一生,应"争光出气""万古流芳",所谓"金石寸心坚,忠义实堪传",无疑是李玉自己内心思想的真实流露与表白。无怪乎前人早已看出其创作《一捧雪》的动机,如清代焦循在《剧说》卷四中即直接指出:"其《一捧雪》极为奴婢吐气,而开首即云:'裘马豪华,耻争呼贵家子。'意固有在也!"

李玉在科举上没有占得一个名次,但在戏曲事业上却"一人永占"了。

六、莫作"两忘"人——科举功名过眼云烟之六

谚云:"上台终有下台日,得意须思失意时。"科举人士一旦取得功名,所谓"十载寒窗无人问,一举成名天下知","朝为田舍郎,暮登天子堂",由于反差太强烈了,往往被胜利冲昏头脑,而他们最容易犯的毛病,就是"得意忘形"。待到加官晋爵以后,有人拍马溜须,有人送财献宝,他们最容易"见利忘义",被糖衣炮弹击中,断送了前程。

下面两个得意者的故事,令人深思。

康熙二十九年(1700),年羹尧考取进士,一路青云直上,春风得意,升任川陕总督,平定青海和西藏叛乱,加上拥立雍正登位有功,被授抚远大将军,封一等公,权势显赫,炙手可热。

于是,年羹尧居功自傲了。他滥杀无辜,招怨树敌,贪赃枉法,令路人侧目。当赴京朝见皇上时,要总督巡抚等地方官员在路旁跪送;到达北京时,街道戒严,王公大臣出郊迎候。雍正皇帝表面上虽优礼有加,但实际上心怀疑忌,早有烹狗之念。

年羹尧少年读书时,塾师王老先生对他说:"贤弟聪明英俊,将来必能金榜题名,取富贵如拾芥。老夫有八字相赠:'朝乾夕惕、急流勇退',切记切记,望好自为之。"年羹尧俯首答道:"谨遵师父教训,铭记在心。"朝乾夕惕,是一句成语,表示朝夕戒惧,不稍懈怠的意思。如调一个头,意思也同样。

雍正三年二月庚午,恰遇罕见天象,日月合璧,五星联珠。年羹尧在贺表中使用了"夕惕朝乾"一词。雍正大怒:"年羹尧故意把朝乾夕惕颠倒了,眼里还有皇上吗?"主子既然开了口,平日里对年羹尧不满的官员纷纷奏本揭发,本来拍马讨好的人也反戈一击,落井投石。皇帝传旨把年羹尧逮捕,并判其犯有大逆罪 5 条、欺君罔上罪 9 条、越权罪 16 条、狂妄悖逆罪 13 条、独断专行罪 6 条、忌刻罪 6 条、残忍罪 4 条、贪污渎职罪 18 条、侵蚀罪 15

条,共计 92 条大罪。按律当凌迟处死,雍正表示从宽,诏令自裁。其子年富斩首,其余亲属充军戍边,妇女为奴,全部家财查抄没收。偌大的一个将军府也就换了新主人。

天台山上那位王老先生泪眼北望,喟然叹道:"老夫八字赠言,全没记住。后四字根本忘了,前四字又记颠倒了。可悲啊!"

王黼,北宋祥符时人。据说儿时因进餐乱撒饭粒而受到母亲指责:"你这样不爱惜粮食,将来会报应的,以后饿肚子就苦了。"王黼却顶嘴道:"我用功读书,以后中举做官,书中自有千钟粟,还怕没饭吃?"王黼的父亲听了儿子这番话后,满心欢喜道:"儿啊!你想到读书中举,也算是有志气的。但你母亲的话也是金玉良言,你可要牢记在心,日后终身受用。我教你读一首唐朝李绅写的《悯农诗》吧!"

宋徽宗年间,王黼考中进士,当了朝廷大官,过着锦衣玉食仆婢侍候的富贵生活,渐渐地忘了"谁知盘中餐,粒粒皆辛苦"了。从雕梁画栋的府第里,每天都有白花花的剩饭通过废水沟排出墙外。一群群麻雀飞集而来,争啄着沟边的饭粒。所以,王宅墙边,麻雀声响成一片。

王宅隔邻不远有一座古寺。寺僧看着这些珍珠般的饭粒,不禁摇头叹息,就拿了簸箕和笊篱,将它捞起来,用清水洗净晒干。短短的几年功夫,竟积了满满一囤。

古话说:"天有不测之风云,人有旦夕之祸福。"王黼因主张联金攻辽,反被辽兵所败,新登基的宋钦宗以"误国"罪将其革职查抄,关押在王宅隔邻的古寺里,听候审判发落。时值严冬腊月,一家男女老少惶惶如丧家之犬,缺衣少粮,状甚凄惨。平日里一班趋炎附势的朋友害怕牵连,都远远避开了;有的还落井投石,水中打狗。只有寺僧一日三餐送来饭食,全家人赖以果腹。

王黼垂泪拜谢寺僧道:"师父大恩大德,我王某没齿不忘,只有来生补报了。"寺僧答道:"出家人以慈悲为怀,施食并不望

第九章　科举万花筒(下)

报。"王黼又说:"请问师父,你送来的饭特别香甜可口,好像不是普通稻米煮的。"寺僧笑道:"实不相瞒,这些米饭原是君家之物,我不过是物归原主罢了。"于是,把废水沟捞饭粒经过一一说了。王黼听了,羞惭满面,仰天长叹道:"我暴殄天物,该有恶报。这叫自作孽,不可活了。"遂绝食而死。

科举人士也不乏头脑清醒、洁身自好的堂堂君子,吕蒙正就是一例。

一炷清香一碗泉,灶君司命上青天。

玉皇若问人间事,蒙正文章不值钱。

相传这首《祭灶君诗》是吕蒙正青年时写的。旧时风俗,每年农历十二月二十四日,灶神要上天庭向玉皇回报。所以家家户户焚香祭供,使灶神吃得满意,可以帮主人家讲好话,求得来年吉利。但是,吕蒙正因为家贫,连酒肉也供奉不起,只有一碗清泉水,实在怠慢了。如果玉皇问起来,就请灶君照直说:"吕蒙正还没有中举,所以文章不值钱。"

吕蒙正(944—1011),字圣功,河南洛阳人。太平兴国年间状元,是北宋时著名宰相。相传吕蒙正少时寄住山寺苦读,寺僧每晨施食,排队分馒头。吕蒙正天天闻鸡起舞,趁着晨曦读书,早早就去排队,顺利领到一份食品。

忽一日,寺僧说今天破除旧规,从排尾分起,恰好分到排头,对不起,就少了你吕相公一份。吕蒙正只好饿肚子了。第二天索性等队排定了,才姗姗来迟,站在排尾。可寺僧说今天仍按老规矩,从头分到尾,对不起,吕相公,又少您一份。吕蒙正心知寺僧有意捉弄自己,但在他人屋檐下,不得不低头。第三天瞅准时机,排在当中,看你这刁和尚又有什么花样?不料寺僧从头尾分起,到了中间,对不起,吕相公,又少了您一份。

后来，吕蒙正中了状元，名闻天下，重游山寺，寺僧击鼓欢迎。吕蒙正笑说，不知今日馒头如何分法？寺僧答道，状元光临，佛门生辉，分馒头不必排队，双手奉上。吕蒙正叹道："人情冷暖，世态炎凉，即使出家人也未能免俗啊！"

自此，吕蒙正终生不忘贫贱，为官清廉，生活朴素。有一次，有客送来一方古砚求见，说不用注水，用嘴巴呵口气，就湿润得可以磨墨了。吕蒙正说，我不要你这宝物，即使一天能呵出十担水，不过值几文钱罢了。又有人送来一面古镜，说能照二百里。吕蒙正说，我的脸孔不过碟子大，照二百里做什么？

吕蒙正一生三次拜相，晚年因病告退，真宗皇帝还亲自登门看望，垂询国事。问他诸子中谁可用？吕蒙正答道，我这几个儿子都是豚犬，不堪重用的。惟有侄子吕夷简还可以。还有门客富言之子富弼，将来倒是个难得之才。后来，吕夷简和富弼果然都成为一代名相。

七、众人皆醉谁独醒——科举功名过眼云烟之七

科举好比西洋镜万花筒，五色缤纷，光怪陆离，令人眼花缭乱。惟大智者才能置身其外，冷眼旁观之。在科举的红尘世界中，众人皆醉，谁是独醒者？谁是独行者？

明代大书画家、"吴中四才子"之一文征明，曾画有《四时读书乐图》，布景设色，清雅绝尘，并配以春夏秋冬四首诗，真是画中有诗，诗中有画，诗画交融，情景并茂，蕴含着无限的书香雅趣。

这幅画后来又演化为砖刻，几百年来广泛镶嵌于明清古城门楼及民居宅院之上，与人们朝夕相伴，出入相亲。对千千万万的学子们来说，这幅画无疑是莫大的精神抚慰，他们虽为中华文化薪火相传含辛茹苦，但甘之如饴，无怨无悔。

配在画幅上的四首诗，更是脍炙人口，先前的读书人几乎都

会背诵。

让我们来读一读《四时读书乐》的全文吧：

春日读书乐

山光照槛水绕廊，舞雩归咏春风香。

好鸟枝头皆朋友，落花水面亦文章。

蹉跎莫遣韶光老，人生惟有读书好。

读书之乐乐何如，绿满窗前草不除。

夏日读书乐

新竹压檐桑四围，小斋幽敞明朱曦。

昼长吟罢蝉鸣树，夜深烬落萤入帏。

北窗高卧羲皇侣，只因素稔读书趣。

读书之乐乐无穷，瑶琴一曲来薰风。

秋日读书乐

昨夜庭前叶有声，篱豆花开蟋蟀鸣。

不觉商意满林薄，萧然万籁涵虚清。

近床赖有短檠在，及此读书功更倍。

读书之乐乐陶陶，起弄明月霜天高。

冬日读书乐

木落水尽千崖枯，迥然吾亦见真吾。

坐对韦编灯动壁，高歌夜半雪压庐。

地炉茶鼎烹活火，一清足称读书者。

读书之乐何处寻，数点梅花天地心。

这四首诗是谁写的呢？原来是宋末元初的隐士诗人翁森的

作品。

翁森,字秀卿,号一瓢,浙江仙居县人,住在离城四十里的括苍山中。"一瓢"这个词语源于《论语》,是孔子赞扬颜回箪食瓢饮读书自乐的话,翁森以此为号,就说明其志趣了。后人为了纪念他,就将这一带村庄叫做"一瓢乡"。该乡附近有风景优美的括苍洞,为道家第十洞天,是著名的旅游胜地。

翁一瓢生逢乱世,后隐居括苍山,建安洲书院,教化乡人,从学者先后达 800 多人。有人劝他去应考做官,他嘲笑元朝不重视读书人,鄙视元朝的考试不正统,他还用打油诗戏弄一些不学无术的考生和谋私钻营的考官。在仙居一带,至今还流传着翁一瓢先生许多机智风趣的故事。

又有人问他,你既然不屑参加科举考试,也不愿做官,那为什么努力教大家读书呢?他说,读书是为了明理。自孔圣人起,为人必始于读书。功名利禄乃身外之物,惟有读书才有人生的真乐趣。基于这样的理念,他就创作出《四时读书乐》,这与为追求功名利禄而读书,自然大异其趣。显然,翁一瓢的思想境界远远高于流俗。

翁一瓢算是科举时代的清醒者,比翁迟 500 年出世的吴敬梓,对科举制的认识更加清醒,也更加深刻了。

吴敬梓(1701—1754),字敏轩,自号秦淮寓客,祖居安徽全椒县,33 岁时,移家南京。曾被荐应博学鸿词之试,但只参加了省里的预试,就托病辞去了复试,甘愿过素约清寒的生活,一直到客死在扬州旅次。

《儒林外史》是吴敬梓留下的一部巨著。该书以揭露和讽刺封建士大夫的生活和精神状态为中心,着重鞭挞了八股取士的弊端。小说一开始就给读者展现了两个被科举制度扭曲了的既可怜又可笑的人物,一个叫周进,一个叫范进。

周进应考到 60 岁,胡子已经花白了,还是一个老童生,只得到薛家集去教村塾，受尽了新进秀才梅玖的奚落和举人王惠的鄙视，最后连村塾的饭碗也保不住了。可当他一旦中举又联捷成进士后，曾经奚落过他的梅秀才便冒认自己是他的学生，王举人也到处吹捧他了。他早年写在村塾中的对联也成了"周大爷亲笔"，必须揭下来加以装裱了。这个当年受人鄙视的老童生要被人用金字写"长生牌位"供奉起来了。范进也是多年赴考不中的老童生，直到四五十岁才因周进的赏识和提携，考取秀才并中了举人。他的妻子、母亲、丈人胡屠户、乡绅张静斋以及众多的邻里乡党，对他立刻由鄙视憎厌一变为逢迎谄谀。可是，范进因为极度的高兴和激动，精神失常了，疯笑傻哭，胡言乱语，幸亏丈人胡屠户一记耳光，才梦醒复初。

吴敬梓把科举制度下的世态炎凉，把形形色色的众生相，刻画得入木三分，从而揭示出乌烟瘴气的封建社会的痼疾所在。

《儒林外史》具有丰富的社会内容。它既正面控诉了封建礼教和道学的虚伪，也隐隐透露出清代文字狱的残酷；既刻画了旧制度的腐朽，也写出了城乡风俗的颓败。而正由于这些丰富的生活基础和卓越的艺术成就，使《儒林外史》成为中国古典讽刺文学的杰作。

吴敬梓虽然认识到封建社会和科举制度的弊病，但他不可能提出改革这些弊病的方案，也不可能认识社会发展的方向；他只能"大梦已先觉，前途难卜知"，这就是他的历史局限性。

第十章　科举明星状元郎

一、"状元窝"——科举人才结堆现象

"状元窝",也就是科举人才结堆现象,这是人才学上一个饶有趣味且值得探讨的问题。

中国历史上究竟有多少状元呢？自隋唐至明清1300年间,大约进行过文科考试788次。把毛佩琦主编的《中国状元大典》和周亚非的《中国历代状元录》《历代金殿殿试鼎甲朱卷》及孙自筠的《中华状元大观》等书开列的状元名录互相对照校补,又参酌有关史料,计有状元671名。由于史料残缺不全,这个数字必定会有遗漏。武科考试大约400次左右(武科也有文化考核),有姓名可考的武状元大约194名。这样,文武状元合计865名。实际上当然不止此数,估计可达千人。(注:按照惯例,状元一般指文状元,如是武状元须冠以武字)。

但是,在历史长河中,状元毕竟寥若晨星。可这样少量的状元,偏偏出现了"状元窝"奇观。

福建永泰县,在南宋孝宗乾道年间接连出了三位状元,即萧国良、郑侨、黄定。后人在县城建"三元祠"以为纪念,并作诗曰:"相去未逾一百里,七年三度状元来。"永泰县也算得上是个"状元窝"。

最突出的是苏州。明清两朝共出状元204名,而苏州独占34名。其中清朝状元114名,苏州占27名,绍兴8名,杭州6名,山东曲阜5名。这四个地方竟占全国状元总数的40%强,而苏州可谓最有名的"状元窝"。

武状元也有结堆现象。南宋时期浙江平阳县竟出了14位武

中
国
科
举
史
话

状元:陈鳌、陈鹗、蔡必胜、黄裒然、林管、朱嗣宗、林梦新、项桂发、朱应举、蔡起辛、朱熠、章梦飞、翁谔、林时中。还有两位文状元:周坦、徐俨夫。平阳县可谓"文武状元窝"了。

更令人称奇的是父子兄弟翁婿同登龙门,可谓一门占尽风流了。

唐代科举还有"察举遗风",所以父子兄弟状元也较多:

张式(兄)——大历七年状元
张正甫(弟)——贞元二年状元

杨凭(兄)——大历九年状元
杨凝(弟)——大历十三年状元

杨凭一家,可谓满门才子,其三弟杨凌也是进士。兄弟三人都是当时有名的诗人,号称"三杨"。杨凭的女婿乃大文学家柳宗元。

尹枢(兄)——贞元七年状元
尹极(弟)——元和八年状元

归仁绍(兄)——咸通十年状元
归仁泽(弟)——乾符元年状元
归黯(仁泽子)——景福元年状元

于珪(兄)——大中三年状元
于瑰(弟)——大中七年状元

孔纬(兄)——大中十三年状元

孔纁（弟）——咸通十四年状元

孔缄（弟）——乾符三年状元

崔昭纬（兄）——中和三年状元
崔昭矩（弟）——大顺二年状元

归佣（兄）——天复元年状元
归係（弟）——天祐二年状元

宋代以后，科考制度甚严，但却出现几对父子状元，时人戏云："状元还是状元儿。"

张去华（父）——建隆二年状元
张师德（子）——大中祥符四年状元

安德裕（父）——开宝二年状元
安守亮（子）——开宝五年状元

（附注：关于安德裕父子状元事，曾见于多种出版物。经笔者查阅《宋史》安德裕传，安德裕29岁中状元，却无其子也中状元的记载。又查考《历代金殿殿试鼎甲朱卷》，虽有安守亮中魁名录，但关于安守亮出身籍贯、生卒年月及生平事迹，均付阙如。因此，所谓安氏父子状元难以定论，姑录存疑。）

梁颢（父）——雍熙二年状元
梁固（子）——大中祥符二年状元

陈尧叟(兄)——端拱二年状元

陈尧咨(弟)——咸平三年状元

孙何(兄)——淳化三年状元

孙仅(弟)——咸平元年状元

吕蒙正(翁)——太平兴国二年状元

孙暨(婿)——咸平二年状元

南宋有兄弟武状元：

陈鳌(兄)——绍兴八年武状元

陈鹗(弟)——绍兴十二年武状元

陈氏兄弟是浙江平阳(今苍南)人,其父陈文,是抗金名将韩世忠麾下水军将领。

元明二朝没有一门状元。清朝有祖孙、翁婿、叔侄和兄弟十一人。

蔡启尊(伯)——康熙九年状元

蔡升元(侄)——康熙二十一年状元

彭定求(祖)——康熙十五年状元

彭启丰(孙)——雍正五年状元

庄培因(启丰婿)——乾隆十九年状元

金雨叔(外公)——乾隆七年状元

汪如洋(外孙)——乾隆四十五年状元

翁同龢(叔)——咸丰六年状元

翁曾源(侄)——同治二年状元

此外,清朝有兄弟武状元:

刘荣庆(兄)——乾隆四十九年武状元

刘国庆(弟)——乾隆五十四年武状元

这里顺便说一说"三元及第"的事。就是同一个考生乡试得第一,称解元;会试也得第一,称会元;而殿试又得第一,称殿元,也就是状元,这叫三元及第。在科场中,好手如云,竞争激烈,能够榜上有名,已属不易,而连中三元,更是凤毛麟角,难中之难。历史上获此殊荣的只有17人。就是:

(唐)崔元翰(729—795)

张又新(生卒不详)

(宋)孙何(961—1004)

王曾(978—1038)

宋庠(996—1069)

杨寘(1014—1042)

冯京(1021—1094)

王岩叟(1061年明经及第)

(金)孟宗献(生卒不详)

(元)王宗哲(生卒不详)

(明)商辂(1414—1486)

黄观(生卒不详)

(清)钱启(江苏苏州,生卒不详)

戴衢亨(1755—1811)

陈继昌（广西临桂，生卒不详）

此外，历史上也出过两位"武三元"。

其一是明朝万历年间，浙江永嘉人王名世连中武科三元，官授锦衣卫千户。他博通经史，工诗善书，时人称其武艺、诗词、书法为"三绝"。尤其值得称道的是他秉性刚介，不媚权贵，颇有直道君子之风。

其二是清朝顺治年间，也是浙江人王玉璧，连中武科三元。此人在明末曾参加武秀才考试，射箭第一，号称"神射手"，故人们赞其为"武四元"。他虽是武士出身，但手不释卷，文笔斐然，有文武全才之誉。

二、挥毫文阵偶搴旗——状元"高分低能"析

有一位伟人曾经说过这样的话，中国历史上的状元，除了文天祥等少数几个外，大都没有什么出息。如李白、杜甫、曹雪芹这些杰出人物，都不是状元，他们甚至连进士也不是。

这句话可谓对科举制度的深刻针砭。

的确，遥想当年状元公们初登金榜、鳌头独占时，可谓威震天下，声遏行云。但随着历史长河的淘洗，大多数状元早就黯然失色、碌碌无为了。而次于状元的一些进士，反而业绩辉煌，名垂后代。试举若干例子如下：

△唐德宗贞元八年状元贾棱——同科进士韩愈

△贞元九年状元苑论——同科进士柳宗元、刘禹锡

△贞元十六年状元陈权——同科进士白居易

△唐文宗开成二年状元李肱——同科进士李商隐

△宋仁宗天圣八年状元王拱辰——同科进士欧阳修

△仁宗庆历二年状元杨寘——同科进士王安石

△仁宗嘉祐二年状元章衡——同科进士苏轼、苏辙、曾巩

△元顺帝元统三年左右榜状元李齐、同同——同科进士刘基

△明万历十一年状元朱国祚——同科进士汤显祖

△万历三十二年状元杨守勤——同科进士徐光启

△明崇祯元年状元刘若宰——同科进士史可法

△清嘉庆十六年状元蒋立镛——同科进士林则徐

△清道光十八年状元钮福保——同科进士曾国藩

△清道光二十七年状元张之万——同科进士李鸿章

够了，例子是举不胜举的。这大约就是今天所说的"高分低能"现象吧。为什么会出现这种现象呢？

首先，考状元与评诺贝尔奖不同。诺贝尔奖以及其他种种奖，是根据专家学者已经取得的业绩来评选的。但即使是诺贝尔奖，也明显存在不公平现象。正如诺贝尔本人说过："公平不过是想象出来的东西。"

至于状元还只是一种学位、一个资格、一条晋身之阶而已。好像取得学士、硕士、博士学位的人，并不能保证将来就成为文学家或科学家；而小学毕业的高尔基和学徒出身的爱迪生，倒成为举世闻名的文学家和科学家一样。但是，人们绝不会因此得出结论，还是不要读大学为好。所谓读书越多越蠢，交白卷却是英雄等等，这是"读书无用论"者的谬说，实在不值得一驳。

其次，钦点状元有一定的随意性和偶然性。宋太祖开宝八年殿试，对王嗣宗与陈识二人谁为状元，一时争议不下。宋太祖竟叫二人手搏角力，结果王嗣宗把陈识的帽子打落在地，赢得了状元。宋神宗时，宋庠、宋祁二兄弟殿试，本是弟弟第一。但章献皇太后轻轻说一句："要长幼有序嘛。"哥哥宋庠就中了状元。至于因姓名吉利与否等等，上文已有论述，兹不赘。

五代时山西人王溥，后汉乾祐元年状元及第。他的老师来信祝贺，他答诗的第一句就是："挥毫文阵偶搴旗。"这"偶搴旗"说

得好。一个人年纪轻轻就中了状元，达到了人生追求的顶峰，最怕的是得意忘形，从而背上了"包袱"。而社会上对状元的期望值却越来越高，所谓"盛名之下，其实难副"，这种心理压力，也可能影响状元以后的发展。

平心而论，中国历史上的状元，除个别品质恶劣外，绝大多数都是品行端正的饱学之士。据萧源锦在《状元史话》中统计，状元有作品传世的达188人。他们都是琴棋书画样样精通，诗词歌赋出口而成，堪称一代才子，人中之杰。其中如王维、贺知章、柳公权、张九龄、王溥、吕蒙正、宋庠、张孝祥、王十朋、陈亮、文天祥、陈文龙、杨慎、毕沅、翁同龢、张謇等，更为历史写下了灿烂的篇章。因此，把状元称之为科举制度的明星，是当之无愧的。今天，人们把各行各业的拔尖人物都赞为"状元"，如"植树状元""养猪状元""科技状元""种粮状元"等等，说明人们对状元的喜爱。状元不仅是历史概念，而且早已进入现代生活，融入我们的民族精神之中了。

三、第一个和最后一个状元——唐初孙伏伽和清末刘春霖

唐高祖武德五年（622），朝廷任命吏部考功员外郎申世宁主持贡举，考取进士四人，第一名是孙伏伽，这就是中国历史上第一个状元。

孙伏伽，贝州武城（今河北南宫）人。在隋末曾考取秀才，入唐以后担任万年县法曹，是低级小官。

孙伏伽敢于上书直言，引起李渊的注意。据说李渊刚当皇帝不久，就接受官员贡献的猎鹰和琵琶等物，又征调妇女裙服五百套，准备在玄武门演出乐舞。孙伏伽批评这种做法。事情虽小，李渊却郑重其事地下诏，一边接受批评，一边表扬他："至诚慷慨，据义恳切，指朕失无所讳。"当即提升他为治书侍御史。这说明唐开国之初，李渊、李世民父子的虚怀大度。但孙伏伽这个人也颇

有意思。他虽然在殿上听到皇帝的口头任命，只是诏书尚未下达，面对自己骤然的升迁，却不露一点声色，回到家后便默默地躺在床上。不一会儿，侍御史以下的官员都来到他家拜贺，孩子们高兴地跑去向他报告喜讯，他才慢慢地起来接待来客。人们提起这件事，都称其有雅量，将他比作三国时东吴名臣顾雍。

不久，李渊传位给儿子李世民，这就是唐太宗。李世民喜好骑射，即位为帝后，仍未改这一习惯，经常出宫骑马驰射。孙伏伽上书劝谏，指出："走马骑射以娱悦近臣，此乃少年为诸王时所为，非今日天子事业也。"当时李世民鼓励官吏进谏，看到他的书奏十分高兴，说："卿能言朕非，朕能改之，天下必能大治。"并立即升任他为谏议大夫。后来，他由大理卿出为陕州刺史致仕，卒于唐高宗显庆三年（658）。

孙伏伽死后1200多年，清光绪三十年举行殿试，状元是刘春霖，这是中国最后一个状元。

刘春霖（1872—1944），河北肃宁人。据说当初原拟状元是广东人朱汝珍，可慈禧一看就恼了。因为名字里这个"珍"字，慈禧马上联想到不久前八国联军打到北京，她在逃跑时乘机害死光绪帝的珍妃，从此一看到珍字，就胆战心惊，又恨又愧。再加上"朱"是大明王朝国姓，何况朱汝珍是广东人，更使慈禧想起太平天国洪秀全、维新变法的康有为和梁启超、革命党领袖孙中山等人。于是，慈禧就将朱汝珍一笔勾掉，换上本是第五名的刘春霖。因这时恰逢大旱，最盼"春风化雨、普降甘霖"。

刘春霖状元及第后，不久被派往日本留学，辛亥革命后，一度隐居家中，不参与政事。九一八事变后，伪"满洲国"总理郑孝胥派人以溥仪名义，邀请他担任教育部长。他表示，君非昔日之君，臣非昔日之臣，断然予以拒绝。七七卢沟桥事变爆发，日寇侵占平津，汉奸组织华北政务委员会委员长王揖唐，以同科进士兼留日同学身份，亲自请他担任伪北平市长。刘春霖当面给以痛

中国科举史话

第十章　科举明星状元郎

斥。王揖唐恼羞成怒，派兵抄家，并将刘春霖赶出家门。刘春霖经此打击，身心大受摧残，于1944年，因心脏病猝发辞世，时年73。

刘春霖博学多才，在古文字、史学和金石学等方面有较深造诣。他工于书法，尤擅小楷，至今书法界仍有"大楷学颜（真卿）、小楷学刘（春霖）"之说。刘春霖在《六十自述》诗中回顾往事，总结平生，自称"第一人中最后人""平生志不在温饱""不崇高位崇高行"。

刘春霖能够保持晚节，大义凛然，不愧状元风范。

四、老少状元——八十二与十七八

历史上的状元大都是青年。据统计有生卒年月可考的状元，其及第时平均年龄如下：

唐朝状元平均29.4岁

宋朝状元平均29.6岁

元朝状元平均29.5岁

明朝状元平均32.3岁

清朝状元平均31.9岁

据传说，状元中年龄最大的是北宋太宗雍熙二年（985）状元梁颢，登龙门时已82岁了。

梁颢，山东东平人。他从五代后晋天福三年开始科考，一直考了47年。他在《谢恩诗》中写道：

天福三年来应试，雍熙二载始成名。

饶他白发巾中满，且喜青云足下生。

观榜已无朋辈在，回家惟有子孙迎。

也知年少登科好，争奈龙头属老成。

这首诗在喜悦中透出悲凉,令人心酸。梁颢中状元后,官至翰林学士,当过开封府尹,有诗文集问世,到92岁才寿终正寝。

梁颢因为屡试不第,所以结婚成家也迟。他的儿子梁固自幼好学,13岁时就著《汉春秋》,因其父遗荫被恩赐进士出身。可他上书辞谢,愿参加考试,于宋真宗年间也考取状元,可惜短命而死。关于梁颢生卒年月,史家多有争论,难以考定。据宋人陈正敏《遁斋闲览》中说,梁颢状元及第后在谢启中写道"白首穷经,少伏生八岁;青云得路,多太公二年。"则82岁考取是确凿无疑的。那一届共录取进士197名。

和82岁状元相映成趣的是宋朝有3位18岁的状元。

王拱辰(1012—1085),河南开封人。北宋仁宗天圣八年中状元,刚好18岁。王拱辰通晓历史,敏于任事。当时辽朝遣使指责宋出师伐燕无理无名。王拱辰反驳说:"当年太宗皇帝征讨北汉,辽既与我大宋通使友好,却占领石岭关以援贼。太宗对你们反复无常很为恼怒,才发兵攻燕,怎能说师出无名?"辽使无言以对,双方遂和解如初。仁宗十分高兴地说:"要不是王拱辰通晓史实,驳得有理,很可能引起两国争端。"后王拱辰与王安石政见不合,被排挤出朝。

北宋英宗治平二年状元彭汝砺(1047—1095),江西波阳人。其父是郡中小吏,正在值役,忽捷报传到,18岁儿子大魁天下,太守连忙用自己的马车送其父还家,郡中父老咸引以为荣。

彭汝砺为官清正,敢于直言。其时被贬官安州的蔡确,写了一组《夏日登车盖亭诗》,有人诬告其诗影射朝廷,将兴大狱。彭汝砺认为不能以诗定罪,否则将助长小人告密罗织之风。当时哲宗年幼,高太后垂帘听政,遂以"同情蔡确"的罪名,将彭汝砺贬官徐州。卒年54岁。著有《鄱阳集》行世。

南宋高宗绍兴五年状元汪应辰(1119—1176),江西玉山人,晚年迁居浙江永嘉。原名汪洋。高宗以其与北宋王拱辰同龄夺魁,故为其改名应辰。汪应辰主张备战抗金,反对秦桧和议误国,被贬居岭南达17年,然其一腔正义之气,却凛然不可屈,著有《玉山文集》。

其后,元朝至治元年状元泰不华(1304—1352),蒙古族,世居浙江台州。泰不华也是18岁夺标,诗词有《顾北集》问世。后与方国珍部队战斗,颈被刺伤而死。

历史上最年轻的状元要数唐朝的贾至和明朝的丁显。

贾至(718—772),河南洛阳人。唐玄宗开元二十三年中状元时,年仅17岁。他是唐朝著名诗人,其父贾曾,也以诗文著称。"安史之乱"爆发,玄宗说:"当年我即位时的诰命,是你父亲起草的;今天我传位的诏书,又由你来执笔。你父子二人可谓交辉继美矣。"贾至作诗高雅典丽,《全唐诗》存其诗一卷。

丁显(1368—1398),福建建阳人,明洪武十八年状元。他博通经史,诗文援笔立成。因为自己17岁就独占鳌头,故恃才傲物,藐视同僚,遭人弹劾贬官广西驯象卫。不久病逝。身后仅有一女。太祖朱元璋闻讯,为之惋惜。说起丁显中状元,还有一段趣事。据黄榆《双槐岁抄》载:当年殿试前夕,朱元璋做了一个梦,梦见一枚特大钉子,牢牢钉在墙上。殿试后阅卷主考官将拟好的名次呈上,朱元璋逐一阅视,都不很满意,翻到后面一份卷,名叫丁显。丁者钉也,显者应梦也。丁显就被钦定为状元。人们称之为"应梦状元"。

五、"炭状元"与女状元——农民政权的科举

(一)炭状元

1644年,张献忠在四川建立"大西政权",自称大西王,也进行开科取士。文科状元龚济民,武科状元张大受。

据说武科考试的办法很特别。选劣马数百匹,让考生骑上,然后就近点燃大炮,又使士兵们大呼怪叫。马受惊吓,狂奔乱跳,

骑术差的被摔了下来,当然属不及格。自然还要考些其他科目。录取了120人,张大受为武状元。

张大受,四川华阳人,年不过三十,身高七尺,功夫了得。张献忠赐给他美女家丁,还叫人画了他的像到处张挂。人们都说天赐奇人辅佐圣朝。张献忠对他很信任,任命他为贴身侍卫官,不离左右。

张献忠选拔的文科状元龚济民,据《蜀记》称:"素为劣生,因其名称献忠意,故拔为第一。"据《绥寇纪略》云:"状元为汉川樊某",又有说姓刘的。总之,史无可考了。

民间传说有"炭状元"的故事。

据郭沫若《甲申三百年祭》考证,张献忠的军纪差,在本质上也不如李自成好。所以,读书人心存观望,来报考的人很少。

开考那一天,张献忠亲自到场视察,见考场里稀稀落落,冷冷清清,有一个卖炭农夫挑一担炭停在门口,抬头看墙上的招考榜文。

张献忠就问这个卖炭人:"你识字吗?"

卖炭人答:"少年也读过书,赴过考,但是考不中只好在家种田烧炭。"

张献忠笑道:"我准你参加考试,快进场吧!"

卖炭人迟疑地说:"那我的炭呢?我等着卖完炭买米回家呀。"

张献忠说:"你的炭我全买了,别啰唆了。"

卖炭人走进考场,写诗一首:

草莽深山烧炭工,家无尺土半生穷;
大王慷慨行天道,许我科场搏一通。

张献忠看了大喜,亲点为状元,但人们称之为"炭状元"。

不知道这"炭状元",是否就是那"素为劣生"的龚济民？

张献忠开科取士，有一点值得肯定，就是提倡用白话文写作，"怎么说就怎么写，反对咬文嚼字，艰深难懂，华而不实"。而且还参用简化字，如"断""营""数""犹"等字，当时都已流行了。

1846年，李自成牺牲后，张献忠势孤，在盐亭凤凰山被清军伏击，前额中箭而死。"炭状元"大概又回去烧炭了。

(二) 女状元

唐朝女诗人鱼玄机看到新进士金榜题名，她叹了一口气，写了一首诗，其中有句云："自恨罗衣掩诗句，举头空羡榜上名。"的确，在封建社会，妇女即使满腹才华，也没有资格应试。中举做官只是男人的事，这就是男女不平等的具体表现。

有一出戏叫《女驸马》，写冯素珍女扮男装考中状元，被招为驸马，犯了欺君之罪，险遭杀身之祸。清代才女陈端生，写了《再生缘》长篇弹词，说的是主角孟丽君，一位天生丽质而又多才多艺的奇女子，女扮男装，中状元招驸马，在洞房花烛夜，和真公主演了一场紧张、惊骇、奇趣横生的好戏。当然，这是演戏，纯属虚构，只是反映了剧作家们争取女权的一种善良愿望罢了。

现实生活中的女状元，倒真有一个。

太平天国于1853年定鼎南京后，就开科取士。据罗尔纲《太平天国史》记载，先后录取几百名进士，其中文武状元7人。还专门设立女科，录取女状元傅善祥，女榜眼钟秀英，女探花林丽花。

洪秀全因屡试秀才不中，所以对科举产生逆反报复心理，一旦"手握乾坤杀伐权"后，就大开科考，凡天王、东王等诸王生日也举行科考，视科举如儿戏。但设立女科，考选女状元，是太平天国在科举选人上作出的重大贡献。

傅善祥，金陵人，出生于清道光十二年(1832)仲春，其父傅槐曾是秀才，后屡试不第，担任书吏谋生。善祥3岁时即能背诵许多诗词，少年时曾作《咏寒帘》诗："怕有风时垂密密，更无人处护重重",为时人所称赏。傅槐夫妇视女儿如掌上明珠,常说:"此吾家不栉进士也。"不栉,指不像男子一样理发,意即女才子也。

傅善祥还只19岁,一举夺魁,轰动天京。初在东王府任记室,就是当秘书,后提升为殿前左丞相。

据说,傅善祥写了一篇《安民策》向天王洪秀全建议,认为应全力北伐,推翻清廷,把国都迁到北京去。当然,这个建议没有被采纳。这时,洪秀全正忙于修建天王府,广选美女,昏昏然坐享荣华富贵,尽管清军还在南京城外放炮。傅善祥对这种腐败作风很为不满,讥之为"草鞋天子草鞋臣",惟独对翼王石达开的才华和人品十分仰慕。看来,这是一位才貌双全、有胆有识的女中豪杰。

太平天国是中国历史上最大也是最后一场农民革命运动。其失败的原因很多,最主要的是它实行政教合一的反文化反理性的落后政策,官僚队伍腐化堕落。

1850年,洪秀全领导金田起义,为了革命战争需要,规定全军过清教徒式(类似军事共产主义)的生活。一切财物归于"圣库",将士日用按需分配。并分设男营和女营,禁止性生活,即使是夫妻也不得同宿。可就在这浴血奋战的大进军途中,作为最高领袖的天王洪秀全,却拥有姬妾15人。迨至定都南京,立即册封后妃88人,宫女侍婢更不计其数。每日升殿临朝,乘金车(又名圣龙车),由一班美女手挽而行。这位落第秀才一旦飞黄腾达,其好色腐败程度比之历代封建帝王有过之而无不及。天王府的豪华奢侈,也是举世无双。据说天王的日常用品如碗筷、脸盆、浴缸,甚至马桶、夜壶等俱以金造。洪秀全更大封皇亲国戚。除了封自己几个儿子外,兄弟、子侄、女婿等,不论成年与否或才德优劣,一律封王。这样一来,领导集团内上行下效,争权夺利,骄奢淫逸成风。当时总揽朝政的东王杨秀清,已经封为九千岁了,还逼着洪秀全封自己为"万岁"。这样,洪杨之间矛盾就不可调和了。北王韦昌辉突然发兵诛杀杨秀清。显然,如果没有得到天王的授意或默许,韦昌辉焉敢如此胆大妄为?但韦昌辉这个阴谋家是狱吏出身,阴险残忍,他乘机搞了扩大化,不仅将杨秀清满门抄斩,还株连杨氏部属从广西起义以来久经战斗考验的将士达2万多人。南京城里阴风惨惨,血水横流,人心惶惶,军无斗志。洪秀全为了挽救大局,收拾人心,又回头诛杀韦昌辉及其一伙。在这场残酷的"内讧"中,天国元气大伤,女状元傅善祥下落不明,也有传说,她曾于鸡鸣寺出家,后不知所终。

太平天国先后选拔武状元二人,一是刘元合,一是覃贵福。覃贵福武艺高强,力大无比,竟能举起天王府门口的石狮子。其妻欧氏,任天王府女侍长。太平天国失败后,覃贵福夫妻逃回广西武宣老家,务农为生。据说,覃于1913年病故;欧氏活到90多岁,于1936年去世。

六、状元招驸马——唐朝郑颢的一段隐情

《铡美案》写陈世美考中状元后招为驸马,富贵变心,杀妻灭子,结果被包公处死。这出戏可谓家喻户晓,妇孺皆知,人们无不同情贤惠善良的秦香莲。其实,这只是虚构的故事。由于这个故事的广泛流传,人们往往认为科举时代凡考中状元的,都很可能被招为驸马,这是一种误解。

历史上被招为驸马的状元只有郑颢一人。为什么在这样漫长的科举年代,只有一个状元被招驸马呢?因为古代士子大都早婚,待到中状元时,早就结婚生子了。皇帝女儿当然不肯为人作妾。即使有的状元未娶或丧妻,公主又不一定喜爱他。例如南宋理宗女儿汉国公主年已及笄,让朝臣为其择婿。恰巧是年殿试放榜,周震炎中状元,右丞相丁大全建议选周作驸马对象。但周震炎到皇宫谢恩时,公主从帘内暗窥,见其貌不扬,颇不喜欢,应选驸马一事遂罢。由此可见,状元招驸马,有种种条件制约,像二颗小行星接吻,是难得一遇的。

郑颢，河南孟津人。唐会昌二年（842）状元。宣宗皇帝李忱欣赏他的才华，要招他为驸马。李忱是个"科举迷"，他好端端做了皇帝，还自题"乡贡进士李道龙"，道龙是他自取的名字。他每遇朝臣，总问何时登第？如果是进士，就特别高兴；如果不是进士，则为之惋惜。所以，他一定要为自己的女儿万寿公主找一个状元女婿，就托宰相白敏中（大诗人白居易的堂弟）做媒。

郑颢一听说要和公主成亲，心中老大不愿意。一则，自己早已聘定卢氏了；再则，娶公主做老婆，是最倒霉的事。远的不说，就说本朝武则天的女儿太平公主，已经是大姑娘了，可满朝文武大臣谁都不敢娶她。最后，好不容易才招了唐高宗的外甥薛绍为夫婿。公主下嫁后，不但把薛家搞得鸡犬不宁，还挑拨母皇杀了薛绍的弟弟和弟媳，使薛绍悲愤而死。后来，武则天又要把公主再配给侄儿武攸暨，武攸暨本是有妇之夫，理所当然地予以拒绝。岂料武则天竟派刺客把武攸暨之妻杀死，强迫武攸暨与公主联姻。武攸暨再婚后，无一日不受公主欺凌，终于一病不起。这种故事，唐朝人谁不知晓？所以，郑颢就说，我家里已经把聘礼送去，即日要迎娶卢氏了。白敏中说，这好办。立即派人快马追到郑州，把送给卢氏的聘礼和堂帖要回来。卢氏一家因和状元结亲，正在欢天喜地挂灯结彩呢！想不到当头一盆冷水，浇得灰冷烟灭。但这是皇帝旨意，谁敢和天子争女婿呢？只好哑巴吃黄连，有苦无处说了。为此，郑颢恨死了白敏中，到处说他坏话。

郑颢和万寿公主结婚后,尚能和睦相处。但公主的皇家傲慢习气一时也难改。有一次,郑颢的弟弟郑凯得了重病,一家人焦急万分,而公主却到慈恩寺看戏去了。宣宗皇帝得知此事,就严厉申斥公主,说:"你这成何体统?怪不得士大夫们都不愿同皇家结亲了。"自此以后,公主也谨慎小心,不摆皇家架子了。

郑颢做了驸马后,倒是一位清正廉明的好官。他在大中十年和十三年两次主持贡举考试,选拔了许多优秀人才,得到人们的赞扬。后来官至河南尹,于公元860年去世。

七、状元与妓女——清末洪钧与赛金花的罗曼史

演状元和妓女的故事,最著名的要数《玉堂春》。

王金龙状元及第做了巡按,但不忘前情,对原来真心相爱却身份低贱、而今又蒙冤受屈的妓女苏三,不歧视不变心,全力相救,为她的冤案平了反,二人重新拜堂,结为正式夫妻。

但这毕竟是剧作家的虚构。下面讲的,是一个发生在清朝末年真实的状元与妓女的故事。

洪钧(1839—1893),字陶士,号文卿,江苏吴县人。洪钧少时读书刻苦,有"当世之志",由于家道中落,生活窘迫,父母曾令其弃儒经商,他长跪哭泣以求,才得以继续学业。终于在清末同治七年状元及第,这一年刚好30岁。

光绪十三年,洪钧47岁时,奉命出使俄德奥荷四国。按外交惯例要携带大使夫人。但洪钧家里两房太太都是旧式妇女,怕到外国出洋相,就用重金买得妓女"赛金花"为妾,携带出国。

据说赛金花原名曹梦兰,出身名门望族,是乾隆年间进士、大学士曹振镛的重孙女。曹振镛与《红楼梦》作者曹雪芹之祖父曹振彦是本家兄弟。曹梦兰因年幼时保姆疏忽,不幸被坏人拐卖到苏州,这才沦落风尘,认老鸨潘氏为母,改名为赵彩云(因老鸨之夫姓赵)。初与洪状元相遇,两情甚笃,难分难舍。此时就与洪

钧结婚,正式进入状元府,17 岁做了"大使夫人"。

大使馆设在柏林,闹中取静,幽雅豪华。除了一批吏役仆妇外,洪钧还专门请了教师,教彩云学习德语等课目。彩云年轻好学,进步很快。她经常与洪大使一起参加外交活动,拜会各国国王、王后,接受各国大臣大使的回访回拜,参与游乐和宴会。很快她就熟悉了一切。每有聚会,只见她披着孔雀毛的围巾,头发挽个髻,插上几朵时新鲜花,把一张圆脸映衬得如一盘满月。身着有 24 条飘带的湘绫裙,每条飘带上还系上个小银铃,走起路来环珮叮当,清脆悦耳。特别是那双有粉包的宫鞋,每走一步留下一个粉底鞋印,真是步步生花,洒满一路风韵。她款款走到每位客人面前,用新学的德语极有礼貌地一一握手问好。她把东方女性的特有魅力展示得淋漓尽致,使那些洋人官员们如醉如痴。这时的洪状元感到特别的欢欣和自豪。

当然,这时的"大使夫人"也不是原先的彩云姑娘了。她行为谨慎,语言得体,进退有度,夫妻关系十分和美。他们在国外度过三年神仙般的日子,任满回国时,他们已有一女,名叫洪德官。

回国后,洪钧升为兵部左侍郎。就在这时,发生了一件意想不到的变故。洪钧因在国外购回一张把帕米尔画在国界以外的地图,俄国人抓住把柄以此要挟中国。于是洪钧受到弹劾,郁郁致疾。病危时,把彩云叫到床前,留给她 5 万两银子,凄然撒手而去。彩云悲伤至极,哭得昏天黑地,神鬼动容。

其时,彩云还只 24 来岁,今后怎么办?家属亲戚都不让她守节,叫她把状元灵柩送回老家苏州后便可离去。但到苏州后,5 万两银子被本族兄弟吞了,女儿又被藏了。在一无亲人、两手空空的情况下,彩云去了上海。状元夫人再次下水,重张艳帜,先用赵梦兰的名字挂牌,后到天津改名赛金花。不久,八国联军攻占北京。侵略者本来就是强盗,所以烧杀奸劫,无恶不作。又加上水陆交通封锁,粮食运输断绝,北京城简直成了人间地狱。其时担任联军统帅的是德国将军瓦德西，赛金花过去在德国时就曾相识。为了保障北京市民生命财产安全，赛金花毅然以旧友身份出面斡旋，尽可能做些救援工作。两人异地重逢，一时打得火热，传说曾同居于仪銮殿，云雨巫山，演出了另一类更为精彩的人生活剧。这对异国情侣以不同的方式揉搓着那段历史，给历史留下许多斑斑点点。

早在20世纪30年代，夏衍一台《赛金花》曾把她抬到爱国主义高度；尔后，又有人从反面加以论证，把她与汉奸卖国贼相提并论。这中间又插上一段当时艺名叫蓝苹原名李云鹤以后又叫江青的女人争演"赛金花"的故事，闹得风风雨雨、扑朔迷离，更使得"赛金花"其人其事聚讼半个多世纪，至今仍无定评。

不管怎样，赛金花就是赛金花，你要叫她赵彩云、赵梦兰、状元娘子、大使夫人，都无不可，反正她的芳名在中国近代史上比她的夫君状元郎洪钧还要响亮得多。赛金花于1936年10月21日病逝，葬于北京章仪门陶然亭，墓碑上刻"赛金花之墓"，为大画家齐白石手笔。

八、状元当皇帝——李遵顼忧国饮恨终

历史上以状元登上九五之尊的只有一人，那就是西夏国主李遵顼。

遵顼出生于1163年，是西夏王室齐王李彦宗之子。遵顼虽身为皇亲贵胄，却勤奋好学，志存高远，非一般纨绔子弟可比。史载其"端重明粹，少力学，长通群书，工隶篆"，乃博学多才之士。天庆十年(1203)，遵顼参加西夏癸亥科考试，"廷试进士，唱名第一"。《金史·西夏传》称："遵顼先以状元及第"，从此青云直上，逐渐掌握朝廷军政大权。皇建二年(1211)七月，遵顼发动宫廷政变，废黜在位的襄宗李安全，自立为帝，成为西夏第八位君主，是为神宗英文皇帝。

但是，吟诗作文与治国理政毕竟是两回事。这位蟾宫折桂高手，并非治国能人。遵顼登基十多年间，无所建树，无足称者，甚至可以说是个昏君。尤其在外交政策处理上，颠三倒四，反复无常，终于招来亡国之祸。先是与金联盟，可当蒙古攻金时，遵顼背盟，附蒙攻金。后来与蒙古反目，遭到蒙古威胁，又去联金抗蒙。结果，成吉思汗大举入侵。眼看国家危在旦夕，遵顼连忙传位给太子李德旺，自称太上皇。其子才干虽略胜乃父，但膏肓难治，回天乏术。1226 年，太上皇忧国饮恨而终。第二年秋，国亡族灭。

盖世英雄成吉思汗统率蒙古铁骑，踏破茫茫欧亚大陆，叱咤风云，地球为之震动。量区区西夏，如挡车螳臂，何堪一击？成吉思汗大获全胜，俘得西夏后妃古尔伯勒津，见其美艳非凡，遂令侍寝。王妃外柔媚而内侠烈，颇有计智，于侍寝交欢中，对这位征服者突然袭击，欲为夫君报仇。此时此际，这位阅女无数的旷代雄主未及防备，受困于床笫咫尺之间，动弹不得，一筹莫展。受伤受惊之余，移驾六盘山中疗养，终于不治而崩。正史对其受伤情节，避而不谈，讳莫如深；而野史则有生动记载。

要问一位如花似玉的娇柔女子赤体无援，手无寸铁，怎能袭击堂堂一米八蒙古大汉？

传说王妃的樱桃小口伺机咬住了征服者的命根子……

九、太监状元——梁嵩辞官飘然归

状元乎？太监乎？是中了状元当太监，还是太监中状元？这是中国政治文化史上的一段另类奇闻。

事情说来话长。唐末五代，军阀刘隐、刘岩兄弟割据粤桂滇一带六十个州县，自立为王。公元 917 年，刘岩称帝，建都广州，史称南汉。后宋朝派大将潘美南征，南汉遂亡，享国六十七年。

刘岩（后改名刘龑）初期为政堪称干练明达，尚知俯察民情。自登九五之尊，掌握绝对权力后，性格大变，前后判若两人，骄横暴虐，祸害百姓，大造宫殿，以金为顶，以银铺地；又滥施酷刑，甚至将毒刑杀人当做游戏取乐。更奇怪的是他颁布一项空前绝后的法令，凡考中进士的人，一律要阉割，方可封官。以此推而广之，满朝文官，上至宰相，下至县令，全是阉人。一个小小南汉政权，居然有两万多"太监"，而专门培训的阉割技术员或以千计。

这个"变态皇帝"为什么推行这种国策呢？历史上有两种说法：一是说他爱才若渴，希望能和俊杰之士朝夕相处，所以才阉了他们，方便他们常到皇宫串门。宫中美女如云，也就无须避嫌了。二是把官员阉了，就没有家室拖累，可以全身心报效朝廷了。这些说法大约是官方托词吧。实际上恐怕是防止官员造反。因为阉人无性，身体残破，可作驯服工具，估计不大会犯上作乱了。

封建帝王对知识分子的压迫和摧残，自秦始皇焚书坑儒作俑始，历代相传，各有千秋。但流氓无赖如南汉刘岩者，强迫文人集体阉割，如此恶行，令人发指，天理难容。斯人无异于魔鬼化身、撒旦再世。可悲的是仍有不少士子热衷仕途，踵门求官呢！

据《十国春秋》载，士子梁嵩乃广西平南人，寒窗苦读，应进士试，状元及第，官至翰林学士，可谓青云直上。但梁嵩羞于宫辱，且恨刘岩荒淫无道，不愿助纣为虐，借口母老无人奉养而辞官，并作《倚门望子赋》抒写心志。刘岩览奏，准其所请。梁嵩将朝廷所赐封赏，一概奉还，竹杖芒鞋，飘然而归。

十、状元同性恋者——毕沅与李桂官

在中国，同性恋也是古已有之。

春秋时，卫国有个美男子叫弥子瑕，和卫君是一对同性恋宝贝。有一回，他吃桃子，咬一口之后，觉得很甜美，就把剩下来的一半递给卫君吃了。这是先秦时代最早见于史籍的同性恋者。

西汉哀帝刘欣，有个男宠名叫董贤。他有个妹妹又是哀帝的妃子，住在椒凤宫。据《汉书》记载：哀帝幸董贤，尝共昼寝，贤偏

藉上袖。上欲起，贤未觉，不欲动贤，乃断袖而起。这就是"断袖之癖"的典故。把人家的妹妹娶来当小老婆，又搂着人家的哥哥睡觉，这种人伦悖谬、扭曲和乖张，只有他皇帝老子才干得出来，实在令人恶心。哀帝还封董贤为大司马卫将军，这位董将军原来是在床第上建立功勋的，这位哀帝也够悲哀的了。

这里说一个状元同性恋者的故事。

清乾隆二十五年庚辰榜状元毕沅，字秋帆，江苏太仓人。历官陕西、山东巡抚，湖广总督，著有《续资治通鉴》等，是个大名鼎鼎的学者和朝廷大臣。

据刘逸生《史林小札》记载：毕秋帆30岁中了状元。他在大魁之前，便染上同性恋之癖。原来当时考中举人的士子，为了再考进士，不少人都到北京暂住，一面读书，一面准备应试。毕秋帆也住在北京。那时候，士子间的文酒应酬是常有的，在文酒之会时，就常请些演员前来当筵高歌几曲，以助酒兴。

有一天，毕秋帆应友人之邀，出席一个酒会。会上有个昆曲旦角，演唱俱佳。秋帆一见此人，不禁怦然心动。原来这旦角姓李，名桂官，乃是北京宝和班最红的正旦，他生得俊美非凡，虽是男子，扮起旦角，却又风情万种，宛似天仙下凡。秋帆越看越爱，恨不得一把搂在身边。

那李桂官也是风流聪俊人物，他一边演唱，一边流波四盼，一眼就看到这如醉如痴的毕秋帆。原来秋帆也长得高大英俊，风流潇洒，仪表不凡。李桂官暗记在心，一曲下来，就暗地打听这英俊青年是什么人。

清朝本是男风极盛的时代，男同性恋颇为公开，士大夫认为结交几个戏子，搞同性恋，是无伤大雅的风流韵事。而男戏子闹同性恋，更属家常便饭，尤其是风流俊俏的旦角，没有几个能够洁身自免的。

毕秋帆、李桂官既已暗送秋波，于是很快就成为密友，每当演唱下场,李桂官就来毕的住处,两人如胶似漆,无法分离。

原来毕秋帆家道不甚丰裕,北京又是个"长安不易居"的地方,李桂官却是个红角,手头宽裕,因此在金钱上李桂官对毕秋帆大力资助,使他完全洗脱了一介寒儒的面目。当时有人戏说毕秋帆得了个"贤内助"。

毕秋帆中了状元后,李桂官一跃而升为"状元夫人",比红旦角更红了。许多文人学士纷纷题诗咏叹,一时成为"风流佳话"。如历史学家兼诗人赵翼写了《李郎曲》:

李郎昔在长安见,高馆张灯文酒宴。
乌云斜绾出堂来,满堂动色惊绝艳。
得郎一盼眼波留,千人万人共生美。
人方爱看郎颜红,郎亦看人广坐中。
一个状元犹未遇,被郎慧眼识英雄。
每当舞散歌阑后,来伴书帏琢句工。
……

另一位大诗人袁枚还假作真地建议,状元原配的夫人应该让位,让这位男色夫人得到朝廷诰封才好。袁枚吟道:"果然胪唱半天中,人在金鳌第一峰。贺客尽携郎手揖,泥笺翻向李家红。若从内助论勋伐,合使夫人让诰封。"这真是封建社会一件咄咄怪事。

十一、传世国宝——赵秉忠状元卷之谜

我国历代殿试考卷,原属朝廷机要档案,绝不许私人收藏,否则便有灭门之罪。但由于改朝换代,战火连绵以及外国侵略者的掠夺焚烧,原存于宫廷的历代殿试考卷都已佚失。但是,出乎意料的是,1983 年 4 月在山东青州市却发现一本仅存的明朝赵

秉忠的状元卷,此事成为轰动一时的新闻。

赵秉忠(1573—1626),字季卿,山东青州人。明万历二十六年(1598)状元。他当年殿试时的考卷,就是"状元卷",为册页纸本,封底、封面系全绫装裱。卷首为赵秉忠及其上三代简历,正文前有明神宗朱翊钧朱批"第一甲第一名"六字,并钤有"礼部之印""弥封关防之印"各一方。正文共十五折,每折六行,以工整小楷书写,计2460字。正文之后,为当时读卷官九人职衔、姓名。据说《状元卷》在赵家辗转相传已历十四代,三百几十年了。赵氏子孙视之为传家之宝,从不示人。最后一个保存者逃荒关东时,专门将其缝在棉衣夹缝中。由于是我国现存的惟一一份《状元卷》,因此在捐献给国家后,被定为国家一级文物。1983年6月5日,中央人民广播电台、中国国际广播电台同时播发了这份《状元卷》真迹被发现的新闻,同日的《人民日报》等全国主要报刊也都刊登了这则消息。继而,香港《新晚报》及《澳门日报》也都对此作

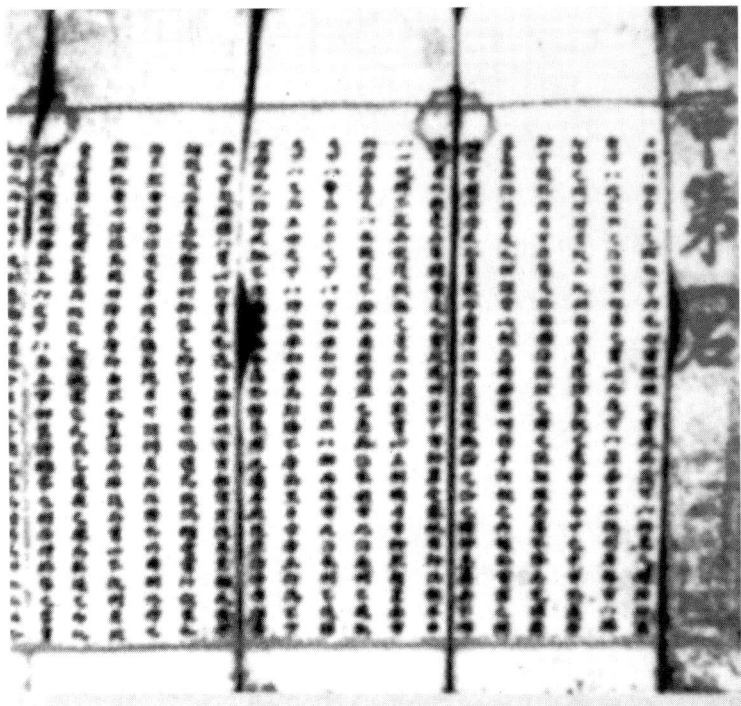

>> 明状元赵秉忠殿试卷

了详尽报道。1991 年 8 月,《状元卷》一度为青州市博物馆职工林某盗窃,经公安机关侦破,又失而复得,盗窃"国宝"的林某被依法处决。《民主与法制》在 1992 年第 2 期以《状元卷沉浮记》为题,报道了《状元卷》从发现到被窃、直到失而复得的经过。接着,该刊于当年第三期首次发表了《状元卷》全文,使中外人士有幸一睹《状元卷》风貌。

但是,赵秉忠的这份《状元卷》如何能流传至赵的后人手中并保存 300 多年,至今仍是个谜。

赵秉忠出生于仕宦之家。其祖父赵通、父亲赵无禧均曾在朝为官。秉忠共有兄弟三人,两个兄长名秉公、秉直。秉忠自幼勤奋好学,15 岁补府学生员。万历二十六年(1598)应进士举,他在廷试对策中,详尽地阐述了自己的治国主张,认为帝王统治天下,要实现治国的目标,必须有"实政""实心"。所谓"实政",就是要"立纪纲,饬法度";所谓"实心",就是要"振怠惰,励精明"。他尤其强调法治的重要性,认为朝廷制度纲纪大法,不但要悬到皇宫大门两侧,还要写于法律条文之首;不仅要首先在朝廷内实行,而且还要推广到郡国天下,以至边疆海域,做到事无巨细,都包括在法律条文之中。并强调君王要率先作出榜样,以激励百官庶民。同时,还就倡廉惩贪、审慎用刑和如何提高官吏素质、赈恤饥荒、整饬军队等提出了自己的主张和见解。通篇策论,洋洋洒洒2400 余字,如行云流水,一气呵成。神宗朱翊钧览后,御笔在试卷正文右上方朱批"第一甲第一名"六个大字,亲点赵秉忠为是科状元。(赵秉忠殿试对策见附录四)

赵秉忠大魁天下后,授翰林院修撰等职。熹宗朱由校即位,宦官魏忠贤专权,在朝中广植阉党,无恶不作。赵秉忠因不肯阿附于魏,遂遭陷害,被削夺官职,忧愤而死。著有《琪山集》《江西舆地图说》,已佚。

十二、同是鳌头一样人——状元思想品格的差异

状元,被誉为龙头或鳌头。但同样的鳌头,其气节、品格和作风往往不一样。下面这首诗,是宋末元初江西人罗秋台所作,是讽刺留梦炎的:

啮雪苏卿受苦辛,庾公甘作老朝臣。

当年龙首黄扉客,同受皇恩一样人。

留梦炎,浙江衢州人。南宋淳祐四年(1244)状元及第,累官至枢密使。德祐元年,元军水陆并进,大举灭宋。朝廷任命留梦炎为左丞相,都督诸路军马抗元。留梦炎却弃官逃遁,投降元朝,后

>> 进身之桥

奉命对文天祥劝降，遭到文天祥痛斥。

文天祥比留梦炎后12年中状元。两人同为南宋状元，同受皇封，又相继受命于危难之际，但两人最终选择的道路却迥然不同。文天祥成为后世景仰的民族英雄，被誉为"状元魂"，状元中之状元；留梦炎却遭到后人鄙夷，斥之为状元中之败类。尤其是家乡人，更为出了这个败类而羞耻。时人曾说："两浙有梦炎，两浙之羞也。"据说在明朝，凡衢州留姓人士参加科考，官府皆责令其立下字据，保证自己非留梦炎子孙，方准应试。

当然，像留梦炎这样大节有亏的小人，在状元中是极个别的。正如前文讲到过的，大多数状元都是品学兼优、风范可亲之士；但也有少数品格卑下，不足为训者。温州师范学院黄世中教授于2000年4月16日在《温州日报》发表文章，考证论述温州历史上的两位状元，王十朋和木待问，对比鲜明，值得一读。

王十朋（1112—1171），字龟龄，号梅溪，温州乐清人。南宋高宗绍兴二十七年（1157）状元及第。赵构御笔批云："经学淹通，议论醇正，可作第一人。"入仕后，王十朋反对与金议和，遭到主和派的排挤。他的政绩主要在饶、夔、湖、泉四州任上。湖州百姓因淫涝歉收，王奏减三分租税，平稳粮价，民免流离，社会安定。故调离湖州时，父老百姓焚香拜送。饶州民俗强悍，豪家巨室骄横。王十朋一方面廉洁自律，一方面限制豪强特权。宰相洪适利用职权，企图侵占旧学宫基地，扩充自家花园，王十朋以"先圣所居，十朋何敢予人"拒之。故居饶年余，民风大淳，盗贼不作。及移知夔州，饶州百姓上书请留，至于断毁路桥使其不得离境。王十朋只好从小路悄悄走脱。后来百姓重新将桥修好并命名为"王公桥"。王十朋俸禄微薄，但在湖州、泉州任上两度"割俸"，捐建贡闱，兴办学校。所到州县，亲自行田，奖励农桑，在夔州还带头绿化，手栽柳树2000株。

"心中有百姓，治人先治己"，是王十朋政绩卓著的根本所在。其《湖州到任谢表》中云："但思治己以先人，岂忍夺民以生事！"他给自己的书斋命名为"不欺室"，名出《书不欺室诗》："室明室暗两何疑，方寸长存不可欺。勿谓天高鬼神远，要须先畏自家知。"王十朋可谓封建社会一位有良心的官吏。在《谢荣帅赠御书孝经》诗中，他抒发了自己的抱负："要令列郡法青白，了无一吏横索钱。"因此他除"治己""自律"外，在郡即立"戒石"，与同僚共戒"贪贿"。晚年任泉州知府时有《修戒石》诗云："君以民脂膏，禄尔大夫士。脂膏饱其腹，曾不念赤子。贪暴以自诛，诛求不知耻……一念苟或违，方寸宁不愧！清源庭中石，整顿自今始。何敢警同僚，兢兢惟勒己。"他指出官吏的俸禄来自百姓，贪暴自诛者可耻；立石不仅是警戒同僚，也是警戒自己。王十朋不愧为勤政爱民、清正廉洁的政治家。

王十朋状元及第后六年，即宋孝宗隆兴元年（1163），有永嘉（温州时称永嘉）木待问状元及第。木待问，《宋史》无传，万历《温州府志》仅有小传53字言其"敏而力学"，官至"礼部尚书"，未加褒贬。但据《林下偶谈》等野史、笔记所载，木待问人品低下，名声不佳，为温州人所轻视。木待问青年时期拜温州名儒郑景望为师。郑景望，绍兴十五年进士，《府志》称其"德行夙成，尤邃经学"，官至"吏部侍郎"。郑景望曾重建浮沚书院并任教席，亲授木待问伊洛之学，为其说亲做媒，视为己子；后又荐其入补太学，木待问因此中了状元。然郑景望逝世后，木待问返温州，不仅吞占书院，还因营造私宅而侵夺郑氏祖地而大打出手，打伤郑景望之弟郑伯英；又贿嘱官府抓捕郑伯英入狱。郑景望夫人忍无可忍，据理力争，骂其背叛师恩，迫使木待问理屈而惭退。

据此，黄世中教授精辟地指出："人不仅应有学问，更应有良好的品德。人生道义，古今一也。一个人不论获取何等功名，人格品行是为第一。同是状元，王十朋千古所仰，百世流芳；木待问贪婪霸道，无耻无赖，不仅为当时人所不齿，今天我们仍不因他是状元而为之讳饰。"

十三、"图人流民不忍看"——洋状元项骧的爱国诗篇

《温州日报》2000 年 4 月 23 日发表俞雄先生的考证文章称，清宣统二年(1910)，朝廷举行回国留学生殿试，项骧荣获第一名，授翰林院编修，被誉为"洋状元"。当然，这不是传统意义上的状元了。正如夕阳下山，必有回光返照，历史事件过去，往往也有余波荡漾。洋状元的出现，总算对千年科举制的消亡，留一点安慰和幽思了。

项骧，浙江瑞安人。1904 年赴美留学，获政治经济学硕士。民国初，曾数度任财政部次长达 10 年之久。时值军阀混战，穷兵黩武，他除清廉自守外，事业上难有作为。47 岁起，即辞职回里，悠然赋闲，息影家园。

项骧善诗词，工书法。马君武称其"所为诗瑰异博丽，回肠荡气，令人有一唱三叹之感"。其晚年感慨国难深重，多有爱国怀乡诗篇。如 1939 年所作《己卯二月廿六日事》，便是日寇飞机轰炸瑞安时满城逃避情景的真实记录：

彻耳机声震屋庐，万人空巷避雷车；

此心久已枯禅似，石破天惊尚著书。

立体高抛近发明，杀人无事再攻城。

诸孙抱膝呼爷问，不雨何处霹雳声。

一霎雷轰万骨灰，人生到此方堪哀。

大鹏擎海三千里，今挟腥风动地来。

极目中原泪已澜，陆沉何惜此弹丸。

剧怜老少倾城出，图入流民不忍看。

又如 1940 年《庚辰元旦》，注曰："是日，士女出城络绎，会永

光緒二十八年補行庚子辛丑 恩正科江南鄉試

題目
第貳場
策五道

中外刑律互有異同自各口通商日繁交涉應如何裒取損益要定章程令收回治外法權策

登明公法他國能否干預內政之例以慎邦交而維國柄策

各國改用金幣始於何時金價日增其故安在主之者何人若中國償款用金廠損甚鉅擬亞籌抵制之方策

農商之學泰西講求極精其見諸著述者不少江南地大物博易於推行何者當擴充仿辦策

歐洲格致多原出中國宜精研絕學以為富強之基策

>> 科考试卷

嘉有空袭,瑞安闻警,制笛而电流断,幸得无事",诗云:

> 云开五色拥朝曦,一事传闻说也奇,
> 瀛海鹏抟惊失箸,终南豹隐淡忘机。
> 重门掣电流方断,长笛销声险化夷;
> 不是六街尘不动,倾城那得作春嬉。

这些诗凄凉悲愤,道出了作者的爱国情怀和无限感慨。此外,还有为吊唁抗日阵亡将士而作的《洪彦湜飞行师殉难汉口吊之》《书林甥景翼汉口蒙难诗后》,及为鼓励投笔从戎者而作的《赠陈剑影》等,均表明这位老人的爱国情怀。

这些诗与他晚年的爱国行为,正可互相印证。民国《瑞安县志稿》及近年《温州市志》记载:1937 年抗战爆发,项骧参加瑞安抗敌后援大会,登台演说,怒斥日寇,"捐金为反日会倡",又发起书画展览,以义卖全部收入捐作抗日军费。1941年瑞城沦陷时,敌伪要拉他出任所谓维持会长,他"临难不屈,严词拒绝"。次年县城再陷时,"阖城奔逃,骧以不堪更见沦胥,遂绝粒,于是年十一月卒"。他的诗词和实际行动,都表明了这位老人的爱国爱乡情怀和高尚的民族气节。

十四、落难公子中状元——戏曲舞台上的状元形象

古代戏曲作品中,以"状元戏"最为热门。但这类戏文大都有公式化的毛病,故人们将它概括为"私订终身后花园,落难公子中状元"。不过,这也从另一个侧面反映出人们对状元的同情和喜爱。所以,剧作家们就编出五花八门的状元戏,来满足"追星族"们精神生活的需要。状元戏很多,大体上可分为三种类型。

一类是完全虚构型。例如《铡美案》中的陈世美、《活捉王魁》中的王魁、《张协状元》中的张协等,找遍科举史料并无其人,当然也并无其事。从史料上分析,历史上状元的婚姻,一般都比较规范,夫妻和睦,相敬相爱者居多;杀妻灭子,高攀豪门者似无史例。不过,只要社会上有"喜新厌旧"的思想倾向存在,那么这一类戏就有其社会价值和艺术价值,这就是《铡美案》等长演不衰的原因所在。每次演出,都能赢得观众特别是妇女们的眼泪,不知湿透了多少香罗帕。

当然,也还有另外一种情况,如《玉堂春》中的王金龙、《绣襦记》中的郑元和,在状元及第后做了高官,不忘前情。这充分体现了我们民族知恩图报、富贵不易妻的传统美德。同时也可以看出,在封建思想占统治地位的古代社会,进步文学家们如何运用他们手中的笔,热切地呼唤着美好与崇高。王金龙、郑元和虽在历代状元花名册上查无此人,但他们却在人们心灵的花名册上生了根,他们的生动形象已经在舞台上活跃了好几个世纪。这也

说明了状元在历史上的地位和对民间的吸引力。

第二类是借名虚构型。就是状元的名字是真的,但故事是虚构的。例如《荆钗记》中的王十朋,实有其人,剧作家就借他来做个主角。

南戏《荆钗记》描写王十朋少年中状元后,万俟卨丞相要招他为婿,王十朋以家有糟糠坚辞。不料,万俟卨丞相伙同王十朋同乡好友张汝权仿其笔迹,伪造家信,说要将发妻钱玉莲休掉。钱信以为真,遂愤而投江,幸得恩公救助。这个故事曲折离奇,缠绵悱恻,动人心弦。最后是夫妻相会,误会冰释,以大团圆结束,又让人破涕为笑。

《荆钗记》系柯丹丘所作,被称为元代四大传奇之一。其实,这完全是虚构的故事。王十朋中状元时,已是46岁的中年人了,根本没有"相府招亲"这回事。王十朋的发妻是同村老儒贾如讷之女,也不姓钱,当然没有投江情事。

据王十朋二十三世裔孙离休工程师王祝光及其女儿作家王雪丽二人合著的《王十朋传》记载,生活中的贾夫人,美慧温顺,颇通文墨,孝敬公婆,相夫教子,是一位典型的贤妻良母。她的美好形象,比起《荆钗记》所塑造的钱玉莲来有过之而无不及。最近,温州剧作家张思聪将《荆钗记》改编后在全国演出并获得成功。

第三类是半真半假型。姓名是真的,事情也并非全是虚构,但其中有大量的水分。如《簪花髻》中杨慎与黄娥的故事,明人沈自征作。写状元杨慎含冤被贬云南后,玩世不恭,常于酒醉时穿大红女衣,涂脂抹粉戴花出游,或在歌女白绫衣服上题诗。这些恐怕是出于剧作者虚构。

杨慎(1488—1559),字用修,号升庵,四川新都人,明正德六年状元。为所谓"议大礼"事,被贬于云南永昌卫,度过了40年悲惨的流放生涯。

杨慎在充军期间，发愤著作。除诗词外，其他著述多达100余种，在明代著作家中称为第一，后人辑有《升庵集》传世。《三国演义》那首著名的卷首词"滚滚长江东逝水"，就是杨慎的作品。

杨慎夫人黄娥，是明代著名才女，其诗足可与宋代李清照媲美。

她有一首怀念丈夫的诗《寄外》，感情真挚，催人泪下：

雁飞曾不度衡阳，锦字何由寄永昌？
三春花柳妾薄命，六诏风烟君断肠。
日归日归愁岁暮，其雨其雨怨朝阳。
相闻空有刀环约，何日金鸡下夜郎。

杨升庵与黄娥长期分居两地，天各一方，鸿雁传诗，互诉衷曲，其悲剧命运为世人所关注。他俩去世后，人们把杨升庵的《陶

>> 科举的影响：
日常用品也有寄托

情乐府》和黄娥的《杨夫人乐府》合并编为《杨升庵夫妇散曲》。

不过，以上这些状元戏，都是古人写的，古人写古人，真耶假耶，我们大可不必替古人分辩。如是今天，说不定就会惹出一场官司。好比《琵琶记》，无端拉扯上东汉文学家蔡邕，把他和赵五娘配为夫妻。蔡邕，字伯喈，因做过中郎将，故人称"蔡中郎"。他的女儿就是《胡笳十八拍》的作者蔡文姬。这位蔡中郎如果向法院起诉，控告高则诚侵犯"姓名权"和"名誉权"，那怎么办？当然，高则诚也可以为自己辩护。因为《琵琶记》取材于民间流传已久的鼓词，所以可不负法律责任。谓予不信，有陆游《小舟游近村舍舟步归》诗为证：

斜阳古柳赵家庄，负鼓盲翁正作场；

死后是非谁管得，满村争说蔡中郎。

结束语　对科举制度的历史认识

世界上任何事物都是在一定的历史条件下发生和发展,也在一定的历史条件下消亡。科举这个东西既然是出于封建统治阶级的需要应运而生,那么,它必然随着封建制度的没落和崩溃,最终被送进历史博物馆。这就叫不以人们的主观意志为转移。但是,科举制度在历史上所发挥过的积极作用,也是不应该抹杀的。

有位哲人好像说过这样的话:研究历史,不是以今天的社会条件来作为判断的根据,而应以当时的社会条件来作为判断的根据。对历史人物的评价也是如此,要看在当时的条件下,能否比前人站得更高一点,做得更多一点或更好一点。如果根据这个观点来判断科举制度的话,我们可以毫不犹豫地指出,科举制有以下三大历史作用:

首先,科举制打破了"世卿世禄"和"九品中正"的旧传统,而代之以全新的富有活力的考试选士制度,这无疑是一大历史进步。

这个考试制度严格奉行"三公"原则,即"公开考试""公平竞争"和"公正录取"。尽管古人没有用这样简洁的语言加以概括,并明确提出这个口号,但实际上是这样做了。

所谓"公开考试",绝不是内部偷偷摸摸或半遮半掩,而是大张旗鼓、大吹大播,堂而皇之地进行的。先是由皇帝发布诏书,任命威信卓著的饱学之士为正副考试官;然后是定时(即秋闱、春闱)、定点(即乡试、会试、殿试)、定式(一整套严格的考试手续和规则),有条不紊地考选。每次科考,从报名到放榜,总是举国轰动,人人关注,充分体现其"公开性"。

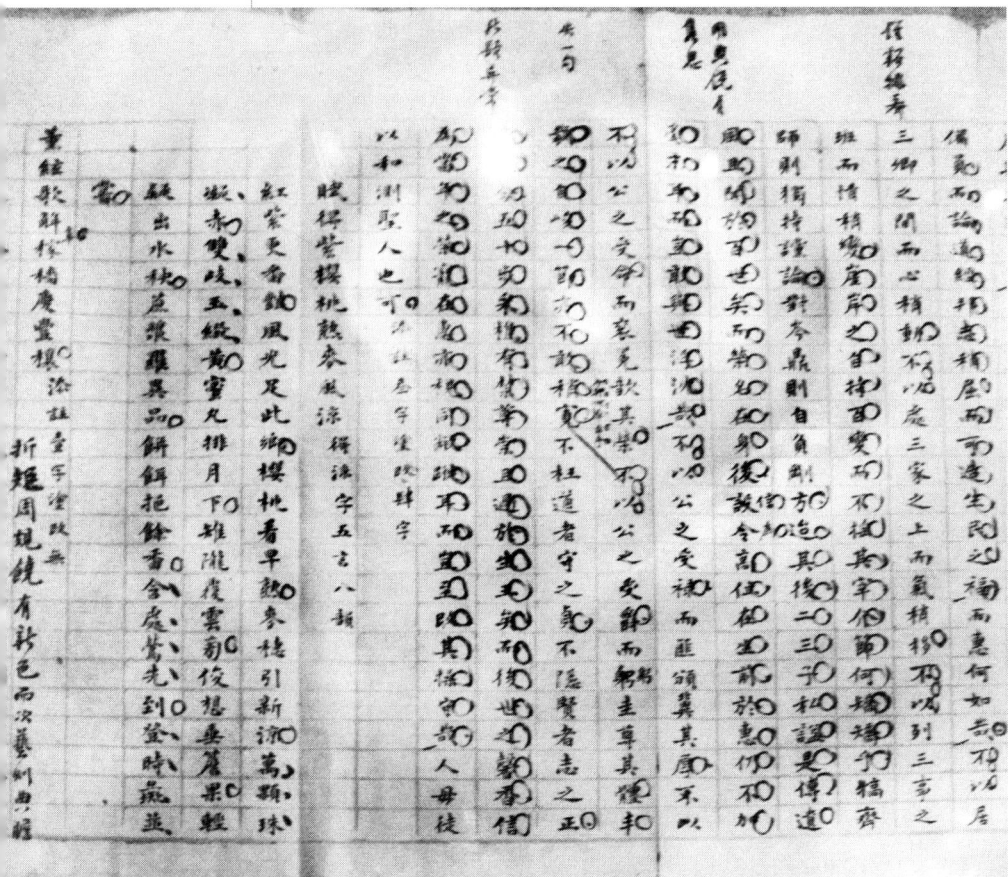

>> 考生答卷上的批笔

所谓"公平竞争"，就是不分年龄、出身和贫富，都可报考（至于限制妇女及某些贱民，这是历史的无奈）。考卷一律糊名密封，就保证了公平竞争。实践证明，的确有大批寒微子弟脱颖而出，找到了进身之路。正如上文提到宋太祖赵匡胤所说："向者登科名级多为势家所取，塞孤贫之路。今朕躬亲临试，以可否进退，尽革其弊矣。"这番话还是有一定事实根据。其中"以可否进退"，就是说根据考试成绩来决定取舍，也含有"在分数面前人人平等"的意思。据何炳棣《明清社会史论》考证，明清两代进士中，凡祖上没有读书或虽读书而未作官的寒微子弟占 42.9%。当然，这里的"寒微子弟"，大体上是中小地主及富裕农民出身的下层知识分子，真正身无立锥之地的贫雇农子弟想必是不大可能的。但

结束语　对科举制度的历史认识

即此一端，也足以看出科举制确实促进了统治阶层的流动，并使统治结构不断发生变化。

所谓"公正录取"，关键在于考试官。所以定出锁院制度，严防私通关节。如发现有舞弊情事，立即严惩不贷，轻者革职，重者杀头，说到做到，雷厉风行。就拿清朝晚期来说，吏治已十分腐败了，但相对而言，科场这块"圣地"还算比较干净。正如前文所述，鲁迅先生的祖父周福清，就因一封未遂行贿信被查获而判处"斩监候"。湖南考生傅晋贤串通吏役，偷换试卷，一经告发，该考生和吏役双双丢了脑袋。据说傅晋贤事发后，曾企图用万两白银买一条命，也无济于事。

这样一种考试制度，在 1000 年前就已创立，并像"奥林匹克"大赛一样，始终坚持，这不能不说是一大历史奇迹。

当欧洲从中世纪的黑暗和野蛮中向启蒙时代迈进时，他们忽然发现中国这个"绿色的天堂"，"没有宗教，没有教会，由人们自己管理自己"。他们遵循孔夫子的教导，推行科举制度。法国启蒙思想家伏尔泰说："这些政府部门的成员都是经过几场严格的考试之后而录取的。"他们认为"经过科举制选拔的官员是一批真正的出类拔萃者"，从而建议"应向中国学习"。

邓嗣禹《中国考试制度》(台北学生书局出版)转引西方学者S·威廉斯的一段话，很值得参考："古代中国政府中文武官吏所由产生的这种著名的考试制度，在任何一个大国中都可算一种无可比拟的制度。这种制度被东亚邻邦所仿效，并可能由阿拉伯人的介绍，于十二三世纪传到西西里王国，然后传入西方，就被西方社会借鉴采用，形成西方的文官考选制。"所以，有的西方学者甚至认为，中国的科举制可以与火药、指南针、造纸术、活字印刷术并列为中国古代"第五大发明"哩。中国民主革命的先驱者孙中山先生，当初曾十分仰慕英国的文官制度，并设想按它的方式改造中国的官吏制度。谁知孙中山经过一番系统而深入的研究，终于明白英国文官制度居然移植于中国古代的科举制度。由此他的心灵受到极大的震撼，对中国传统文化又做了新的审视。

第二，由于科举制的促进，形成了全社会的"读书热"。明末来华传教的意大利人利玛窦，惊叹中国简直是一个"文凭社会"。首先是朝廷从上而下层层发动，然后推向全国。例如宋真宗赵恒就亲自动手写《劝学歌》：

富家不用买良田，书中自有千钟粟。
安房不用架高梁，书中自有黄金屋。
娶妻莫恨无良媒，书中自有颜如玉。
出门莫恨无随从，书中车马多如簇。
男儿欲遂平生志，六经勤向窗前读。

这首歌在旧时代，几乎是家喻户晓，人人会背的。它比任何政治课本还要生动，还富有魅力。

这种读书热又从下而上得到热烈的呼应。据说有一个9岁的小学生读了皇帝这首诗后，受到启示，也写了首诗，人们称其为《神童诗》。《神童诗》也立即传遍九州四海，并且被选作蒙童辅助读本，同样人人会背。下面是《神童诗》原文：

天子重英豪，文章教尔曹。万般皆下品，惟有读书高。
少小须勤学，文章可立身。满朝朱紫贵，尽是读书人。
学问勤中得，萤窗万卷书。三冬今足用，谁笑腹空虚？
自少多才学，平生志气高。别人怀宝剑，我有笔如刀。
朝为田舍郎，暮登天子堂。将相本无种，男儿当自强。

据明人朱国祯《涌幢小品》记载，这首神童诗是汪洙所作。汪洙，浙江鄞县人，后来在北宋哲宗元符三年（1100）考中进士，官

结束语　对科举制度的历史认识

至观文殿大学士。

尽管这些诗都是以功名利禄为诱饵，在思想认识上有很大负面影响，但在客观上却促使读书热不断升温。试设想一下，当时经济这样不发达，交通这样闭塞，文化这样落后，在我们这个人口众多幅员辽阔的古代东方大国里，要想推广识字教育，是多么困难。而借助科举制度，却轻而易举地做到了这一点。在科举的推动下，无论通都大邑，或穷乡僻壤，凡有人烟处，做父母的总千方百计让子弟入塾读书，这不也是一大历史奇迹吗?尽管读书的动机不一定正确，但总比宣扬"读书无用论"为好。当然，也有隐逸山林，不求功名，以修身养性，自得书趣为目的。如宋末元初诗人、浙江仙居人翁森的《四时读书乐》可为代表，"好鸟枝头皆朋友，落花水面亦文章"，就是其中的警句。不管怎样，提倡读书总是好事。不读书，是真贫穷;不读书，是真愚蠢。能读书，起码就有扫盲意义。据前人笔记所载，在唐朝，上至王公大臣，下至贩夫走卒，差不多都能吟诗作对，"张打油"即是一例。在宋代，"凡有井水饮处都能歌柳词"。据故老谈，在旧时代，无论是三家村或十里亭，到处教读四书五经，村塾里一片琅琅书声，许多樵子桑姑虽不识字，也耳熟能详，随口念几句"子曰诗云"，是并不鲜见的。这就是科举制的无形影响力所在。

第三，科举制培养了一大批有用之才。自隋唐至明清1300年间，大约考取进士162450人，武科进士20000人左右。由于史料残缺，实际上当然不止此数，估计文武进士有20万之数。其中文武状元将近千人。至于举人秀才更以几百万计。这样庞大的人才库，无疑是我们国家和民族无可估量的"财富"。但也有人说:"这些科举人士，大都是迂执酸腐的蠢货，并没有什么真才实学。"这个看法恐失之偏颇。蠢货以及恶劣之徒是有的，如秦桧、严嵩之流，只是个别败类，绝大多数的科举人士都是好的。我们不能一竹篙打翻一船人，厚诬古人矣！老实说，能够在科举这条

"蜀道"攀登上去的，大都并非等闲之辈，其中不少还是奇才杰士、国之栋梁。纵观历代贤相能臣、将军督抚以及著名的学者诗人等，大都是进士出身，这就是有力的佐证了。别的不说，如果没有一手过硬的毛笔字和诗赋文章的功底，恐怕连考秀才也没有资格，遑论进士状元呢！

诚然，我们在肯定科举制的历史作用的同时，也要看到科举制的错误倾向和危害性的一面。世上任何事物都在一定条件下走向反面，科举制也是这样。科举制这具"木乃伊"，可说僵而未腐，至今还在散发着臭气。科举的"后遗症"大体上也有三端：

其一，科举宣扬"读书做官论"。这种观念至今仍根深蒂固，非一朝一夕所能消除。现在不是还有这样的谚语："高考得中，吃鱼吃肉；高考落榜，砍柴打鹿"吗？有的中学设立重点班和差生班，人们就干脆称之为"皮鞋班"和"草鞋班"。这种追求升学率的后果，差不多又是重走"千军万马过独木桥"的科举老路。据报载，青海省一位妇女因小儿子学习成绩不好，眼看成龙无望，竟活活地将其吊打而死。广东也同样发生过类似惨剧。而浙江金华有个高中生因忍受不了学校排成绩名次和家长的压力，竟用榔头砸死母亲。贵州有一对孪生姐妹中学生，因考试成绩不理想，害怕受责，竟毒死父母双亲。这些触目惊心的例子，说明我们迫切需要改进教育工作了。我们要教育青少年树立正确的人生观和价值观，要明确为国家民族而勤奋读书，批判科举的残余观念，批判读书是为了功名利禄之类的封建思想糟粕。

其二，科举死钻经义，禁锢思想，压迫科学和文学，排斥一切新鲜事物，脱离实际，反对改革。我们一定要反其道而行之，要学以致用，吸收古今中外一切有用的知识。今天处在社会主义经济建设的大发展时代，对人才的需求是多方面的。"三百六十行，行行出状元。"对学习的要求也是多方面的。就拿中国传统文化来说，包括四书五经在内，都要"取其精华，弃其糟粕"，既不能像科

201

结束语　对科举制度的历史认识

中
国
科
举
史
话

举士子那样对四书五经顶礼膜拜，也不能像"四人帮"那样采取"一棍子打死"的历史虚无主义错误做法。目前正在中华亿万青少年中兴起的"中华古诗文经典诵读工程"，就是把古人的智慧哲理，作新的诠释，这是十分可喜的现象。对西方文化，用鲁迅的话，就是"拿来主义"。总之，要做到古为今用，洋为中用，不断丰富自己，以免头脑僵化，重蹈科举覆辙。

其三，科举推行八股，所谓代圣人立言，实质是愚弄人。我们一定要时刻警惕，经常重温毛泽东《反对党八股》的教导，肃清八股遗毒，改正我们的文风。据说有的青少年作文，可以不根据客观事实，不必面向生活，往往按照某种公式，埋头虚构，"语录"用得多，书上抄抄摘摘就是好文章。而有的老师在批改时，也不问这篇作文材料是否真实，是否用自己语言，怎么说就怎么写，而是只要辞藻华丽，故事编得生动，就给予高分。这不也是变相"八股"吗？

"历史的经验值得注意。"以史为鉴，可以知兴衰得失。我们应该从科举制的经验教训中，吸取有益的营养，摒弃无用的糟粕，"古为今用，推陈出新"，要不断改革，与时俱进，促进和完善我们的社会主义教育制度，从应试教育转变为素质教育，更好地培养"有理想、有道德、有文化、有纪律"的优秀人才，为建设有中国特色的社会主义而贡献力量！

附　录

一、关于隋文帝之死

隋文帝杨坚可谓中国科举制度的奠基人。笔者在《中国科举史话》初版中写到隋文帝时,顺便提及隋文帝虽善于治国,却不善于治家:

"……隋文帝之子杨广(即炀帝)是历史上著名的暴君。他不仅杀死三个同胞兄弟,又趁文帝有病时,将父亲残酷杀害。当时,'血溅屏风,冤痛之声闻于外'。从此,隋朝治世的局面就逆转了……"

书出版后,有读者来信指出,上述这段话史实有误,这是张冠李戴了。相传宋太祖赵匡胤病重,其弟赵匡义(太宗)将其杀害,留下了"烛影斧声"千古之谜。有一出古戏《贺后骂殿》,就是影射这场宫廷悲剧的。

感谢读者指出这个谬误。那么,隋文帝究竟是怎样死的呢?兹据《资治通鉴考异》引赵毅《大业略记》的记载如下:

高祖(即隋文帝杨坚)在仁寿宫,病甚。追帝(即隋炀帝杨广,当时为太子)侍疾。而高祖美人尤璧幸者,惟陈、蔡二人而已;帝(杨广)乃召蔡于别室。既还,而伤面发乱。高祖(杨坚)问之,蔡泣曰:'皇太子为非礼。'高祖大怒,啮指出血,召兵部尚书柳述、黄门侍郎元岩等,令发诏追庶人勇(文帝长子杨勇),即令废立。帝事迫,召左仆射杨素、左庶子张衡进毒药。帝简骁健宫奴三十人皆服妇人之服,衣下置仗,立于门巷之间,以为之卫。素等既入,而高祖暴崩。

这才是信史。显然,隋文帝是被他儿子杨广派人毒死的,并没有"血溅屏风"。

隋文帝病了,由二个美女侍候。一个姓陈,就是南朝陈宣帝的女儿。隋灭陈后,虏入宫中,封为宣华夫人。另一个姓蔡,丹阳人,封为容华夫人。这杨广是个色鬼,趁问候父病时,乘机调戏了蔡夫人。文帝气得把指头也咬出血来,下令要把废太子杨勇叫回来。杨广见事态危急,就先下手为强,叫权臣杨素等人用毒药将父亲毒死,自己当了皇帝。

另据《隋书》后妃传载:杨广乘侍疾之际调戏陈夫人,为文帝发觉。迨文帝驾崩,杨广遣使者赐金盒子,陈夫人惶惧,以为鸩毒。及开盒见有同心结数枚,诸宫人咸贺曰:"得免死矣。"其夜,杨广遂召陈夫人侍寝。后蔡夫人亦为炀帝所蒸。

二、关于"维民所止"试题冤案真相

相传清雍正年间,江西主考官海宁查嗣庭,取《诗经》中"维民所止"为试题,有人指控他隐喻雍正去首,遂遭满门抄斩。这是清朝文字狱中之昭昭大案。几百年来,"维民所止"题狱之冤广为流传,而且历久不衰。

但 1980 年 8 月出版的《辞海》,在"查嗣庭题狱"条文中,是这样说的:"世宗欲害隆科多,因查嗣庭曾受隆科多等推荐,故先兴此狱……世传试题为'维民所止',维止二字被指为雍正去首,并非事实。"那么,事实究竟是怎样的呢? 文史学者苏虹撰写《"维民所止"试题冤案内幕》一文,有详细的叙述,兹摘录如下:

据史书及朱批奏折中有关史料记载,此案发生于清雍正四年(1726)。这年各省乡试试期临近之时,雍正皇帝认为"江西大省,人文颇盛,须得大员以典试事",于是特指派内阁学士兼礼部侍郎查嗣庭为江西乡试正考官。查嗣庭出了哪些试题? 他出的首题为"君子不以言举人，不以人废言"；《易经》次题为"正大而天地之情可见矣"；《易经》三题为"其旨远，其辞文"；《诗经》四题为"百室盈止，妇子宁止"。

那么雍正皇帝根据什么来加罪于查嗣庭呢？雍正皇帝抓住上述试题，以"想当然"的思维方法，推此及彼，前后联系，从而认定查嗣庭"心怀怨望"而"大肆讪谤"。

要知道雍正帝怎样前后联系、推理分析，不能不先说说发生于上年(雍正三年，1725)被正法的汪景祺文稿案。举人出身的汪景祺曾作过《历代年号论》一文。文中说"'正'字有一止之象"，他列举前代帝王年号为例，认为正隆(金·海陵王)、正大(金·哀宗)、至正(元·顺帝)、正统(明·英宗)、正德(明·武宗)等年号，这些以"正"字年号的"皆非吉兆"。

雍正皇帝认为，汪景祺所说纯属"咒诅之语"。他举例反诘道："如汉之元鼎、元封，唐之开元、贞元"，难道"'元'字有一'兀'之象乎！"(据《辞海》所注：兀，有山秃、断足、浑然无知的解释。)雍正帝又举例反诘道："汉世祖以建武纪元，明太祖以洪武纪元，武字即有'止'字，难道可云'二止'乎？"雍正帝认为，汪景祺文稿分明是攻击他的年号，咒诅他逃不出"一止之象"。汪景祺胆敢发此"悖逆之语"，自然免不掉被诛戮的厄运。

如今，查嗣庭又出了前述诸试题，拿首题"君子不以言举人，不以人废言"看，雍正帝认为"尧舜之世，敷奏以言，取人之道，即不外乎此。况现在以制科取士，非以言举人乎？"而查嗣庭胆敢以此命题，"显与国家取士之道大相悖谬"。更主要的是，雍正帝把查嗣庭所出的《易经》次题与《诗经》四题，以及汪景祺的《历代年号论》一文联系起来分析，认为查嗣庭前有"正"，后有"止"字，与汪景祺攻击他有"一止"之象，其用意是完全相同的。

雍正帝认为他这样分析是有根据的，因为查嗣庭的第三试题为"其旨远，其辞文"，其意是明讲此事，叫人联想到彼事，他自然可以把查嗣庭的试题与汪景祺的文稿联系起来分析。雍正帝的结论是:汪景祺咒诅他的年号有"一止之象",而查嗣庭的几则试题中,前有"正"字,后有"止"字,"显然与汪景祺悖逆之语相同"。这一来,查嗣庭就逃脱不了"逆天负主,讥刺咒诅,大干法纪"的罪名。

查嗣庭的结局是很惨的。当年9月26日被宣布"革职拿问,交三法司严审定拟"。本应依大逆律凌迟处死,后虽已在监中病故,仍逃不掉"戮尸枭示,所有财产查明入官"。至于亲属,男16岁以上者,皆斩,15岁以下及其母女妻妾姐妹等,皆流放三千里外。

根据上引苏文所说,查嗣庭虽没有出"维民所止"试题,但雍正欲加之罪,何患无辞?这种深文周纳、罗织成罪的手段,多么令人触目惊心。想必当时的士子们于悲愤之余,索性背地里虚拟了"维民所止"这道题,互相传说。这虽是附会虚拟,却并非空穴来风,而是在事实基础上的概括和加工。这好比艺术虚构,一语既出,八方共鸣,比始初的事实,显得更直接、更集中、更生动,也更强烈、更典型,痛快淋漓,惟妙惟肖,真是画龙点睛之笔,把雍正皇帝七弯八绕,费尽心机想出来的强词夺理,统统抛在一边。几百年来,"维民所止"题狱,早已在人民心目中定案,也就是在历史中定案了,附会虚构的倒成为铁证了。这可见语言艺术的无穷威力,也反映出人们对暴君暴政的深恶痛绝。

如今的影视作品大演清宫戏,有的把雍正吹捧成雄才大略、锐意改革的圣君英主。不管怎样,雍正的阴险毒辣奸诈的形象是难于抹去的。从"维民所止"的冤案,人们巴不得雍正去首。果然,1735年8月23日(雍正十三年),年仅58岁的雍正一夕暴毙。于是,民间又盛传侠女吕四娘飞檐走壁,夜入深宫,用血滴子斩取雍正首级。这吕四娘也是因文字狱被满门抄斩的学者吕留良的孙女,她是为祖父及家族报仇。这类小说家言虽与史实不符,但却反映出人心向背,因为老百姓心中是有一杆秤的。

三、关于进士碑和来雪亭

北京孔庙先师门和大成门东西两侧,立着数排高大石碑,这就是负有盛名的元明清进士题名碑,共 198 块,刻有 51624 名进士的姓名、籍贯和名次,是研究我国科举制度的珍贵资料。

历史上元碑有 9 块。其中 6 块被明代人磨去字迹刻上当朝进士姓名,现存 3 块是清朝康熙年间国子监祭酒(全国最高学府校长)吴苑掘地时发现的。

明朝初年进士碑在南京。自永乐十四年(1416)起至崇祯十六年(1643)止共 77 块碑在北京。

清朝自顺治三年(1646)至光绪三十年(1904)止,共存碑 118

>> 来雪亭及碑记

中国科举史话

块。清末最后一科,清政府已无力负担立碑银两,进士们只好集资自建了。

文天祥被人们称为"状元中的状元",是整个科举制度史上最引为骄傲的"状元魂"。除了在他的江西故乡立有祠堂碑匾外,北京还有恢宏的文丞相祠堂。此外,温州是他戎马生涯中颇有历史意义的一个中转站。

公元 1276 年,元将伯颜破临安,掳宋恭帝及谢太后北上,南宋遂亡。状元出身的文天祥以右丞相兼枢密使赴元营谈判,竟遭拘押,后在解送途中,历经九死一生,脱险南归,于 4 月 8 日渡海抵达温州,住在江心孤屿的江心寺,筹谋起兵抗元。他在金戈铁马、风云变色的情势下,仍不改诗人豪放乐观气质,写下《江心寺》长诗。他讴歌温州优美风光:"晏岁着脚来东瓯,始觉坤轴东南浮";"冯夷海若不敢有,涌出精舍中莲洲。楼高百尺蜃吐气,塔耸双角龙昂头"。他站在江心屿北望,慨叹:"长淮在望铁瓮近,大浪不洗英雄愁。"他在另一首七律《宿中川寺》吟道:"罗浮山下雪来未,扬子江心月照谁";"乘潮一到中川寺,暗渡中兴第二碑"。

>> 文丞相祠

这"中兴第二碑"的含意,是文天祥联想到当年宋高宗(赵构)也曾南逃到温州,也住在江心屿,后来还打退金兵,再创中兴大业。真是历史的巧合,现卫、益二王也同样南逃温州,又从温州转道福州,正在整顿兵马抗元。这样看来,日后必定二度中兴,再立第二块纪念碑了。所以,后人在江心孤屿建文丞相祠及来雪亭,以资纪念。历代名家多有题咏,来雪亭匾额为郭沫若手书。

四、历代状元殿试卷举隅

在科举时代,状元卷一向为人所重视。读书人刻印传抄,以供观赏借鉴。其原件更归入朝廷机要档案,密加珍藏,视同国宝。但由于改朝换代,战火连绵以及外国侵略者的掠夺焚烧,原存于宫禁的试卷大都佚失。自停科举废八股之后,原存于民间的抄件资料也如烟飘絮飞,零落散失。直至20世纪90年代中期,花山文艺出版社印行《历代金殿殿试鼎甲朱卷》一书,才使人得一睹状元卷之真容。该书由仲光军、尚玉恒、冀南生等人所编,他们苦心孤诣,广泛搜检,有如海底捞针,草中觅珠,历经时日,方编成

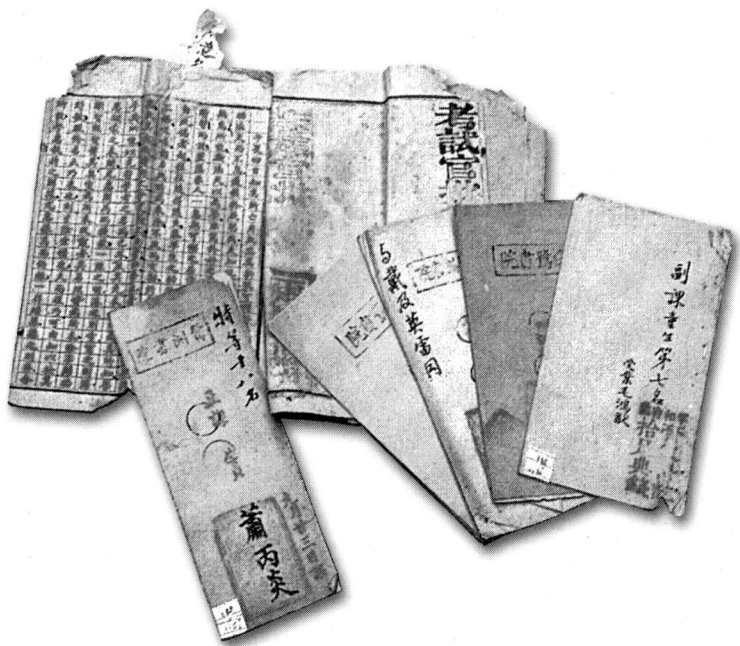

厚厚两大册,弥足珍贵。现从中选录若干篇,以飨读者。唐代录状元李程诗赋各一篇;宋代录民族英雄文天祥殿试对策;元代录蒙古人状元同同试卷片断;明代录失而复得的状元赵秉忠对策;清代录立宪派代表人物状元实业家张謇对策以及最后一个状元刘春霖试卷的"论教育"部分。又因文天祥对策文长万言,故试作题解及剖析段落大意,以为阅读之助。其余各篇,限于篇幅,不一一注释。

①唐贞元十二年状元李程试卷

试题:《日五色赋》以"日丽九重、圣符土德"为韵。

《春台晴望诗》

李程《日五色赋》

德动天鉴,祥开日华。守三光而效祉,彰五色而可嘉。验瑞典之所应,知淳风之不遐。禀以阳精,体乾爻于君位。昭夫土德,表王气于皇家。懿彼日升,考兹礼斗。因时而出,与圣为偶。仰瑞景兮灿中天,和德辉兮万有。既分羲和之职,自契黄人之守。舒明耀、符群道之克明。丽九华、当帝业之嗣九。时也环宇廓清,景气澄霁。浴咸池于天末,拂若木于海裔。非烟捧于圆象,蔚矣锦章。余霞散于重轮,焕然绮丽。固知畴人有秩,无幻无失。必观象以察变,不废时而乱日。合璧方而孰可,抱珥比而奚匹。泛草际而瑞露相鲜,动川上而荣光乱出。信比象而可久,故成文之不一。足使阳乌迷莫黑之容,白驹惊受彩之质。浩浩天枢,洋洋圣谟。德之交感,瑞必相符。五彩彰施于黄道,万姓瞻仰于康衢。足以光昭千古,照临下土。殊祥著明,庶物咸睹。名翚矫翼,如威凤兮鸣朝阳。时萑倾心,状灵芝兮耀中圃。斯乃天有命、日踬圣、太阶平、王道正。同夫少昊谅感之以呈祥,异彼夏王徒指之而比盛。今则引耀神州,扬光日域。诒象以启圣,宣精以昭德。彰烛远于皇明,乃备彩于五色。故曰:惟天为大,吾君是则。

李程《春台晴望诗》

曲台送春日，景物丽新晴。

霭霭烟收翠，忻忻木向荣。

静看迟日上，闲爱野云平。

风慢游丝转，天开远水明。

登高尘虑息，观徼道心清。

更有迁乔意，翩翩出谷莺。

附记：李程(766—842)，字表臣，陇西成纪人，系唐宗室后裔。他中状元还有一段趣事哩！贞元十二年，李程参加进士考试，礼部侍郎吕渭为主考官。起初，李程没有被录取。在放榜前，大臣杨于陵碰到李程，问他应试情况，李程就将诗赋稿底拿给杨于陵看。杨于陵看了开头"德动天鉴，祥开日华"八字，即认为出手不凡。及看完全篇，不禁大加赞赏，说："今科你必中状元。"次日榜发，杨于陵听说李程落榜，大为不平，立即取来李程诗赋稿底，直接去找吕渭，故意说："你今年所出考题，乃是旧题，前人早已做过，而且非常出色。"吕渭听了，大为惊讶。杨于陵就将李程赋稿给他看。吕渭阅罢，也赞叹不已。杨于陵就说明事实原委，吕渭感到惭愧，连忙向杨于陵致谢，并找李程落卷，擢为状元。

吕渭知错能改，虚心接受批评，这一点还是值得称道的。所以，宋代苏轼作主考官时，因没有录取李方叔卷子，还引吕渭的故事自责呢。

② 南宋状元文天祥殿试对策全文

1.宋理宗宝祐四年五月八日，御试策题

盖闻道之大，原出于天，超乎无极太极之妙，而实不离乎日用事物之常，根乎阴阳五行之赜，而实不外乎仁义礼智刚柔善恶之际。天以澄著,地以靖谧,人极以昭明、何莫由斯道也。圣圣相传,同此一道,由修身而治人,由致知而齐家治国平天下,本之精神心术,达之礼乐刑政。其体甚微,其用则广,历千万世而不可易。然功化有浅深,证效有迟速者,何欤?朕以寡昧临政,愿治于兹,历年志愈勤,道愈远,窃乎其未朕也。朕心疑焉。子大夫明先圣之术,咸造在廷,必有切至之论,朕将虚己以听。三坟而上,大道难名,五典以来,常道始著,日月星辰顺乎上,鸟兽草木若于下。九功惟叙,四夷来王,百工熙载,庶事康载,非圣神功化之验欤?然人心道心、寂寥片语,其危微精一之妙不可以言慨欤?誓何为而畔,会何为而疑,俗何以不若结绳,治何以不若画像。以政凝民,以礼凝士,以天保采薇治内外,忧勤危惧,仅克有济,何帝王劳逸之殊欤? 抑随时损益道不同欤? 及夫六典建官,盖为民极,则不过曰治、曰教、曰礼、曰政、曰刑、曰事而已。岂道之外又有法欤?自时厥后,以理欲之消长验世道污隆,阴浊之日常多,阳明之日常少,刑名杂霸佛老异端,无一毫几乎,道驳乎,无以议为然。务德化者,不能无上郡雁门之警。施仁义者,不能无末年轮台之悔,甚而无积仁累德之素纪纲治度为以维持凭藉者,又何欤? 朕上嘉下乐,夙兴夜寐靡遑康宁,道久而未治,化久而未成,天变洊臻,民生寡遂,人才乏而士习浮,国计殚而兵力弱,符泽未清,边备孔棘,岂道不足以御世欤?抑化裁推行有未至欤?夫不息则久,久则证,今胡为而未证欤? 变则通,通则久,今其可以屡更欤?子大夫熟之复之,勿激勿泛,以副朕详延之意。

2.试作解题及文天祥对策大意

理宗皇帝出的这个题目,计586个字。试题开头讲一番关于"道"的大道理:道之大"原原出于天",并且"超乎无极太极",根植于"阴阳五行"的深处,看起来很奥妙,但与我们日常生活、思想观念密切相关。古往今来,都以道治理天下,为什么会有"深浅"

"迟速"之分?我治理天下有年,"志愈勤,道愈远",对此我感到不可理解。你们都是"明先圣之术"的学子,今天聚集在此,想必都有"切至之论"发表,我将"虚己以听"。然后,就天象、人文、帝王治政、纲纪制度、社会风气、国计民生等八个方面提出问题。最后进入正题:"天变浸臻,民生寡遂。人才乏而士习浮,国计殚而兵力弱,符泽未清,边备孔棘,岂道不足以御世欤?抑化裁推行有未至欤?"也就是说,天灾不断发生,人民生活十分困难;士林风气浮华,人才特别缺乏;盗贼蜂起,边疆紧急。这些情况的出现,究竟是天道失去了威严,还是教化的工夫没有普及?望考生们深思熟虑,以"勿激勿泛"的态度,发表见解,勿负我一片诚意。

理宗皇帝在这里强调的所谓"道",究竟是什么东西?朱熹认为"宇宙之间,一理而已"。这个"理"就是"道",故有"天不变,道亦不变"之说。

这样看来,"道"是一种宇宙观和世界观,是存在于万物之中的法则、规律、准绳,是一种哲学观点。但是,解释世界的哲学观点,只有二种,一种是唯物的,一种是唯心的。

事实上,以朱熹为代表的理学家们以及帝王将相们还有芸芸考生们,他们头脑中的"道",是一本糊涂账,出题目的主考官和皇帝也说不清道不明,应考的举子们更说不清道不明。根本原因是他们用唯心主义来观察和解释世界,好比瞎子摸象,怎能摸得准?

按照马克思主义的辩证唯物主义观点,世界是物质的。物质是第一性,精神是第二性。精神又能反作用于物质。而物质是不灭的,按照一定的规律在矛盾中运动。世界万物都有发生、发展到消亡的过程。这是不以人的意志为转移的。用历史唯物主义观点来考察社会和研究历史,就会发现生产力和生产关系的矛盾,是社会发展的关键所在。人类自进入私有制社会后,阶级矛盾和阶级斗争就不可避免了。一个王朝的成败盛衰,都是这种斗争变化的结果。

可是,唯心主义就不是这样解释。他们认为天是有意志的,也是有感情的。天上日月星辰,对应地上人群众生。天派他的儿子来做皇帝(天子),统治世间万民。这就是君为臣纲,是万古不变的天道。人间一切都由天意决定。比如项羽为什么失败?"天亡我也,非战之罪。"刘邦为什么胜利?"陛下所谓天授,非人力也。"所以,历代帝王都是"天命所归"。这也是历代科考,都有"天道"这种命题的用意所在。直到清光绪二十九年,科举行将废止时,殿试策问命题中还有一句:"朕以藐藐之躬,临亿兆之上,揽艰难之时局,恒怵惕于宫廷。回銮以来,勤求治理,思以报答昊苍之默佑,绍列圣之诒谋……"这里就提到上天的保佑,也是君王自有天命论。

中国古代虽然发明了指南针、火药、造纸术、印刷术,还有浑天仪、地动仪等等,科技水平居当时世界最前列,但我们的科学理论思维一直滞后,往往知其然而不知其所以然。什么是天?什么是地?几千年来都是糊里糊涂,懵懵懂懂,似是而非,"气之青轻上浮者为天,气之重浊下凝者为地","地方天圆,日月星辰环焉"。这老皇历翻了千百年,就没有再进一步去研究。

就在理宗皇帝出这道考题的那个时代,稍早一些,辛弃疾写了一首《木兰花慢·可怜今夕月》:

可怜今夕月,向何处?去悠悠,是别有人间,那边才见,光景东头。是天外空汗漫,但长风浩浩送中秋,飞镜无根谁系?姮娥不嫁谁留?……

诗人不是进行科学探讨,而是凭灵感提出疑问:这月亮没有用绳子系住,怎能悬在空中呢?还有她从地面钻下去后,到哪里去了呢?是否在地的另一面,别有一个世界呢?

这毕竟是诗的语言，并不是严格的天文学考证。同样，在文天祥的本篇对策中也有一段相当精辟的议论：

　　　臣闻天久而不坠也以运，地久而不瞶也以转，水久而不腐也以流，日月星辰而常新也以行。天下之凡不息者，皆以久也。

　　这段话提出万事万物处于运动中的看法，是很正确的。尤其是天不垮下来是因为"运"，地不坠下去因为"转"，日月星辰能常新因为"行"，否定了古代的天圆地方学说，可以视作朴素的唯物主义观点。但这毕竟只是文章家的推论，和辛弃疾一样，缺乏有力的科学验证。直至三百年后，公元 1530 年，波兰天文学家哥白尼的天体运行说问世，世人才恍然大悟：原来地球也是太阳系中一颗行星，是不断绕太阳转动的。

　　现在把笔带住，转到文天祥的对策上来。

　　文天祥在殿试对策卷中，首先就试题中关于"道"的理论，发表了见解。文天祥说，道存在天地人心、上下四方、古往今来、阴阳五行之中，对修身齐家治国平天下，对礼乐刑政，对道德教化有决定作用，历代帝王都按"道"的原则办事。但"秦汉以降"，人们逐渐与"道"疏远，其原因是真正了解"道"的人少了。

　　其实，这还是继承朱熹的观点。不过，文天祥很聪明，不在玄而又玄的"道"上多花笔墨，立即将话题转到现实上来，他说，陛下虽然当政多年，一心以"道"来治理天下，但效果很不理想，"上而天变不能以尽无，下而民生不能从尽遂，人才士习之未甚纯，国计兵力之未甚充，以至盗贼兵戈之警"不断，皇上为此晨昏不安。

　　文天祥在试卷中，把皇上提的八方面问题归纳成四个加以回答："陛下分而以八事问，臣合而以四事对。"并说："臣之所望于陛下者，法天地之不息而已。"即希望皇上以自强不息的精神，克服缺点,扫除弊病。

文天祥提出的是哪四个问题呢? 他写道:

> 臣闻天变之来,民怨招之也;人才之乏,士习蛊之也;兵力之弱,国计屈之也;虏寇之警,盗贼因之也。

然后,文天祥在试卷中就这四方面的问题,一一作答。

第一,"何谓天变之来,民怨招之也?"显然这是一个"天人感应"的唯心主义命题,但从试卷中所举的许多实例看,却又说得在理。他认为,人们生活之所以如此困苦,其原因在于从皇帝到官员对人民的盘剥。他说:

> 今之生民困矣,自琼林、大盈积于私贮,而民困;自建章、通天频于营缮,而民困;自献助累见于豪家巨室,而民困;自和籴不间于闾阎下户,而民困;自所至贪官暴吏,视吾民如家鸡圈豕,唯听咀啖,而民困。呜呼! 东南民力竭矣!

这里一连串指出五个"民困"的原因,其中前三个都是针对南宋皇帝说的:琼林、大盈是唐代宗贮藏珍宝的仓库;建章宫、通天台是汉武帝建造的豪华宫殿;献助,是指豪家巨室以金银物资等向皇帝作贡献和资助。文天祥用"借古喻今"的手法,对皇上进行批评和规劝。后两个致"民困"的原因,一是按民间的家户多少摊买粮食的"和籴"法,增加了贫穷人家的负担;一是贪官污吏视百姓为鸡豕,任意宰割。文天祥把批评的矛头指向皇上,对南宋历代皇帝大修宫殿,聚敛财物,盘剥人民,以及政策失误,官吏贪残的种种腐败现象作了大胆揭露。他又写道:

> 生斯世,为斯民,仰事俯育,亦欲各遂其父母妻子之乐;而操

斧斤,淬锋锷,日夜思所以斩伐其命脉者,滔滔皆是。

老百姓想安居乐业,但磨刀霍霍,日夜思谋宰他们的人处处都是,他们能活命吗?所以"腊雪靳瑞,蛰雷愆期,月犯于木,星殒为石",连老天也为他们鸣不平,这是天象示警。文天祥说:

臣愿陛下持不息之心,急求所以为安民之道,则民生既和,天变或于是而弥矣!

百姓生活安定了,民怨平息了,天灾也就会消失。

第二,"何谓人才之乏,士习蛊之也?"文天祥在试卷中对人才培养的重要意义作一番议论后指出:"士习厚薄,最关人才。"他问皇上,你了解现在的士林风习吗?而今士大夫之家教育孩子,从小到大都拣那些"不戾于时好,不震于有司"的诗书给他们读,为的是科举高中能当官坐高车大马。父兄师友所教,全是利己那一套,未当官前心术就学坏了,当官以后有什么气节可讲?让他们当地方官吏,会出现什么样的情况? 这种人 "奔竞于势要","趋附于权门",蝇营狗苟,牛维马絷,患得患失,必然无所作为。要培养高素质的人才,必须改变今天的士林风习。文天祥说:

臣愿陛下持不息之心,急求所以为淑士之道,则士风一淳,人才或于是可行矣。

皇上要坚持选才标准,只要士林风气淳净了,人才是可以得到的。

第三,"何谓兵力之弱,国计屈之也?"文天祥在对全国兵力不足的情况作了分析后说,兵力不足在于财力不足,国力弱因为国家穷。然而国家既穷却又到处大兴土木,"琳宫梵宇,照耀湖山"；还要讲求享乐，"霓裳羽衣，靡金饰翠"；又要大把大把银子赏赐亲信，"量珠辇玉，邀宠希恩"。这些花销远远超过年饷，如果以"天下之财，专以供军，则财未有不足者"。故文天祥说：

> 臣愿陛下，持不息之心，急求所以为节财之道，则财计以充，兵力或于是可强矣！

只要皇上下决心压缩完全不必要的"浮费""冗费"开支，坚持节约，有了财力，兵力是可以增强的。

第四，"何谓虏寇之警，盗贼因之也？"文天祥举绍兴年间杨么在洞庭湖作乱为例，说明外虏与内患相互作用的关系："臣闻外之虏不能为中国患，而其来也，必待内之变；内之盗贼，亦不能为中国患，而其起也，必将纳外之侮。盗贼至于通虏寇，则心腹之大患也。"因此，文天祥说：

> 臣愿陛下持不息之心，求所以弭寇之道，则寇难一清，边备或于是可以宽矣。

只要皇上拿出平定盗寇的办法，盗寇平定了，边疆的防务就可以放心了。

在考卷的后半部分，文天祥还就御试题中要求考生"勿激勿泛，以副朕详延之意"，发表议论说，皇上自即位以来，提倡大家说实话说真话，还从来没有发生过因直言而得罪的事。我常希望有个机会能在天子之庭直接向皇上陈述自己多年积蓄在心里的话，今天有幸得到这个机会，正好向皇上披肝沥胆，毫无顾忌地纵谈天下大事，但陛下却戒之"勿激勿泛"。不着边际的泛，固然不好，然能击中要害、尖锐中肯的激烈言论，正是臣下一片忠心的表现，为什么皇上将它与泛泛而谈相提并论呢？这岂不是把臣

下归入那种唯唯诺诺看风使舵的庸人之列了吗?接着,文天祥反问道:

> 然则臣将为激者欤? 将为泛者欤? 抑将迁就陛下之说,而姑为不激不泛者欤?

这几句话是尖锐的反诘,是颇为不恭的抗议,狠狠地将了皇上一军。直到试卷最后,文天祥都抓住这个问题不放:

> 臣赋性疏愚,不识忌讳,握笔至此,不自知其言之过于激,亦不自知其言之过于泛。冒犯天威,罪在不赦。惟陛下留神。

读罢文天祥的殿试卷,使我们特别敬佩的是他对国家人民的一片忠心,一片赤诚。参加考试本为功名富贵,向皇上阿谀奉承惟恐不及,而他竟敢如此大胆指出当朝皇上这么多不是,反映民间许多真实情况,而且言辞激烈,犯颜直谏,毫不把博取功名放在心中,可见他的秉性刚直,光明磊落。

这篇洋洋洒洒万言长文,气势磅礴,结构严谨,文辞畅达,一气呵成。据说从早晨拿到考卷,未时(下午 2 时)即写毕交卷。可见其文思泉涌,运笔如飞,思维敏捷,才华横溢矣!要知道当年文天祥还是个 20 岁的小青年呢。

3.文天祥殿试对策全文

臣恭惟皇帝陛下处常之久、当泰之交、以二帝三皇之道会诸心,将三纪于此矣。臣等鼓舞于鸢飞鱼跃之天,皆道体流行中之一物,不自意得旅进于陛下之庭,而陛下且嘉之论道。道之不行也久矣,陛下之言及此,天地神人之福也。然臣所未解者,今日已当道久化成之时,道洽政治之候,而方歉焉,有志勤道远之疑,岂望道而未之见耶?臣请溯太极动静之根,推神功化之验,就以圣问中不息一语,为陛下勉,幸陛下试垂听焉。臣闻天地与道同一不息,圣人之心与天地同一不息,上下四方之宇,往古来今之宙,其间百千万变之消息盈虚,百千万之转移阖辟,何莫非道。所谓道者,一不息而已矣。道之隐于浑沦,藏于未雕未琢之天。当是时无极太极之体也,自太极分而阴阳,则阴阳不息,道亦不息。阴阳散而五行,则五行不息道亦不息。自五行又散而为人心之仁义礼智,刚柔善恶,则乾道成男,坤道成女,穹壤间生生化化之不息,而道亦与之相为不息。然则道一不息,天地亦一不息。天地之不息,固道之不息者为之。圣人出而为天地立心,为生民立命,为往圣继绝学,为万世开太平,亦不过以一不息之心充之。充之而修身治人,此一不息也。充之而自精神心术以至于礼乐刑政,亦此一不息也。自有三坟五典以来,以至于太平六典之世,帝之所以帝,王之所以王,皆自其一念之不息者。始秦汉以降,而道始离,非道之离也,知道者之鲜也。虽然,其间英君谊辟,固有号为稍稍知道矣,而又沮于行道之不力。知务德化矣,而不能不尼之以黄老。知施仁义矣,而不能不遏之以多欲。知四年行仁矣,而不能不画之以近效。上下二三千年间,牵补过时,架漏度日,毋怪夫驳乎、无以议为也。独惟我朝式克至于今日,体陛下传列圣之心,以会艺祖之心。会艺祖之心以恭帝王之心,参天地之心。三十三年间,臣知陛下不贰以二,不叁以三,茫乎天运,窈尔神化,此心之天,混兮辟兮,其无穷也。然临御浸久,持循浸熟,而算计见效,犹未有以大快圣心者,上而天变不能以尽无,下而民生不能以尽遂,人才士习之未甚纯,国计兵力之未甚充,以至盗贼兵戈之警,所以贻宵旰之忧者,尤所不免。然则行道者始无验也邪?臣则以为道非无验之物也。道之功化甚深也,而不可以为迂。道之证效甚迟也,而不可以为远。维天之命,于穆不已,天地之所以为天地也。之德之纯,纯亦不已,圣人之所以为圣人也。为治顾力行何如耳,焉有行道于岁月之暂,而递责其验之,为迂且远邪?臣之所望于陛下者,法天地之不息而已。姑以近事言、则责躬之言方发而阴雨旋霁,是天变未尝不以道而弭也。赈饥之典方举而都民欢呼,是民生未尝不以道而安也。论辩建明之诏一颁而人才士习稍稍浑厚,招填条具之旨一下而国计兵力稍稍充实,安吉庆元之小获,维扬泸水之隽功,无非忧勤于道之明验也。然以道之极功论之,则此浅效耳、速效耳。指浅效速效而递以为道之极功,则汉唐诸君之用心是也。陛下行帝而帝、行王而王、而肯袭汉唐事邪?此臣所以赞陛下之不息也。陛下傥自其不息者而充之,则与阴阳同其化,与五行同其运,与乾坤生生化化之理同其无穷。虽充而为三纪之风移俗易可也,虽充而为四十年囹空刑措可也,虽充而为百年德洽于天下可也,虽充而为卜世过历亿万年敬天之休可也。岂止如圣问八者之事,可徐就理而已哉。臣谨昧死上愚对。臣伏读圣策曰:"盖闻道之大,原出于天,超乎无极太极之妙,而实不离乎日用事物之常,根乎阴阳五行之赜,而实不外仁义礼智刚柔善恶之际,天以澄著,地以靖谧,人极以昭明,何莫由斯道也。圣圣相传,同此一道,由修身而治人,由致知而齐家治国平天下,本之于精神心术,达之于礼乐刑政,其体甚微,其用则广,历千万世而不可易。然功化有浅深,证效有迟速欤?朕以寡昧临政,愿治于兹,历年志愈勤,道愈远,窃乎其未朕也。朕心疑焉。子大夫明先王之术,咸造在庭,必有切至之论,朕将虚己以听。"臣有以见陛下溯道之本原,求道之功效,且疑而质之臣等也。臣闻圣人之心,天地之心也。天地之道,圣人之道也。分而言之,则道自道,天地自天地,圣人自圣人。合而言之,则道一不息也,天地一不息也,圣人亦一不息也。臣请溯其本原言之,茫茫堪舆无垠,浑浑元气变化无端,人心仁义礼智之性未赋也,人心刚柔善恶之气未禀也。当是时,未有人心,先有五行。未有五行,先有阴阳。未有阴阳，先有无极太极。未有无极太极，则太虚无形，冲漠无朕，而先有此道。未有物之先，而道具焉，道之体也。既有物之后而道行焉，道之用也。其体则微，其用甚广。即人心，而道在人心。即五行，而道在五行。即阴阳，而道在阴阳。即无极太极，而道在无极太极。贯显微，兼费隐，包小大，通物我，道何以若此哉。道之在天下，犹水之在地中。地中无往而非水，天下无往而非道。水一不息之流也，道一不息之用也。天以澄著，则日月星辰循其经，地以靖谧，则山川草木顺其常。人极以昭明，则君臣父子安其伦，流行古今，纲纪造化，何莫由斯道也。一日而道息焉，虽三才不能以自立。道之不息，功用固如此。夫圣人体天地之不息者也。天地以此道而不息，圣人亦以此道而不息。圣人立不息之体，则敛于修身。推不息之用，则散于治人。立不息之体，则寓于致知。以下之工夫，推不息之用，则显于齐家治国平天下之效验。立不息之体，则本之精神心术之微。推不息之用，则达之礼乐刑政之著。圣人之所以为圣人者，犹天地之所以为天地也。道之在天地间者，常久而不息，圣人之于道，其可以顷刻息邪。言不息之理者，莫如大易，莫如中庸。大易之道，至于乾道变化，各正性命，保合太和，而圣人之论法天乃归之自强不息。中庸之道，至于溥博渊泉，上天之载无声无臭，而圣人之论，配天地乃归之不息则久，岂非乾之所以刚健中正纯粹精一也者，一不息之道耳。是以法天者亦以一不息。中庸之所以高明博厚悠久无疆者，一不息之道耳。是以配天地者，亦以一不息。以不息之心，行不息之道，圣人即不息之天地也。陛下临政愿治，于兹历年，前此不息之岁月，犹日之自朝而午。今此不息之岁月，犹日之至午而中。此正勉强行道大有功之日也。陛下勿谓数十年间我之所以担当宇宙把握天地未尝不以此道。至于今日而道之验如此，其迂且远矣。以臣观之，道犹百里之途也，今日则适六七十之候也。进于道者，不可以中道而废，游于途者，不可以中途而尽，孜孜矻矻，而不自已焉。则适六七十里者,固所以为至百里之阶也,不然自止于六七十里之间,则百里虽近焉,能以一武到哉。道无浅功化,行道者,何可以深为迂。道无速证效,行道者,何可以迟为远。惟不息则能极道之功化,惟不息则能极道之证效,气机动荡于三极之间,神采灌注于万有之表,要自陛下此一心始。臣不暇远举,请以仁宗皇帝事为陛下陈之。仁祖一不息之天地也,康定之诏曰祗勤抑畏,庆历之诏曰不敢荒宁,皇佑之诏曰缅念为君之难,深惟履位之重。庆历不息之心,即康定不息之心也。皇佑不息之心,即庆历不息之心也。当时仁祖以道德感天心,以福禄胜人力,国家绥靖,边鄙宁谧,若可以已矣,而犹未也。至和元年、仁祖之三十三年也,方且露立仰天,以畏天变,碎通天犀,以救民生。处贾黯吏铨之职,擢公弼殿柱之名,以厚人才,以昌士习。纳景初减用之言,听范镇新兵之谏,以裕国计,以强兵力,以至讲周礼薄征缓刑而拳拳,以盗贼为忧,选将帅明纪律而汲汲,以西戎北虏为虑。仁祖之心至此而不息,则与天地同其悠久矣。陛下之心,仁祖之心也。范祖禹有言,欲法尧舜,惟法仁祖。臣亦曰:欲法帝王,惟法仁祖。法仁祖则可至天德,颙加圣心焉。臣伏读圣策曰:"三坟以上云云,岂道之外又有法欤?"臣有以见陛下慕帝王之功化证效,而亦意其各有浅深迟速也。臣闻帝王行道之心,一不息而已矣。尧之兢兢,舜之业业,禹之孜孜,汤之栗栗,文王之不已,武王之无贰,成王之无逸,皆是物也。三坟远矣,五典犹有可论者。臣尝以五典所载之事推之,当是时日月星辰之顺,以道而顺也。鸟兽草木之若,以道而若也。九功惟叙,以道而叙也。四夷来王,以道而来王也。百工以道而熙,庶事以道而康。光天之下至于海隅,苍生盖无一而不拜帝道之赐矣。垂衣拱手,以自逸于土阶岩廊之上。夫谁曰不可而尧舜不然也。方且考绩之法重于三岁,无岁而敢息也。授历之命严于四时,无月而敢息也。凛凛乎一日二日之戒,无日而敢息也。此犹可也,授受之际,而尧之命舜乃曰:允执厥中。夫谓之执者,战兢保持而不敢少放之谓也。味斯语也,则尧之不息可见矣。河图出矣,洛书见矣,执中之说未闻也,而尧独言之,尧之言赘矣。而舜之命禹乃复益之以人心惟危,道心惟微,惟精惟一之三言。夫致察于危微精一之间,则其战兢保持之念,又有甚于尧者。舜之心其不息又何如哉。是以尧之道化,不惟验于七十年在位之日,舜之道化,不惟验于五十年视阜之时。读万世永赖之语,则唐虞而下数千百年间,天得以为天,地得以为地,人得以为人者,皆尧舜之赐也。然则功化抑何其深,证效抑何其迟欤?降是而王,非固劳于帝者,太朴日散,风气日开,人心之机械日益巧,世变之乘除不息,而圣人之所以纲维世变者,亦与之相为不息焉。俗非结绳之淳也,治非画象之古也,师不得不誓,侯不得不会,民不得不凝之以政,士不得不凝之以礼,内外异治,不得不以采薇天保之治治之。以至六典建官,其所以曰治、曰政、曰礼、曰教、曰刑、曰事者,亦无非扶世道而不使之穷耳。以势而论之,则夏之治不如唐虞,商之治又不如夏,周之治又不如商。帝之所以帝者,何其逸。王之所以王者,何其劳。栗危惧,不如非心黄屋者之为适也。始于忧勤,不如恭己南面之为安也。然以心而观,则舜之业业,即尧之兢兢,禹之孜孜,即舜之业业,汤之栗栗,即禹之孜孜。文王之不已、武王之无贰、成王之无逸,何莫非兢兢、业业、孜孜、栗栗之推也。道之散于宇宙间者无一日息,帝王之所以行道者,亦无一日息。帝王之心,天地之心也,尚可以帝者之为逸,而王者之为劳耶。臣愿陛下求帝王之道,必求帝王之心,则今日之功化证效,或可与帝王一视矣。臣伏读圣策曰:自时厥后云云,亦足以维持凭藉者,何欤?臣有以见陛下陋汉唐之功化证效,而且为汉唐世道发一慨也。臣闻不息则天,息则人。不息则理,息则欲。不息则阳明,息则阴浊。汉唐诸君天资敏、地位高,使稍有进道之心,则六五帝、四三王,亦未有难能者。奈何天不足以制人,而天反为人所制,理之不足以御欲,而理反为欲所御,阳明不足以胜阴浊,而阳明反为阴浊所胜，是以勇于进道者少，沮于求道者多，汉唐之所以不唐虞三代也欤？虽然，是为不知道者儒尝论汉唐言也，其间亦有号为知道者矣。汉之文帝武帝，唐之太宗，亦不可谓非知道者，然而亦有议焉。先诸君以公私义利分数多少为治乱，三君之心往往不纯乎天，不纯乎人，而出入于天人之间。不纯乎理，不纯乎欲，而出入乎理欲之间。不纯乎阳明，不纯乎阴浊，而出入乎阳明阴浊之间。是以专务德化，虽足以陶后元泰和之风，然而尼之以黄老，则雁门上郡之警不能无。外施仁义，虽足以致建元富庶之盛，然而遏之以多欲，则轮台末年之悔不能免。四年行仁，虽足以开正观升平之治。然而画之以近效，则纪纲制度曾是不足为再世之凭藉。盖有一分之道心者，固足以就一分之事功，有一分之人心者，亦足以召一分之事变。世道污隆之分数、亦系于理欲消长之分数而已。然臣尝思之，汉唐以来为道之累者，其大有二：一曰杂伯，二曰异端。时君世主有志于求道者，不陷于此，则陷于彼。姑就三君而言，则文帝之心，异端累之也。武帝太宗之心，杂伯累之也。武帝无得于道，宪章六经统一，圣真不足以胜其神仙，土木之私，干戈刑罚之惨，其心也荒。太宗全不知道，闺门之耻，将相之夸，末年辽东一行，终不能以克其血气之暴，其心也骄。杂伯一念，憧憧往来，是固不足以语常久不息之事者。若文帝稍有帝王之天资，稍有帝王之地步，一以君子长者之道待天下，而晁错辈刑名之说未尝一动其心，是不累于杂伯矣。使其以二三十年恭俭之心而移之以求道，则后元气象且将骎骎乎商周，进进乎唐虞。奈何帝之纯心，又间于黄老之清净。是以文帝仅得为汉唐之令王，而不得一侪于帝王。呜呼，武帝太宗累于杂伯，君子固不敢以帝王事望之，文帝不为杂伯所累，而不能不累于异端，是则重可惜已。臣愿陛下监汉唐之迹，必监汉唐之心，则今日之功化证效将超汉唐数等矣。臣伏读圣策曰：朕上嘉下乐云云，抑化裁推行有未至欤？臣有以见陛下念今日八者之务，而甚有望乎为道之验也。臣闻天变之来,民怨招之也。人才之乏,士习蛊之也。兵力之弱,国计屈之也。虏寇之警,盗贼因之也。夫陛下以上嘉下乐之勤,夙兴夜寐之劳,怅岁月之逾迈,亦欲以少见吾道之验耳。俯视一世,未能差强人意,八者之弊,臣知陛下为此不满也。陛下分而以八事问,臣合而以四事对,请得以熟数之于前。何谓天变之来民怨招之也,天视自我民视,天听自我民听,天明畏自我民明畏。人心之休戚,天心所因以为喜怒者也。熙宁间大旱,是时河陕流民入京师。监门郑侠画流民图以献,且曰:陛下南征北伐,皆以胜捷以图来上,料无一人以父母妻子迁移困顿皇皇不给之状为图以进者。览臣之图,行臣之言,十日不雨,乞正欺君之罪。上为之罢新法十八事,京师大雨八日。天人之交,间不容发,载在经史,此类甚多。陛下以为今日之民生何如邪? 今之民生困矣,自琼林大盈积于私贮而民困,自建章通天频于营缮而民困,自献助叠见于豪家巨室而民困,自和籴不间于闾阎下户而民困,自所至贪官暴吏,视吾民如家鸡圈豕惟所咀啖而民困。呜呼,东南民力竭矣。书曰:怨岂在明,不见是图。今尚可谓之不见乎。书曰:怨不在大,亦不在小。今尚可谓之小乎。生斯世为斯民,仰事俯育,亦欲各遂其父母妻子之乐。而操斧斤,淬锋锷,日夜思所以斩伐其命脉者,滔滔皆是。然则腊雪靳瑞,蛰雷愆期,月犯于木星,殒为石,以至土雨地震之变无怪夫屡书不一尽也。臣愿陛下持不息之心,急求所以为安民之道,则民生既和,天变或于是而弭矣。何谓人才之乏,士习蛊之也。臣闻穷之所养,达之所施,幼之所学,壮之所行。今日之修于家,他日之行于天子之庭者也。国初诸老尝以厚士习为先务,宁收落韵之李迪,不取凿说之贾边;宁收直言之苏辙,不取险怪之刘几。建学校则必欲崇经术,复乡举则必欲参行艺。其后国子监取湖学法建,经学治道,边防水利等齐,使学者因其名以求其实。当时如程颐、徐积、吕希哲皆出其中。呜呼,此元祐人物之所从出也。士习厚薄最关人才,从古以来其语如此。陛下以为今之士习何如邪？今之士大夫之家，有子而教之。方其幼也，则授其句读，择其不庚于时好，不震于有司者，俾熟复焉。及其长也，细书为工，累牍为富，持试于乡校者，以是较艺于科举者，以是取青紫而得车马也。以是父兄之所教，诏师友之所讲，明利而已矣。其能卓然自拔于流俗者，几何人哉。心术既坏于未仕之前，则气节可想于既仕之后。以之领郡邑，如之何责其为卓茂黄霸。以之镇一路，如之何责其为苏章何武。以之曳朝绅，如之何责其为汲黯望之。奔兢于势要之路者，无怪也。趋附于权贵之门者，无怪也。牛维马絷，狗苟蝇营，患得患失，无所不至者，无怪也。悠悠风尘，靡靡偷俗，清芬消歇，浊滓横流。惟皇降表秉彝之懿，萌蘖于牛羊斧斤相寻之冲者，其有几哉。厚今之人才，臣以为变今之士习，而后可也。臣愿陛下持不息之心，急求所以为淑士之道，则士风一淳，人才或于是而可得矣。何谓兵力之弱，国计屈之也。谨按国史，治平间遣使募京畿淮南兵。司马光言边臣之请兵无穷，朝廷之募兵无已，仓库之粟帛有限，百姓之膏血有涯，愿罢招禁军，训练旧有之兵，自可备御。臣闻古今天下能免于弱者，必不能免于贫。免于贫者，必不能免于弱。一利之兴，一害之伏，未有交受其害者，今之兵财则交受其害矣。自东海城筑，而调淮兵以防海，则两淮之兵不足。自襄樊复归，而并荆兵以城襄，则荆湖之兵不足。自腥气染于汉水，冤血溅于宝峰，而正军忠义空于死徒者过半，则川蜀之兵又不足。江淮之兵又抽而入蜀，又抽而实荆，则下流之兵愈不足矣。荆湖之兵又分而策应、分而镇抚，则上流之兵愈不足矣。夫国之所恃以自卫者，兵也。而今之兵不足如此，国安得而不弱哉。扶其弱而归之强，则招兵之策，今日直有所不得已者。然召募方新，调度转急，问之大农，大农无财，问之版曹，版曹无财，问之饷司，饷司无财。自岁币银绢外，未闻有画一策为军食计者。是则弱矣，而又未免于贫也。陛下自肝鬲近又创一安边太平库，专以供军，此艺祖积缣帛以易贼首之心也，仁宗皇帝出钱帛以助兵革之心也。转易之间,风采立异,前日之弱者可强矣。然飞刍挽粟,给饷馈粮,费于兵者几何。而琳宫梵宇,照耀湖山,土木之费,则漏卮也。列灶云屯,樵苏后爨,费于兵者几何。而霓裳羽衣,靡金饰翠,宫廷之费则尾闾也。生熟口券,月给衣粮,费于兵者几何。而量珠辇玉,幸宠希恩,戚畹之费,则滥觞也。盖天下之财专以供军,则财未有不足者,第重之以浮费,重之以冗费,则财始瓶罄而叠耻矣。如此则虽欲足兵,其何以给兵耶?臣愿陛下持不息之心,急求所以为节财之道。则财计一充,兵力或于是而可强矣。何谓虏寇之警,盗贼因之也。谨按国史,绍兴间杨么寇洞庭,连跨数郡,大将王燮不能制。时伪齐挟虏使李成寇襄汉,么与交通,朝廷患之。始命岳飞措置上流,已而逐李成,擒杨么,而荆湖平。臣闻外之虏寇不能为中国患,而其来也,必待内之变。内之盗贼亦不能为中国患,而其起也,必将纳外之侮。盗贼而至于通虏寇,则腹心之大患也已。今之所谓虏者,固可畏矣。然而逼我蜀,则蜀帅策泸水之勋。窥我淮,则淮帅奏维扬之凯。狼子野心,固不可以一捷止之,然使之无得弃去,则中国之技未为尽出其下,彼亦犹畏中国之有其人也。独惟旧海在天一隅,逆雏冗之者数年于兹,飓风瞬息,一苇可航,彼未必不朝夕为趋浙计。然而未能焉,短于舟,疏于水,惧吾唐岛之有李宝在耳。然洞庭之湖,烟水沉寂,而浙右之湖,涛澜沸惊,区区妖孽,且谓有杨么之渐矣。得之京师之耆老,皆以为此寇出没倏闪,往来翕霍,驾舟如飞,运楫如神,而我之舟师不及焉。夫东南之长技莫如舟师,我之胜兀术于金山者以此,我之毙逆亮于采石者以此。而今此曹反挟之以制我,不武甚矣。万一或出于杨么之计,则前日李成之不得志于荆者,未必今日之不得志于浙也。襄闻山东荐饥,有司贪市榷之利,空苏湖根本以资之,廷绅犹谓互易。安知无为其向导者,一夫登岸,万事瓦裂。又闻魏村江湾福山三寨水军,兴贩盐课,以资递雏,廷绅犹谓是以捍卫之师为商贾之事,以防拓之卒,开向导之门,忧时识治之见,往往如此。肘腋之蜂虿,怀袖之蛇蝎,是其可以忽乎哉。陛下近者命发运兼宪,合兵财而一其权,是将为灭此朝食之图矣。然屯海道者非无军,控海道者非无将,徒有王燮数年之劳,未闻岳飞八日之捷,子太叔平符泽之盗,恐长此不已,臣惧为李成开道地也。臣愿陛下将不息之心求所以弭寇之道。则寇难一清,边备或于是而可宽矣。臣伏读圣策曰:夫不息则久,久则徵,今胡为而未徵欤?变则通,通则久,今其可以屡更欤?臣有以见陛下久于其道,而甚有感乎中庸大易之格言也。臣闻天久而不坠也以运,地久而不颓也以转,水久而不腐也以流,日月星辰而常新也以行,天下之凡不息者皆以久也。中庸之不息即所以为大易之变通,大易之变通即所以验中庸之不息。变通者之久,固肇于不息者之久也。盖不息者其心,变通者其迹,其心不息,故其迹亦不息。游乎六合之内,而纵论乎六合之外,生乎百世之下,而追想乎百世之上,神化天造,天运无端,发微不可见,充周不可穷,天地之所以变通,固自其不息者为之。圣人之久于其道,亦法天地而已矣。天地以不息而久,圣人亦以不息而久,外不息而言久焉,皆非所以久也。臣尝读无逸一书,见其享国之久者有四君焉,而其间有三君为最久。臣求其所以久者,中宗之心严恭寅畏也,高宗之心不敢荒宁也,文王之心无淫于逸,无游于畋也。是三君者,皆无逸而已矣。彼之无逸,臣之所谓不息也。一无逸而其效如此,然而不息者,非所以久欤?陛下之行道,盖非一朝夕之暂矣。宝绍以来则涵养此道,端平以来则发挥此道。嘉熙以来则把握此道,嘉熙而淳祐、淳祐而宝祐,十余年间无非持循此道之岁月。陛下处此也,庭燎未辉,臣知其宵衣以待。日中至昃,臣知其玉食弗遑。夜漏已下,臣知其丙枕无寐。圣人之运亦可谓不息矣。然既往之不息者易,方来之不息者难,久而不息者易,愈久而愈不息者难。昕临大庭,百辟星布,陛下之心此时固不息矣。暗室屋漏之隐,试一警省则亦能不息否乎?日御经筵,学士云集,陛下之心此时固不息矣。宦官女子之近，试一循察则亦能不息否乎？不息于外者，固不能保其不息于内。不息于此者，固不能保其不息于彼。乍勤乍怠，乍作乍辍，则不息之纯心间矣。如此则陛下虽欲久则征，臣知中庸九经之治未可以朝夕见也。虽欲通则久，臣知系辞十三卦之功未可以岁月计也。渊娟蠖屈之中，虚明应物之地，此全在陛下自斟酌自执持，顷刻之力不继，则悠久之功俱废矣。可不戒哉，可不惧哉。陛下之所以策臣者悉矣，臣之所以忠于陛下者，亦即略陈于前矣。而陛下策之篇终复曰：子大夫熟之复之，勿激勿泛，以副朕详延之意。臣伏读圣策至此，陛下所谓详延之意盖可识矣。夫陛下自即位以来，未尝以直言罪士，不惟不罪之以直言，而且导之以直言。臣等尝恨无由一至天子之庭，以吐其素所蓄积。幸见录于有司，得以借玉阶方寸地，此正臣等披露肺肝之日也。方将明目张胆，謇謇谔谔，言天下事。陛下乃戒之以勿激勿泛。夫泛，固不切矣。若夫激者，忠之所发也。陛下胡并与激者之言而厌之邪？厌激者之言，则是将胥臣等而为容容唯唯之归邪？然则臣将为激者欤？将为泛者欤？抑将迁就陛下之说而姑为不激不泛者欤？虽然，奉对大庭而不激不泛者，固有之矣。臣于汉得一人焉，曰董仲舒。方武帝之策仲舒也，慨然以欲闻大道之要为问，帝之求道，其心盖甚锐矣。然道以大言，帝将求之虚无渺冥之乡，使仲舒于此过言之则激，浅言之则泛，仲舒不激不泛，得一说曰正心。武帝方将求之虚无渺冥之乡，仲舒乃告之以真实浅近之理，兹陛下所谓切至之论也。奈何武帝自恃其区区英明之资，超伟之识，谓其自足以凌跨六合，笼驾八表，而顾于此语忽焉。仲舒以江都去而武帝所与论道者，他有人矣。臣固尝为武帝惜也。堂堂天朝固非汉比，而臣之贤亦万不及仲舒。然亦不敢激，不敢泛，切于圣问之所谓道者而得二说焉，以为陛下献，陛下试采览焉。一曰：重宰相以开公道之门。臣闻公道在天地间，不可一日雍阏，所以昭苏而涤决之者，宰相责也。然扶公道者，宰相之责,而主公道者,天子之事。天子而侵宰相之权,则公道已矣。三省枢密,谓之朝廷,天子所与谋大政,出大令之地也。政令不出于中书,昔人谓之斜封墨敕,非盛世事。国初三省纪纲甚正,中书造命,门下审覆,尚书奉行,宫府之事无一不统于宰相。是以李沆犹以得焚立妃之诏,王旦犹得以沮节度之除,韩琦犹得出空头敕以逐内侍,杜衍犹得封还内降以裁侥幸。盖宰相之权尊,则公道始有所依而立也。今陛下之所以为公道者,非不悉矣。以寅缘戒外戚,是以公道责外戚也。以亦裁制戒内司,是以公道者责内司也。以舍法用例戒群臣,是以公道责外庭也。雷霆发薪星日烛幽,天下于此咸服陛下之明。然或谓比年以来大庭除授,于义有所未安,于法有所未便者,悉以圣旨行之。不惟诸司升补上渎宸奎,而统帅躐级,阁职超迁,亦以寅缘而得恩泽矣。不惟奸赃湔洗上劳涣汗,而选人通籍,奸胥逭刑,以钻剌而拜宠命矣。甚至闾阎琐屑之斗讼,皂隶猥贱之干求,悉达内庭,尽由中降。此何等虮虱事,而陛下以身亲之。大臣几于为奉承风旨之官,三省几于为奉行文书之府。臣恐天下公道自此壅矣。景祐间罢内降,凡诏令皆由中书枢密院,仁祖之所以主张公道者如此。今进言者犹以事当间出宸断为说。呜呼,此亦韩绛告仁祖之辞也,朕固不惮,自有处分,不如先尽大臣之虑而行之。仁祖之所以谕绛者何说也,奈何复以绛之说,启人主以夺中书之权,是何心哉。宣靖间创御笔之令,蔡京坐东廊专以奉行御笔为职。其后童贯梁师成用事,而天地为之分裂者数世,是可鉴矣。臣愿陛下重宰相之权,正中书之体,凡内批必经由中书枢密院,如先朝故事,则天下幸甚,宗社幸甚。二曰:收君子以寿直道之脉。臣闻直道在天地间,不可一日颓靡,所以光明而张。主之者,君子责也。然扶直道者,君子之责,而主直道者,人君之事。人君而至于沮君子之气,则直道已矣。夫不直则道不见,君子者,直道之倡也,直道一倡于君子。昔人谓之凤鸣朝阳以为清,朝贺国朝,君子气节大振,有鱼头参政,有鹘击台谏,有铁面御史,军国之事无一不得言于君子。是以司马光犹得以殛守忠之奸,刘挚犹得以折李宪之横,范祖禹犹得以罪宋用臣,张震犹得以去龙大渊曾睹。盖君子之气伸,则直道始有所附而行也。今陛下之所以为直道计者,非不至矣。月有供课,是以直道望谏官也。日有轮札,是以直道望廷臣也。有转对、有请对、有非时召对,是以直道望公卿百执事也。江海纳污,山薮藏疾,天下于此咸服陛下之量。然或谓比年以来,外廷议论,于己有所未协,于情有所未忍者,悉以圣意断之。不惟言及乘舆,上勤节贴,而小小予夺,小小废置,亦且寝罢不报矣。不惟事关廊庙,上烦调亭,而小小抨弹,小小纠劾,亦且宣谕不已矣。甚者意涉区区之貂珰,论侵琐琐之姻娅,不恤公议,反出谏臣,此何等狐鼠辈,而陛下以身庇之。御史至于来和事之讥,台吏至于重讫了之报,臣恐天下之直道自此沮矣。康定间,欧阳修以言事出,未几即召以谏院。至和间,唐介以言事贬,未几即除以谏官。仁祖之所以主直道者如此。今进言者犹以台谏之势日横为疑。呜呼,兹非富弼忠于仁祖之意也。弼倾身下士、宁以宰相受台谏风旨。弼之自处何如也,奈何不知弼之意,反启人君以厌君之意,是何心哉。元符间,置看详理诉所,而士大夫得罪者八百余家,其后邹浩陈灌去国,无一人敢为天下伸一喙者,是可鉴矣。臣愿陛下壮正人之气,养公论之锋,凡以直言去者,悉召之于霜台乌府中,如先朝故事,则天下幸甚,宗社幸甚。盖大道之行,天下为公,周道如砥,其直如矢。自古帝王行道者,无先于此也。臣来自山林,有怀欲吐,陛下怅然疑吾道之迂远且慨论乎。古今功化之浅深,证效之迟速,而若有大不满于今日者,臣则以为非行道之罪也。公道不在中书,直道不在台谏,是以陛下行道用力处,虽劳而未遽食道之报耳。果使中书得以公道总政要,台谏得以直道纠官邪,则陛下虽端冕凝旒于穆清之上,所谓功化证效可以立见。何至积三十余年之工力,而志勤道远渺焉未有际邪。臣始以不息二字,为陛下勉,终以公道直道为陛下献。陛下万几之暇,倪于是而加三思,则跻帝王,轶汉唐,由此其阶也已。臣赋性疏愚,不识忌讳,握笔至此,不自知其言之过于激,亦不自知其言之过于泛。冒犯天威,罪在不赦,惟陛下留神。臣谨对。

考官王应麟奏曰:是卷古谊若龟鉴,忠肝如铁石,臣敢为得人贺。

③元代元统二年蒙古人右榜状元同同殿试对策片断

臣对:陛下发德音下明诏,持盈守成之道,远稽三代,近祖宗,皆非愚臣所能及也。然先民有言,询于刍荛,臣敢不悉心以对。臣伏读制策曰:古人有言,得天下为难,保天下为尤难。自古持盈守成之君莫盛于三代,夏称启,能敬承继禹之道,殷称贤圣之君六七作,周称成康,能致刑措。夫以禹之功而惟启,以文武之德而惟成康,贤圣之君之众莫若殷,亦不遇六七而已。其后惟汉之文景,而言文景之治,犹不得比之三代善继承者,何若斯之难也。臣闻自古之有天下者,创业至难,守成尤难。何也?天将有以大奉而王天下,必先使之勤劳忧苦,涉险蹈阻,功加百姓,德泽及四海,然后授之大宝,以为天下之谊主。是故人之情伪、事之得失、稼穑之艰难、前代之兴废,靡不历览而周知。盖操心常然而察理也精,虑患常深而立法也详,故能平一四海而无不致治者。守成之君兢兢业业,恪守先王之宪章,犹惧不治,况自深宫而登大位,习于宴安不复知敬畏。贵为天子,富有四海,便佞日亲,师保日疏,声色货利,游畋土木与夫珍禽异兽,所以惑志而溺心者,不可胜数。管仲所谓宴安鸩毒是也。苟非刚明而大有为者,讵不为其所动。其间间有足以有为之资,则其颂德称太平奏丰年献祥瑞者,投间抵隙,接踵于朝廷,于是志骄气盈,穷兵黩武,以祖宗之法为不足法,好大喜功,纷更变□,至失厥位而坠厥宗者,比比又如此。是故禹汤文武大圣也，自累世积德而有天下至难也，以天下相传，大事□□，能继禹之功者惟有启，承文武之德者惟成康，圣贤之君之于汤殷六七而已。以圣人有天下，能继其后者止如此。能□文景继高帝之治乎？由此言之，继世之君有能持盈守成而不废先王之道者，可谓难也已。诗曰不衍不忘，率由旧章。书曰监乎先王成宪，其永无愆。此之谓也。臣伏读制策曰，我祖宗积德累世，至于太祖皇帝肇启土宇，建帝号。又七十余年，世祖皇帝始一天下，以致至元之治，厥惟艰哉。顾予冲人，赖天地祖宗之灵，绍膺嫡统，继承之重，实在朕躬夙夜兢兢未获其道。臣惟我国家积德千万世，与天无疆。至太祖皇帝受明命，兴王基，建帝号于朔方。又七十有余岁，与祖皇帝圣德……

（以下文字漶漫，颇多缺损，故从略）

④明状元赵秉忠殿试对策全文

臣对：臣闻帝王之临驭宇内也，必有经理之实政，而后可以约束人群，错综万几，有以致雍熙之治。必有倡率之实心，而后可以淬励百工，振刷庶务，有以臻郅隆之理。何谓实政？立纪纲饬法度，悬诸象魏之表，着乎令甲之中，首于岩廊庙宇，散于诸司百府，暨及于郡国海隅，经之纬之，鸿巨纤悉，莫不备具，充周严密，毫无渗漏者是也。何谓实心？振怠惰、励精明，发乎渊微之内，起于宥密之间，始于宫闱穆清，风于辇毂邦畿，灌注于边鄙遐陬，沦之浃之，精神意虑，无不畅达，肌肤形骸，毫无壅阏者是也。实政陈，则臣下有所禀受，黎氓有所法程，耳目以一，视听不乱，无散漫飘离之忧，而治具彰。实心立，则职司有所默契，苍赤有所潜浮，意气以承，轨度不逾，无丛脞惰窳之患，而治本固。有此治具，则不徒驭天下以势，而且示天下以文，相维相制，而雍熙以渐而臻。有此治本，不徒操天下以文，而且喻天下以神，相率相勖，而郅隆不劳而至。自古帝王所为不下堂阶而化行于风驰，不出庙廊而令应于桴答，用此道耳。厥后崇清净者深居而九官效职，固以实心行实政也。后世语精明者首推汉宣，彼其吏称民安，可为效矣。而专意于检察，则检察之所不及者，必遗漏焉。故伪增受赏所从来也。语玄默者首推汉文，彼其简节疏目，可谓阔矣。而注精于修持，则修持之所默化者必洋溢焉。故四海平安所由然也。盖治具虽设而实心不流，则我欲责之臣，臣已窥我之急而仿效之；我欲求之民，民已窥我之疏而私议之。即纪纲法度灿然明备，而上以文下以名，上下相蒙，得聪察之利亦得聪察之害。实心常流而治具少疏，则意动而速于令，臣且孚我之志而靖共焉。神驰而慑于威，民且圉吾之天而顺从焉。凡注厝规画悬焉不设，而上以神下以实，上下交儆，无综核之名，而有廉察之利。彼汉宣不如汉文者，正谓此耳。洪惟我太祖高皇帝睿智原于天授，刚毅本于性生。草昧之初即创制设谋，定万世之至计。底定之后益立纲陈纪，贻百代之宏章。考盘之高蹈，颍川之治理，必旌奖之，以风有位。浚民之鹰鹯，虐众之枭虎，必摧折之，以惕庶僚，用能复帝王所自立之，称朕之理政务尚综核者。欺蒙虚冒，总事空文。人日以伪，治日以敝，亦何以继帝王之上理，后隆古之休风，而统称理民物，仰承天地之责哉。恭惟皇帝陛下，毓聪明睿智之资，备文武神圣之德，握于穆之玄符，承国家之鸿业，八柄以驭臣民而百僚整肃，三重以定谟猷而九围式命，盖已操太阿于掌上，鼓大冶于域中，固可以六五帝四三王，陋汉以下矣。乃犹进臣于廷，图循名责实之术，欲以绍唐虞雍熙之化，甚盛心也。臣草茅贱士，何敢妄言？然亦目击世变矣！顾身托江湖，有闻焉而不可言，言焉而不得尽者，今幸处咫尺之地，得以对扬而无忌，敢不披沥以献。臣闻人君一天也。天有覆育之恩，而不能自理天下，故所寄其责者，付之人君。君有统理之权，而实有所承受，故所经其事者，法之昊天。用是所居之位则日天位，所司之职则日天职，所治之民则日天民，所都之邑则曰天邑。故兴理致治，要必求端于天。今夫天幽深玄远，穆然不可测也；渺茫轻清，聩然莫可窥也。而四时五行各效其官，山岳河海共宣其职，人人沾浩荡普济之泽，在在蒙含弘广大之休。无欠缺以亏其化，无阻滞以塞其功者，盖不贰之真默酝酿于大虚，不已之精潜流衍于无极，故实有是化工耳。然则人君法天之治，宁可专于无为，托以深密静摄哉。是必有六府三事之职司为实政者。人君宪天之心，宁可专于外务，强以法令把持哉。是必有不贰不已之真精为实心者。粤稽唐虞之世，君也垂裳而治，贻协和风动之休；民也画象而理，成击壤从欲之俗。君臣相浃，两无猜嫌，良明相信，两无顾忌，万古称无为之治，尚矣。而询事考言，敷奏明试，三载九载，屡省乃成，法制又详备无遗焉。盖其浚哲温恭，日以精神流注于堂皇；钦明竞业，日以志虑摄持于方寸。故不必综核而庶府修明，无事约束，底成古今所未有之功。乾坤开而再辟，日月涤而重朗。盖以实心行实政，以实政致弘勋。其载在祖训有曰：诸臣民所言有理者，即付所司施行，各衙门勿得沮滞，而敬勤屡致意焉。列圣相承，守其成法，接其意绪，固有加无坠者。至世宗肃皇帝，返委靡者，振之以英断，察废弃者，作之以精明。制礼作乐，议法考文。德之所被与河海而同深，威之所及与雷霆而共迅。一时吏治修明，庶绩咸理。赫然中兴，诚有以远绍生烈，垂范后世也。今我皇上，任人图治，日以实政望臣工矣。而诞漫成习，诚有如睿虑所及者，故张官置吏，各有司存。而越职以逞者，贻代庖之讥，有所越于职之外，必不精于职之内矣。则按职而责之事，随事而稽之功，使春官不得参冬署，兵司不得分刑曹，此今日所当亟图者也。耻言过行，古昔有训。而竞靡以炫者，招利口之羞。有所逞于外之靡，必不深于中之抱矣。则因言而核之实，考实而责之效，使捷巧不得与浑朴齐声，悃幅不至与轻浮共誉，又今日所当速返者也。巡行者，寄朝廷之耳目，以激浊扬清也。而吏习尚偷，即使者分遣，无以易其习。为今之计惟是广咨诹严殿最，必如张咏之在益州，黄霸之在颍川，斯上荐剡焉，而吏可劝矣。教化者，齐士民之心术，以维风振俗也。而士风尚诡，即申令宣化，无以尽变其风。为今之计，惟是广厉学官，独重经术，必如阳城之在国学，胡瑗之在乡学，斯畀重寄焉，而士可风矣。四海之穷民，十室九空，非不颁赈恤也。而颠连无告者，则德意未宣，而侵牟者有以壅之。幽隐未达，而渔猎者有以阻之。上费其十，下仅得其一，何不重私侵之罚，清出支之籍乎。四夷之内讧，西支东吾，非不诘戎兵也。而挞伐未张者，则守土纨绔之胄子无折冲御侮之略，召募挽强之粗才暗弛张奇正之机，兵费其养，国不得其用。何不严遴选之条，广任用之途乎？民氓之积冤有干天地之和；而抑郁不伸，何以召祥？则刑罚不可不重也。故起死人肉白骨，谳问详明者，待以不次之赏。而刻如秋荼者，置不原焉，而冤无所积矣。天地之生财，本以供国家之用，而虚冒不经，何以恒足，则妄费不可不禁也。故藏竹头惜木屑，收支有节者旌其裕国之忠；而犹然冒费者罪无赦焉，而财无所乏矣。盖无稽者黜，则百工惕；有功者赏，则庶职劝。劝惩既明，则政治咸理，又何唐虞之不可并轨哉！而实心为之本矣。实心以任人，而人不敢苟且以应我；实心以图政，而政不致惰窳而弗举。不然精神不贯，法制虽详，无益也。而臣更有献焉，盖难成而易毁者，此实政也。难操而易舍者，此实心也。是必慎于几微，戒于宥密。不必明堂听政也。而定其志虑，俨如上帝之对，不必宣室致斋也。而约其心神，凛如师保之临。使本原澄彻，如明镜止水，照之而无不见。使方寸轩豁，如空谷虚室，约之而无不容。一念萌知其出于天理，而充之以期于行。一意动知其出于人欲，而绝之必期于尽。爱憎也，则察所爱而欲近之与所憎而欲远之者，何人？喜惧也，则察所喜而欲为与所惧而不欲为者，何事？勿曰屋漏人不得知，而天下之视听注焉。勿曰非违人不得禁，而神明之降监存焉。一法之置立，曰吾为天寄制，而不私议兴革。一钱之出纳，曰吾为天守财，而不私为盈缩。一官之设,曰吾为天命有德。一奸之锄,曰吾为天讨有罪。盖实心先立,实政继举,雍熙之化不难致矣,何言汉宣哉。臣不识忌讳,干冒宸严,不胜战栗陨越之至。臣谨对。

⑤清光绪二十年状元张謇殿试对策全文

臣对:臣闻善言天者尊斗极、善言治者定统宗。民生国计之利弊,不可节节喻也。学术人才之兴替,非必屑屑究也。要在道法而已。孔子之道,集群圣而开百王。其世所诵法大义微言,后千六百余年而复集成于朱子。宋臣真德秀尝本朱子之意辑为大学衍义,自帝王治学至于格致诚正、修齐得失之鉴炳然赅备。是则三代两汉以来,所为力沟洫、宏文章、兴贤能、裕食货者,必折衷于朱子之言而后是非可观也,必权衡以朱子之意而后会通可得也。钦惟皇帝陛下躬上圣之资,勤又新之德,而又开通言路,振饬纪纲,凡所谓大学之明训,前古之事迹,固已切究而施行矣。而圣怀冲挹,犹孜孜焉举河渠经籍选举盐铁诸大端,进臣等于廷而策之。臣愚何足以承大对。然臣尝诵习朱子之言矣,朱子之言之具于其书,与为德秀所称引者,无一而非人君为治之法,人臣责难之资也。其敢不竭献纳之忱乎? 伏读制策有曰:治水肇于禹贡,畿辅之地实惟冀州,而因求水旱与农事相表里之故。此诚今日之先务也。臣惟禹所治河,自雍经冀,冀当下流,故施功最先,非直以为帝都而已。自汉时河改由千乘入海,而冀州之故道埋。今畿辅之水,永定子牙南北运河清河,其九大者。东南水多而收水之利,西北水少而受水之害。岂必地势使然,亦人事之未至也。汉郡渔阳当今密云,而张堪之为守,营稻田八千余顷。继是而往,魏刘靖开车箱渠,修戾陵堰,后魏裴延俊,齐稽华辈亦先后营督亢渠,引卢沟水以资灌溉。迹虽陵谷,则事皆较然。宋何承矩唐朱潭卢晖之辈,于雄莫霸州,平永顺安诸军,筑堤六百里,置斗门引淀水，既巩固边围亦利民焉。元世郭守敬虞集并讲求水利。郭之所议今之通惠河也，虞议则至正中脱脱尝行之。而明汪应蛟之议设坝建闸，申用懋之议相地察源，其所规画与郭虞相发明。当时固行之而皆利矣。夫天下之水随在有利害，必害去而利乃兴。而天津则古渤海逆河之会百川之尾闾也。朱子曰：治水先从低处下手。又曰：汉人之策留地与水不与争。然则朝廷所欲疏瀹而利导之者，其必先于津沽岔口加之意已。制策又以汉世藏书中秘最善，而因考证自汉至明册府遗文可资掌录者。臣惟成周外史坟典藏史简册，虽经秦而煨烬，而兰台东观秘籍填委，固道术之奥而得失之林也。刘向校书条篇奏录，子歆七略疏而不滥。而班志艺文书礼小学儒兵诗赋诸篇，时有出入。虽不尽无当，而总扬雄三书为一序，郑樵嗤其颇焉。魏晋代兴，采撷残阙。则有郑默中经，荀勖新簿，编分四部，总括群书。而梁之华林园目录，五部并列。隋之修文殿副本，三品分藏，盛矣。逮唐之初砥柱之厄，迨宋开宝连业再徵。由是而写本易为摹印，史馆益便其搜罗。是永乐大典散失所存，犹二万余卷。其中佚文秘典世无传本，见于文渊阁书目者，今皆搜辑成编矣。朱子云，不求于博，何以考证其约。又谓古今者时，得失者事，传之者书，读之者人，而能有以贯古今之得失者仁也。皇上留心典籍，以为政本，岂与夫词臣学子务泛览为淹通哉。制策又以选举为人材所自出，因考累朝翰林六曹县令之轻重。臣惟今世所称清班美授者，翰林之官也。翰林之置始唐开元，学士只取文学之人。自诸曹尚书至校书郎皆得与选，延观之际各超本班，内宴则居宰相之下，一品之上，无定秩无定员。宋凡昭文馆集贤院秘阁各置直官，与其选者为修撰校理校勘检讨。非名流不预焉，迨用为恩除。而参谋议、纳谏诤、知制诰之本意失矣。且不精其选，而苟焉以试。除官亦朱子所谓上以科目词艺为得人，下以规绳课试为尽职而已。六曹昉自周官。秦不分曹，而置尚书四人。汉有五曹，后更为六。隋唐因之，置侍郎郎中员外郎分掌曹事，沿以至今，固天下庶政之橐钥也。官多而事夥，又不如朱子所论三参政兼六曹，而长官自择其僚之为当矣。县令为最亲民之官，晋制不经宰县不得为台郎。后魏之季，用人猥杂，而缙绅士流耳居其位。宋初或以京朝官为之。积久更弊，乃议所以增重激劝之法。至庆元朝重邑令，而科甲咸宰邑焉。朱子曰：监司不如郡，郡不如县，以其仁爱之心无所隔而易及民也。真治天下之本也。国家设民求贤，傥宜咨访于无事之时，参量于始用之日乎。制策又以盐铁之征始于管子，行之数千百年卒不能废，而因切究其流弊。臣惟盐铁之弊，若准诸古而穷其阴支民利之术，虽管子不免为圣王之罪人。而沿之今而犹为取诸山泽之藏，则孔桑且可从计臣之未减。汉武帝所以入孔桑之说，而置河东太原等盐官二十八郡，置左冯翊右扶风颍川等铁官四十郡者，方张边功急军旅之费也。利窦一启，更无可塞。虽始元地节之议减，初元永元之议罢。而永光永平诱踵即复焉。唐贞元初刘彤请检校海内盐铁，而第五琦刘晏裴休继之。当时军镇赖以瞻给，晏所为出盐乡，因旧监置吏亭户，粜商人，纵其所之。与朱子论广西盐法随其所向则价自平者，有合愈于琦休之为议矣。夫受引盐者商，而文私居奇者即商也。禁贸铁者官，而侵蚀贿纵者即官也。流弊不胜穷，况征有出于盐铁之外者耶。皇上轸恤民艰，其必从朱子罢去冗费，悉除无名之赋之说始。且夫民生至重也，学术至博也，人才至难也，国计至剧也。朱子谓四海之广，善为治者乃能总摄而整齐之。而壬午戊申封事，则要之于格物致知，以极夫事物之变推之。至谏诤师保而归本于人主之心，其言尤恳切详尽焉。臣伏愿皇上万几余暇，留心于大学衍义，而益致力于朱子之全书，以求握乎明理之原，而止于至善之极。将见川浍治而农政修，图书集而法训备，广选造之路而壹平内外轻重之畸，权征榷之方而必祛旦夕补苴之计。斯治日进于古，而我国家亿万年有道之长基此矣。臣末学新进，罔识忌讳，干冒宸严，不胜战栗陨越之至。臣谨对。

附注:张謇(1853—1926),江苏南通人。中状元后授翰林院编撰。不久,即毅然辞官南归,一心致力于实业救国,并积极从事立宪活动。

⑥清最后一科状元刘春霖试卷"论教育"部分

环地球而国者以数十计,其盛衰存亡之数不一端,而大原必起于教育,故学堂者东西各国之所同重也。学堂之设,大旨有三:曰陶铸国民,曰造就人才,曰振兴实业,三者不可偏废。而立学者必自度其国家之性质,以为缓急之端。今中国因积弱之弊,欲以学战与列强竞存,则必以陶铸国民为第一要义。何者,国民之资格不成,则国不可立。虽有人才,可以为我用,亦可为人用。虽有实业,可以为我有,亦可为人有。所谓国民者,有善良之德,有忠爱之心,有自养之技能,有必需之知识。知此身与国家之关系,对国家之义务,以一身为国家所公有而不敢自私,以一身为国家所独有而不敢媚外。凡为国家之敌者,虽有圣哲,亦必竭其才力以与之抗,至于粉身绝颈而不悔,终不肯以毛发利益让之于人。以此资格教成全国人民,虽有强邻悍族,亦将敛步夺气而不敢犯,然后人才可兴,实业可振也。中国以重文轻武之故,民气靡弱偷惰,谋私利不谋公益,无善良之德,视国事不干己事,无忠爱之心,专事分利,无自养之技能,未习溥通,无必需之知识。稍有解外国语言而习其事者,则相与服属外人而为之伥。于此而欲造就人才,振兴实业,不亦难乎。方今欲建学校以图富强,非鼓其特立之精神不足以挽回积习。日本与我同处亚东,其弊亦大致相类,今一变而跻于列强之次者,亦以重尚武之精神也。夫今日人才销乏可谓极矣,政治废弛,法律繁乱,财政竭蹶,外交失误,则设专门以储才固当务之急矣。然窃谓即有人才而庶政亦不能善。何也,一人修之,百人挠之,其势必不能胜。古之立国,则恃有全国之国民。不然,愚民百万谓之无民,以与文明诸大国争衡,虽有英雄,岂能措其手哉。至于农工之业,拘守故辙,商矿之利,见夺外人。以中国人力之勤、物产之博、苟分设各学致富之道,尤可翘足而待。然兴一事必招洋股,创一利适资他族,皆其民无特立之质,故利未兴而害乘之矣。由是以观,则知必养成完备之国民,然后人才为我国之人才,非他国之人才;实业为我国之实业,非异国之实业。日本教育家富泽谕吉尝以独立自尊一语为教育最大纲领,其即此意也欤?

简评:纵观历代状元卷,大多引证四书五经,敷陈历史典故,雷同反复,冷饭炒烂,而不知时代之进步,忘乎世界之潮流。当西方资本主义社会步入电气时代,而中国科举仍禁锢于诗云子曰之中,宜乎人为刀俎,我为鱼肉也。惟最后之状元刘春霖,破天荒引证日本教育家福泽谕吉之语,可谓别开生面,空谷足音了。毕竟时代不同了,这算是千古状元最后也是最创新的一笔。

五、历代状元名录

唐　代

孙伏伽	宋守节	郑　益	许　且	吴师道	陈伯玉	贺知章
张九龄	姚仲豫	常无名	李　昂	范崇凯	王　维	杜　绾
严　迪	李　巕	虞　咸	王正卿	徐　征	李　琚	贾　至
崔　曙	王　阅	刘　单	赵　岳	杨　护	杨　誉	李巨卿
杨　儇	杨　宏	常　衮	卢　庚	洪　源	杨栖梧	萧　遘
齐　映	李　博	王　溆	张　式	杨　凭	丁　泽	黎　逢
杨　凝	王　储	崔元翰	薛　展	郑全济	张正甫	牛锡庶
卢　顼	尹　枢	贾　棱	苑　论	陈　讽	李　程	郑巨源
李　随	封孟绅	陈　权	班　肃	徐　晦	武翊黄	王源中
柳公权	韦　欢	李顾行	李固言	尹　极	张又新	郑　澥

独孤樟　韦谌　卢储　贾悚　郑冠　李群　柳璟
裴伏　李郃　韦筹　李远　宋祁　杜陟　李珪
李余　弓嗣初　羊袭吉　贺拔其　陈宽　郑确　李肱
裴思谦　崔谔　李从实　崔岘　郑颙　卢肇　郑言
易重　狄慎思　顾标　卢深　于珪　张温琪　李郜
于瑰　颜标　崔岷　李亿　孔纬　刘蒙　于环
裴延鲁　薛迈　孙龙光　韩衮　郑洪业　赵峻　归仁绍
李筠　郑昌国　孔纁　归仁泽　郑合敬　孔缄　孙偓
郑蔼　崔昭纬　许佑孙　陆扆　郑贻矩　李翰　杨赞禹
崔昭矩　归黯　崔胶　苏检　赵观文　崔谔　杨赞图
羊绍素　卢文焕　裴格　归佾　归係　裴说　崔詹
孔敏行　孔拯　孔振　颜康成　崔液　李超　李蒙
魏宏简

五　代

后　梁

崔　邈　陈　逖

后　唐

崔光表　王　彻　王归朴　黄仁颖　郭　峻　卢　华　李　飞

后　晋

寇　湘

后　汉

王　溥　王　朴

后　周

扈　载　李　覃　刘　坦

后　蜀

费黄裳

南　汉

简文会　梁　嵩

南　唐

伍　乔　王克贞　王崇古　杨　遂　乐　史
丘　旭　邓　及
卢　郢　张　确

北　宋

杨　砺	张去华	马　适	苏德祥	李景阳	叶　齐	刘　察
李　肃	刘蒙叟	柴成务	安德裕	张　拱	刘　寅	安守亮
宋　准	王嗣宗	吕蒙正	胡　旦	苏易简	王世则	梁　颢
程　宿	陈尧叟	孙　何	孙　仅	孙　暨	陈尧咨	王　曾
李　迪	姚　晔	梁　固	张师德	徐　奭	张　观	蔡　齐
王　整	宋　庠	王尧臣	王拱辰	张唐卿	吕　溱	杨　寘
贾　黯	冯　京	郑　獬	章　衡	刘　辉	王俊民	许　将
彭汝砺	许安世	叶祖洽	余　中	徐　铎	时　彦	黄　裳
焦　蹈	李常宁	马　涓	毕　渐	何昌言	李　釜	霍端友
蔡　嶷	贾安宅	莫　俦	何　卓	王　昂	何　涣	沈　晦
王岩叟						

南　宋

李　易	张九成	汪应辰	黄公度	陈诚之	刘　章	王　佐
赵　逵	张孝祥	王十朋	梁克家	木待问	萧国梁	郑　侨
黄　定	詹　骙	姚　颖	黄　由	卫　泾	王　容	余　复
陈　亮	邹应龙	曾从龙	傅行简	毛自知	郑自成	赵建大
袁　甫	吴　潜	刘　渭	蒋重珍	王会龙	黄　朴	徐元杰
吴叔告	周　坦	徐俨夫	留梦炎	张渊微	方逢辰	姚　勉
文天祥	周震炎	方山京	阮登柄	陈文龙	张镇孙	王龙泽

西 夏

高 逸　遵 项

辽 代

高　正　郑云从　石用中　王熙载　吕德茂　王用极　张　俭
陈　鼎　杨文立　初　锡　南承保　邢　祥　李可封　杨　佶
史克忠　刘三宜　高承颜　史　简　鲜于茂昭　张用行　孙　杰
张克恭　张仲举　张　渐　李　炯　张　昱　张　宥　张仁纪
刘　真　刘师贞　冯　立　邢彭年　王　实　王　裳　张孝杰
梁　援　王　鼎　张　臻　赵廷睦　刘　欢　李君裕　张　毅
文　充　寇尊文　陈衡甫　康秉俭　马恭回　李　石　刘　祯
韩　方　王　翚　李宝信　李　球　边贯道　刘　霄

金 代

胡　砺　石　琚　王彦潜　孙用康　刘仲渊　孙必仕　孔九鼎
吕忠翰　杨建中　郑子聃　常大荣　任忠杰　孟宗献　徒单镒
张行简　赵承元　王　泽　杨云翼　纳兰胡鲁喇　李俊民
李　演　张　本　李献能　斡勒业德　王　鹗　卢　亚　李　璘
富珠哩察罕　刘文龙　元　堪　张　介　勃术论长河　许　必
赵　洞　宋端卿　黄从龙　史绍鱼　张　璧　张　甫　徐　韪
张　楫　吕　造　李　著　阎　冰　乔　松　王　辅　许天民
王　刚　邢天佑　黄　裳　高斯诚　程嘉善　刘世翼　李献能
王　彪　刘　遇

元 代

噜呼图克岱尔　身图克岱尔　普颜不花　阿噜木特穆尔
张起岩　霍希贤　宋　本　巴　拉　达噜噶　张　益　阿恰齐
李　黼　笃列图　王文煜　同　同　李　齐　拜　殊　陈祖仁

张士坚　王宗哲　朵列图　文允中　薛朝晤　牛继志　悦　征
王宗嗣　边　珠　魏元礼　宝　宝　杨　挽　张　栋　泰不华
哈喇布哈

明　代

吴伯宗　丁　显　任亨泰　黄　观　张　信　朱　善　陈　安
韩克忠　胡　广　曾　启　林　环　萧时中　马　铎　陈　循
李　骐　曾鹤龄　邢　宽　马　愉　林　震　曹　鼐　周　旋
施　槃　刘　俨　商　辂　彭　时　柯　潜　孙　贤　黎　淳
王一夔　彭　教　罗　伦　张　升　吴　宽　谢　迁　曾　彦
王　华　李　旻　费　宏　钱　福　毛　澄　朱希周　伦文叙
顾鼎臣　吕　柟　杨　慎　唐　皋　舒　芬　杨维聪　姚　涞
龚用卿　罗洪先　康　海　林大钦　韩应龙　茅　瓒　沈　坤
秦鸣雷　李春芳　唐汝楫　陈　谨　诸大缓　丁士美　申时行
范应期　罗万化　张元汴　孙继皋　沈茂学　张茂修　朱国祚
唐文献　焦　雄　翁正春　朱之蕃　赵秉忠　张以诚　杨守勤
黄士俊　韩　敬　周延儒　钱士升　庄际昌　文震孟　余　煌
刘若宰　陈于泰　刘理顺　刘同升　魏藻德　杨廷鉴　许　观

张献忠建立的大西国

龚济民

清　代

傅以渐　吕　宫　刘子壮　邹忠倚　麻勒吉　史大成　图尔宸
孙承恩　徐元文　马世俊　严我斯　缪　彤　蔡启尊　韩　炎
彭定求　归允肃　蔡升元　陆肯堂　沈廷文　戴有祺　胡任舆
李　蟠　汪　绎　王式丹　王云锦　赵熊诏　王世琛　王敬铭
徐陶璋　汪应铨　邓钟岳　于　振　陈德华　彭启丰　周　澍

陈 炎	金德英	于敏中	庄有恭	金雨叔	钱惟城	梁国治
吴 鸿	秦大士	庄培因	蔡以台	毕 沅	王 杰	秦大成
张书勋	陈初哲	黄 轩	金 榜	吴锡龄	戴衢亨	汪如洋
钱 启	茹 芬	史致光	胡长龄	石韫玉	潘世恩	王以衔
赵文楷	姚文田	顾 皋	吴延琛	彭 浚	吴信中	洪 莹
蒋立镛	龙汝言	吴其浚	陈 沆	陈继昌	戴兰芬	林召棠
朱昌颐	李振钧	吴钟骏	汪鸣相	刘 铎	林鸿年	钮福保
李承霖	龙启瑞	孙毓桂	萧锦忠	张之万	陆增祥	章 均
陈如仅	翁同龢	孙家鼐	钟骏声	徐 甫	翁曾源	崇 绮
洪 钧	梁耀枢	陆润庠	曹鸿勋	王仁堪	黄思永	陈 冕
赵以炯	张建勋	吴 鲁	刘福姚	张 謇	骆成骧	夏同和
王寿彭	刘春霖					

太平天国

叶春元	刘盛培	范朴园	沈抡元	朱世杰	武立勋	傅善祥
吴容宽	刘闼忠	程文相	乔彦材	杨启福	陈 佚	陆培因
徐首长	吴镇坤	汪顺祥				

六、历代武状元名录

宋　代

薛 奕	徐 遂	柯 熙	汤 学	赵梦熊	杨必高	樊仁远
陈 鳌	蔡必胜	赵 鼎	林宗臣	张建侯	李 瞻	蒋 介
江伯虎	林 票	黄裒然	历仲祥	许思纯	金景先	林 管
周 虎	陈良彪	叶 崇	郑公侃	王 果	何景略	周 师
林汝浃	刘必方	朱嗣宗	陈正大	黄君平	康 修	杜幼节
方 枢	端平年	朱 熠	刘必成	康 炯	文 焕	赵国华
项桂发	章梦飞	陈亿子	程鸣凤	郭 琮	赵图徽	贾君文
章宗德	朱应举	俞 葵	蔡起辛	王 国	杨 达	赵 鼎

张　宏　徐　衡　俞仲鳌　林时中　翁　谔　陈　鹗　柯　燕
张　深　熊安上　孙显祖　郑石工　华　岳　秦钟英　郝光甲
邢敦行　林梦新

金代

温赫特额珠

明代

周　敖　陈　彦　陈大猷　顾凤翔　庄安世　方仪凤　郑维城
王来聘　文　武　黄赓材　孙　堪　尹　凤　王世科　许　泰
安　国　王　佐　王名世　文　质　程文范　赵　绅　谢俊神

大西国

张大受

清代

郭士衡　金抱一　王玉璧　于国柱　刘　炎　林本植　霍维鼎
吴三畏　秦蕃信　张英奇　郎天祚　荀国梁　罗　淇　王继先
徐宪武　王应统　张文焕　曹日玮　缴煜章　马会伯　曹维城
杨　谦　田　珍　李显光　李如柏　元赛都　封荣九　林德镛
李　琰　苗国琮　王元浩　齐大勇　孙宗夏　马负书　哈攀龙
朱秋魁　贾廷诏　董　孟　张兆璠　张大经　哈延栋　元顾麟
李国梁　马　全　段飞龙　元德灏　白成龙　钱治平　林天彪
李威光　王茂赏　邢敦行　黄　瑞　刘　双　刘荣庆　马兆瑞
刘国庆　玉　福　徐　殿　邱飞虎　黄仁勇　李云龙　姚大宁
李白玉　张联元　徐清华　汪道诚　马殿甲　丁殿宁　李相清
徐开业　昌伊苏　张云亭　张从龙　武凤来　吴　铖　牛凤山
波启善　王　瑞　李广金　郝光甲　赵云鹏　元德庆　张殿华

吴德新	李 信	彭阳春	田在田	温常涌	王世清	韩金甲
马鸿图	史天祥	黄大元	张蜀锦	陈桂芬	丁锦堂	张凤鸣
宋鸿图	佟在堂	黄培松	杨廷弼	宋占魁	李梦说	张宪周
卜 赓	张鸿翮	武国栋	张三甲	岳庆德	国 栋	王宗夏

太平天国

刘元合　覃贵福

（以上为不完全统计，文状元 671 人，武状元 194 人，文武状元共 865 人）

七、科举百年祭

被称为"中国第五大发明"的科举制，发轫于隋代，历经唐宋元明清，在中华大地绵延了一千三百多年。直到 1905 年 9 月 2 日，光绪帝诏废科举，兴学校，才算寿终正寝。

在废除科举一百周年之际，2005 年 9 月，《新京报》推出《科举百年祭》特刊，引起广大读者兴趣，反响强烈。

与此同时，有关方面在厦门大学举办"科举制与科举学国际学术研讨会"，中国、美国、俄罗斯、日本、韩国、越南等国和台湾地区学者 149 人出席会议，讨论十分热烈。厦门大学教授潘懋元教授指出，科举虽早已废止，但对科举制的是非得失，却始终存在争论，可谓"盖棺尚未定论"。复旦大学葛剑雄教授认为科举制"兴废皆有理"。一种制度能在一个幅员辽阔的国度里，长时期存在，肯定有其适应性和合理性。同样，一种制度既被废除，并且再未恢复，也可以肯定有其必然消亡的原因。

福建师大中文系教授孙绍振认为，科举制灭亡，并不等于考试制的灭亡。考试仍然存在。从某种意义上说，现代的全国统一高考，也就是科举。科举与高考的规格化弊端一脉相承。这好像希腊神话中那张惩罚的床，把不够长的人拉长，把超长度的人砍短。这样,必定扼杀某些"偏科"人才。当年钱钟书和吴晗数学考试成绩,一为零分,一为十几分。如按今日高考标准,是不能进入大学校门的。但也有学者认为高考有利于客观、公平、高效地选拔人才。考试应该并且可以不断地改进,但却不能废除。近年来对高考的批评不绝于耳,但谁能想得出不要考试、能取代考试的更好办法呢?……

据《新京报》

后 记

写作这本史话,缘于几十年前一个偶然的契机。

大约是 1954 年吧,叶圣陶先生以全国人大代表和教育部部长身份来温州视察,我当时是《浙南大众报》编辑部负责人,陪同采访。我说:"叶先生,您是我的老师。"他惊诧地对我注视,"哦"了一声,脸上写满了问号。我笑说:"我在读小学时,第一本课外读物就是您的《稻草人》,以后又读了您和夏丏尊先生合著的《文章讲话》,懂得许多作文的道理。这难道不是老师吗?只是尚未见面而已。"叶老听了,仰头大笑。第二天,采访记见报后,引起叶老的兴趣。在约见时,他手头还摊着那张报纸,他说了几句鼓励的话后,指着文章中提到科举制度"考进士中状元"这段话,语重心长地说:"关于科举,难怪你们年轻人不懂了。"接着,他就像在课堂教学生一样,扳着指头,娓娓而谈,从乡试(秋闱)、会试(春闱)直到殿试,说明考进士中状元是同一回事,只是名次等第有区别而已。他说这种科举制度的是非功过,后人应该好好总结;科举中有许多掌故,如果写出来,让现代的读者既增加一些历史知识,也可以丰富思想。

这次谈话,是晚餐之后,正有余暇,叶老谈兴甚浓,足足谈了一个来钟头。我如坐春风,恭敬聆听了这极为生动也极为难得的一课。

告别叶老出来后,我走在星光与灯火交映的公园路上,一种强烈的历史感,促使我萌发了这样的念头,将来要写一本科举史话,用通俗生动的语言,对青少年朋友叙述科举这段历史。

这个藏于心头的愿望,由于天时多变,道路坎坷,一时虽难于实现,但我并未淡忘。十年"文化大革命"动乱,我闭门读书,足不出户，比较系统地阅读了马克思主义著作，以及卷帙浩繁的《二十四史》《资治通鉴》等史籍。20 世纪 90 年代中期，我办理了离休手续，夕照青山，桑榆景好，于是集中精力，重整笔砚，焚膏继晷，煮字烹文，得以了此夙愿。老伴朱梅苏帮我搜集整理资料，助我笔耕。史话成稿后，曾列入著名学者蔡尚思教授主编的《中国文化宝库丛书》，由黄山书社于 1997 年出版，向全国发行。

近几年来，我们又多方搜集资料，对原书加以改写，扩充篇幅一倍多。感谢江西人民出版社的支持，给以单行本形式出版。为本书作序的史学专家、至友褚赣生戏称之为"十年磨一剑"，可谓知我甘苦矣!

周恩来总理曾说过:"用历史知识教育启发后代。"科举既然是世界所无中国独创的历史产物，她在历史中产生，又在历史中消亡。本书试图对科举作一全景式的鸟瞰和粗线条的评说，以期引起青少年读者的兴趣，从而获得有益的历史启示。谨盼广大读者批评教正。

林　白

2000 年夏于瓯滨之海坦山庄

再版感言

承蒙广大读者的厚爱和出版社的支持,本书得以顺利再版。

对正文部分除订正一些差错外,不作改动,一本其旧。附录部分增添唐宋元明清状元卷各一篇,俾读者一窥历代状元卷之风貌。

因文天祥试卷长达万余言,故略作题解,并简析其段落大意,以为阅读之助。其余各篇恕不一一注释。

本书自初稿至再版,历时数载。今事功告成,心情舒畅,搁笔之余,推窗遥望,但见八百里瓯江滚滚而来,而新建之东瓯大桥横空飞架,耸然壮观。感赋一绝,以抒怀抱:

长虹碧落压涛惊,科举千年史亦成。
笔底云烟怜白发,芸窗眺远自豪情。

林 白

2001 年秋日

三版赘语

本书出版后,在短短几年内,再版而三版,这不禁使我由衷地向广大读者和出版社说一声谢谢!

此次三版,版式依旧,文字也不作改动。只是乘机搜剿了几处差错,虽然只是一般性差错,无关宏旨,但前人不云乎:"一字差错,宛若寇仇。"这好比蚤虱在身,必先剿除之而后快也!

林　白于 2004 年春日

四版小记

本书从完成初稿到三版四版,前后垂十年之久。

此次再版,正文部分一仍其旧,不作改动。唯加许多插图,使之更加直观悦目,增强了可读性。这全赖出版社编辑策划之功,谨在此深表谢谢!

附录部分补充《科举百年祭》一文。这样,就把千年科举史的沧桑和现代改革热潮及愿景链接起来了。读后掩卷深思,或余味无穷了。

作者

2007年冬日

五版补记

　　有朋友指出,本书引用陆游诗句:"心在天山,身老沧州。"其中"沧州"笔误,应为"沧洲"。

　　按陆游晚年住绍兴镜湖边的三山,其《诉衷情》云:"此生谁料,心在天山,身老沧洲。"沧洲,指水滨草泽之地,隐者所居也。

　　趁此书五版之际,特予更正。谨向出版社和读者朋友深致谢忱!

作者

2008 年冬

六版片语

读者丁刚先生来信指出,本书附录文天祥殿试对策中,有几处误植。这位年逾九旬的黄埔军校同学会老先生,能校阅洋洋洒洒万有余言的状元卷,真可谓龙马精神,慧眼独具,令人钦佩不已。

又有读者问,张謇殿试卷中"第五琦"何意?谨按:第五为复姓。第五琦,唐长安人,官诸道盐铁使。其子第五峯,以孝著,曾官台州刺史。

本书自上世纪末问世以来,十余年间重版六次。谨向出版社及广大读者深致谢忱!

林白

2011 年春于瓯滨之海坛山庄

七版校记

此次重印,补《状元当皇帝》《太监状元》两小节,其余一本其旧。

2012 年冬至,林白校记